Über die Pflicht, ein Optimist zu sein

Brigitte Bierlein · Heinrich Neisser · Klaus Poier (Hg.)

Über die Pflicht, ein Optimist zu sein

Herwig Hösele zum 60. Geburtstag

styria premium

Inhalt

Vorwort

Professor Herwig Hösele hat sich über viele Jahrzehnte als Journalist, (politischer) Berater und Mitarbeiter sowie in eigenen (politischen) Ämtern beziehungsweise durch zivilgesellschaftliches Engagement große Verdienste erworben. Er ist ein intellektueller Mit-, Vor- und Querdenker mit fundiertem, breitem Wissen, der immer wieder in vielfältigen Zusammenhängen innovative Ideen einbringt, der aber ebenso dabei zu helfen imstande ist, Ideen Realität werden zu lassen und umzusetzen. Für die Republik Österreich sei dabei auf seine Idee eines „Österreich-Konvents" hingewiesen, dessen Einsetzung er in seiner Funktion als Präsident des Bundesrates dann auch mitverwirklichen konnte.

Zahlreiche Weggefährten und Freunde, zu denen wir uns zählen dürfen, verdanken Herwig Hösele vielfältige Impulse sowie tatkräftige Begleitung und Unterstützung. Es ist uns daher eine große Freude, ihm als Anerkennung seiner Verdienste und als kleines Dankeschön dieses Buch anlässlich seines 60. Geburtstags widmen zu können.

Der Band steht unter dem Motto „Über die Pflicht, ein Optimist zu sein" und bezieht sich damit auf ein bekanntes Zitat von Sir Karl Popper, das gemeinsam mit dem Gedankenspiel Albert Camus', man müsse sich Sisyphos glücklich vorstellen, nicht nur von Herwig Hösele selbst oft bemüht wird, sondern gleichzeitig auch seine eigene Motivation und Einstellung widerspiegelt. Auch bei Rückschlägen und in schwierigen Fragen gilt es, nicht mutlos zu sein, sondern das Beste zu geben, um in jeder Lage und auf lange Sicht ein Optimum zu erreichen.

Wir freuen uns, dass sich namhafte Autorinnen und Autoren bereit erklärt haben, aus ihrer Perspektive und ihren jeweils eigenen fachlichen und beruflichen Zugängen Beiträge unter diesem Leitmotiv beizusteuern. Ihnen ist es zu verdanken, dass dieses Buch ein inhaltlich äußerst reichhaltiges und spannendes Spektrum auszeichnet. Die Themenbereiche umfassen Entwicklungen in Politik im Allgemeinen und des politischen Systems in Österreich und in Europa im Speziellen, Veränderungen in der Medienwelt und im Journalismus, Herausforderungen der Zeitgeschichte, der Religion und der Kirche sowie verschiedene Fragen und Probleme im Zusammenhang mit dem Opferschutz. Beiträge über und an Herwig Hösele runden das Buch ab. Unser großer Dank geht daher an erster Stelle an alle Autorinnen und Autoren.

Besonderer Dank gilt weiters Nicole Prutsch, BA, Mag. Richard Wittek-Saltzberg und Heike Kopp, die mit der Initiative und der Idee für dieses Buch an uns herangetreten sind. Für die Zurverfügungstellung des Coverfotos danken wir herzlich Ulrike Waldorf sowie Christian Jungwirth. Das Motiv stammt aus der Serie „Imaginäre Stadtbilder" des bedeutenden steirischen bildenden Künstlers Günter Waldorf (1924–2012), Mitbegründer des Forum Stadtpark, dem sich Herwig Hösele sehr verbunden fühlte.

Für die Mithilfe bei der Redaktion danken wir Herta Miessl, Antonia Csuk, Katharina Holzmann, Mag. Julia Juri und Mag. Manuel P. Neubauer. Schließlich danken wir auch der Verlagsgruppe Styria, namentlich der Geschäftsführerin Mag. Gerda Schaffelhofer, Dr. Johannes Sachslehner als Programmleiter sowie der Lektorin Marion Mauthe für die freundliche und professionelle Betreuung.

Abschließend ist es uns ein Anliegen, Herwig Hösele auch persönlich zu danken, für viele Anregungen, seine langjährige Unterstützung und seine loyale Freundschaft. Wir freuen uns auf viele weitere Jahre gemeinsamen Denkens und Handelns – mit Optimismus, der – neben Pflicht zu sein – auch Freude bereitet und Hoffnung gibt.

Brigitte Bierlein, Heinrich Neisser, Klaus Poier
Wien und Graz im November 2013

Fritz Molden

Düsternis und Optimismus

Erinnerungsskizzen aus 90 Jahren österreichischer Geschichte

Ich kann mich komischerweise an ein einziges ganz frühes Erlebnis gut erinnern: Ich stand mit dem Kindermädchen in unserer Wohnung am Dachfenster und drückte die Nase an die Fensterscheibe. Man konnte den Abdruck der Nase gut sehen. Interessiert blickte ich damals als Dreijähriger hinaus und sah den vielen Rauch über der Stadt Wien. Der Justizpalast stand in Flammen ...
Besser ist dann natürlich meine Erinnerung an den Februar 1934. Es war Bürgerkrieg. Am 12. Februar gab es den Generalstreik und die Direktorin sagte die Schule ab. Wir Schüler haben uns natürlich sehr gefreut, dass wir nach Hause dürfen. Ich ging mit zwei Mitschülern auf den Fußballplatz der Hohen Warte. Da stauchte uns der Trainer zusammen: „Ihr Trotteln, wir haben Krieg. Das Bundesheer schießt mit Kanonen auf den Karl-Marx-Hof. Geht heim!"
Während des Juli-Putsches 1934 waren wir mit unserer Mutter in Tirol auf Sommerfrische. Unser Vater, Ernst Molden, der damals Chefredakteur der Neuen Freien Presse war, kam für ein paar Tage nach. Ich kann mich gut erinnern an die düstere Stimmung des Vaters, er war aber dennoch optimistisch und meinte, Mussolini würde uns schützen.

Verhaftungen und Widerstand

Am 11. März 1938 wurde mein Vater in der Redaktion verhaftet, wobei er zum Glück nach zwei Tagen wieder freikam. Auch mein Bruder, Otto Molden, wurde zuhause verhaftet, kam aber ebenso nach ein paar Tagen wieder frei. Mein Vater wurde in der Redaktion dringend gebraucht in diesen Tagen, da in der Presse viele Juden gearbeitet hatten und nun die übriggebliebenen wenigen Nichtjuden in der Redaktion völlig überlastet waren. Später ließ Hitler die Presse einstellen, der Vater wurde brotlos. Er versuchte, Artikel zu verfassen, um damit Geld zu verdienen. Von Optimismus war in dieser Zeit weit und breit keine Spur.

Mein Bruder wurde bald wieder verhaftet und dann noch einmal. Im Krieg haben sie ihm dann gesagt, dass er beim nächsten Mal, wenn sie ihn einsperren, nicht mehr freikommen werde. Daraufhin meldete er sich freiwillig zur Wehrmacht. Ich bin in Wien geblieben, das Schottengymnasium wurde allerdings geschlossen, da es zu katholisch war.

1942 wurde schließlich auch ich verhaftet, da den Machthabern unsere „Freizeitgestaltung" nicht passte. Versuchter Hochverrat, hieß es. Tatsächlich hatten wir auch begonnen, uns in einer Gruppe zusammenzutun, Widerstand aufzubauen; später wurde daraus die „O5". Da ich noch unter 18 war, drohten mir maximal acht Jahre Haft. Aber ich wollte frei sein! Daher meldete ich mich für die Front, in Russland, um so der Haft zu entgehen.

Ich rückte Anfang Juli 1942 ein, wurde aber bald verwundet und erlitt auch einen Herzanfall. Ich kam nach wenigen Monaten zurück und war nicht mehr kriegsverwendungstauglich.

Ich ging ins Ausland, zuerst nach Paris, und versuchte, den Widerstand zu formieren und zu organisieren. 1944 wurde ich bei einer Aktion am Apennin geschnappt, das sichere Todesurteil wegen Hochverrats drohte. Ich konnte in die Berge flüchten und lebte bei Partisanen.

Inzwischen hatte sich unsere Stimmung auch gewandelt. Der blanke Pessimismus lichtete sich nach Stalingrad 1942/43. Bei uns war nun die Meinung vorherrschend, dass Hitler nicht mehr siegen könne.

Wiederaufbau und Europäische Vereinigung

Im Mai 1945 befreite unsere Widerstandsgruppe Innsbruck. Daher waren auch wir es, die Karl Gruber zum Landeshauptmann ernannten, nicht die Alliierten. Er fragte mich, ob ich als sein Sekretär – er wurde Außenminister – nach Wien mitgehen möchte, was ich auch tat.

Mein Bruder Otto hingegen hatte schon lange die Idee, ein internationales Forum zu gründen. Gemeinsam mit Simon Moser, ein Anti-Nazi aus Jenbach und damals Dozent für Philosophie, gründete er das Österreichische College, aus dem das heutige Europäische Forum hervorging. Dass es nach Alpbach kam, hatte ganz praktische Gründe, denn der Bruder Mosers war Besitzer des Böglerhofs in Alpbach. Anfang Juli 1945 kamen so die ersten Internationalen Hochschulwochen in Alpbach mit der Idee zustande, einen Beitrag für die wissenschaftliche, kulturelle, wirtschaftliche und politische Einigung Europas zu leisten. Ich konnte damals auch helfen, indem ich Gruber um finanzielle Unterstützung bat. Er stellte 30.000 Zigaretten zur Verfügung. Mein Bruder Otto wollte die politische Einigung auch durch die Gründung einer europaweiten Partei vorantreiben. Es kam zu Gründungen unter anderem in Frankreich und Schweden.

Der Weg zum Staatsvertrag war freilich auch eine steinige Gratwanderung zwischen Optimismus und Pessimismus. Bis zuletzt haben wir gefürchtet, es würde doch noch alles schiefgehen. 1955 war ich dabei, als Leopold Figl „Österreich ist frei!" rief. Wir waren alle begeistert, die Stimmung war endlich gut.

1956 kam leider schon wieder Sorge auf. Ich war in Budapest als Journalist. Wir fürchteten, die Russen könnten versuchen, nach Österreich zurückzukommen. Aber zum Glück blieb uns ein Einmarsch erspart.

Ein Bekenntnis zur Großen Koalition

Innenpolitisch hat sich damals auch die Große Koalition bewährt. Nach dem verlorenen Ersten Weltkrieg, den Bürgerkriegen in der

Ersten Republik, nach der Nazi-Zeit, nach dem Zweiten Weltkrieg gab es ein neues Miteinander. Und man glaubte nun an Österreich, bis auf eine kleine Gruppe Unbelehrbarer. Ich selbst muss sagen, dass ich auch heute noch ein Befürworter der Großen Koalition bin. Zum einen bin ich irgendwie auch nichts anderes gewohnt. Zum anderen habe ich immer doch auch die Sorge, dass, wenn nur eine Partei an der Regierung ist, alte Albträume wieder aufkommen könnten.
Was die weitere europäische Vereinigung betrifft, waren wir freilich traurig, dass Österreich zuerst nicht dabei war, weil dies mit unserer Neutralität als unvereinbar galt. Ich selbst war auch sehr skeptisch dieser Neutralität gegenüber. Ich kann mich auch noch gut an eine vertrauliche Besprechung in einer Gruppe auf Einladung von Leopold Figl und Julius Raab im März 1955 erinnern, wo wir fast einhellig unsere Bedenken zum Ausdruck brachten. Wir wollten nicht durch die Neutralität vom Westen distanziert werden. Man musste die Neutralität freilich akzeptieren, um den Staatsvertrag zu erreichen. Doch erst mit dem Verschwinden der Sowjetunion hat sich die Situation für Österreich in diesem Sinn verbessert, und der Weg nach Europa war offen. Aus heutiger Sicht muss ich sehr wohl sagen, dass die Entscheidung für Neutralität und Staatsvertrag sicher richtig war. Wir haben uns 30 Jahre Besatzung und die Gefahr eines Konflikts im Land erspart.
Die heutige Krise in Europa macht freilich Sorgen, gerade auch der Versuch, Europa in ein (reiches) Nord- und in ein (armes) Südeuropa zu teilen. Ich glaube, Europa soll froh sein, einheitlich und friedlich existieren zu können. Der Norden kann es sich leisten, den Süden zu subventionieren. Und der Süden wird sich auch wirtschaftlich wieder erholen.

Kein Grund zu Pessimismus

Wenn ich aus heutiger Sicht auf mein Leben zurückblicke, so bin ich heute wohl optimistischer, als ich das früher war. Viele Situationen vor Jahrzehnten, ich habe sie oben skizzenhaft angeführt, stimmten mich pessimistisch. Auch wenn ich etwa an den kommunistischen Putschversuch von 1950 denke oder nochmals an die Sorge, den Staatsvertrag überhaupt zu bekommen. Heute bin ich optimistisch. Auch deshalb, da so viele Dinge bei allem Leid am Ende gut ausgegangen sind – Widerstand, Zweiter Weltkrieg, Kalter Krieg, Frieden und wirtschaftliche Vereinigung. Es gibt für mich keinen Grund zu Pessimismus. Und ich bin sicher, dass sich daran in den Jahren, die mir noch bleiben, nichts ändern wird.

Franz Fischler

Es gibt keinen post-europäischen Weg

Europa ist ein nachhaltiges Zukunftskonzept

Die durch die allgemeine Wirtschafts- und Finanzkrise verbreitete Endzeitstimmung zahlreicher Medien und Kommentatoren lässt den Verdacht aufkommen, man denke bei einem zukünftigen Gesellschafts- und Wirtschaftsmodell bereits an die Möglichkeit eines „post-europäischen" Weges. Eine solche Diktion wäre nichts Ungewöhnliches. Schon seit Jahrzehnten hat sich für die Übergangszeit von einer zu Ende gehenden Ära in eine neue die Praxis breit gemacht, das Kommende einfach mit dem Namen des Gewesenen zu bezeichnen und ein „Post" davorzusetzen. So spricht man beispielsweise vom postindustriellen Zeitalter und vom Postkapitalismus, neuerdings auch von der Postdemokratie und von der postnationalen Ära.

Schon 1969 hat Alain Touraine zum ersten Mal den Begriff „postindustrielle Gesellschaft" verwendet. Seine zentrale Einschätzung war: „Es entstehen Gesellschaften neuen Typs. Man wird sie postindustrielle Gesellschaften nennen, wenn man die Entfernung kennzeichnen möchte, die sie von den Industriegesellschaften trennen."

Daniel Bell ist im Jahr 1973 einen Schritt weiter gegangen und hat eine erste inhaltliche Beschreibung geliefert und genaugenommen mit seinen Überlegungen das Zeitalter der Wissensgesellschaft eingeläutet. Er schreibt: „Das Konzept der nachindustriellen Gesellschaft betont die zentrale Stellung des theoretischen Wissens als Achse, um die sich die neuen Technologien, das Wirtschaftswachstum und die Schichtung der Gesellschaft organisieren."

Genau das ist in den vormaligen Industrieländern längst passiert. Der größte Teil der Wachstumshoffnungen beruht in diesen Ländern heutzutage auf dem Faktor Knowledge- und Technologievorsprung zusammen mit einer weiteren gedeihlichen Entwicklung des größten Wirtschaftssektors, nämlich des Dienstleistungssektors. Diese Entwicklung wurde durch die modernen Informationstechnologien enorm beschleunigt, und wenn man den Zukunftsforschern Glauben schenken darf, dann stehen wir hier am Anfang einer neuen Epoche.

Auf der Suche nach dem Wirtschafts- und Sozialmodell der Zukunft

Da das Funktionieren der Industriegesellschaft unmittelbar an das Funktionieren des Kapitalismus gebunden war, tauchte sehr bald die Frage auf, welches Finanzsystem das postindustrielle Zeitalter begleiten sollte. Die Vertreter des guten alten Kapitalismus haben zwar geglaubt, dass nach dem Zerfall der Sowjetunion mit dem Untergang der kommunistischen Planwirtschaft das Ende der Geschichte angebrochen sei und der Kapitalismus für alle Zukunft das einzige Wirtschaftssystem bleiben würde, doch siehe da, sehr bald haben sich nach 1989 mit der Liberalisierung der Finanz- und Kapitalmärkte auch die Schwächen des Kapitalismus gerade für postindustrielle Gesellschaften herausgestellt. Abgesehen davon ist die ursprüngliche Funktion der Banken, nämlich als Dienstleistungseinrichtung für die private und öffentliche Realwirtschaft zu dienen, mehr und mehr verloren gegangen. Es ist daher nicht verwunderlich, wenn selbst Protagonisten des Kapitalismus Zweifel am Fortbestand des bisherigen Wirtschaftssystems äußerten. So hat Klaus Schwab, der Erfinder des World Economic Forums in Davos, bei seiner Eröffnungsrede 2012 die Frage in den Raum gestellt: „Was kommt nach dem Kapitalismus?"

Er wollte damit auf die Notwendigkeit einer intensiven Debatte über den Postkapitalismus hinweisen. Insgesamt geht es um das Wirtschafts- und Sozialmodell der Zukunft, das auf jeden Fall folgenden Kriterien gerecht werden muss:

- Es geht um ein möglichst robustes Gleichgewicht zwischen Ökonomie, Ökologie und Sozialem.
- Es geht um eine Entkoppelung von Wirtschaftswachstum und nicht erneuerbarem Ressourceneinsatz.
- Das Wirtschaftssystem muss auch bei sehr geringem oder keinem BIP-Wachstum stabil bleiben.
- Es muss ein neues Verständnis für Wachstum entwickelt werden, nämlich ein qualitatives Wachstum, das insbesondere die Steigerung der Lebensqualität zum Inhalt hat.
- Innovationen müssen eine zentrale Rolle spielen und werden zum wichtigsten Wachstumsmotor werden. Daher müssen wissensbasierte Wirtschaftssysteme auch in die Köpfe der Menschen investieren.
- Der Markt als Umschlagplatz für Waren und Dienstleistungen muss weiter diese Rolle behalten, sie zum Teil sogar zurückgewinnen. Die Marktteilnehmer müssen sich jedoch auch staatlichen Regeln unterwerfen, vor allem um ein *level playing field* der Stakeholder zu gewährleisten.

Gerade weil in Zukunft die Lebensqualität zu einem zentralen Erfolgsmaßstab für das neue Wirtschafts- und Sozialmodell werden muss, genügt es auch nicht mehr, sich auf wirtschaftliche Tätigkeiten zu beschränken. Es geht auch genauso um das *social life,* das vor allem auch die kulturelle Dimension unseres Zusammenlebens umfasst. Kultur ist in diesem Zusammenhang sehr breit zu verstehen, es geht um das Schaffen und Erhalten der kulturellen Güter, ebenso wie um Alltagskultur, zum Beispiel um Essen und Trinken, das Pflegen von Freund- und Nachbarschaften, die Erhaltung der Vielfalt unserer Landschaften, Freizeitaktivitäten, Sport und vieles anderes mehr. Insgesamt geht es um Heimat, für die der Begriff „Kulturelle Nachhaltigkeit“ geprägt wurde.

Die Zukunft heißt Nachhaltigkeit

Das Zukunftsmodell heißt Nachhaltigkeit. Wenn auch der Begriff bereits ziemlich „abgelutscht“ ist, so gibt es dennoch gute Gründe, ihn als Bezeichnung für ein künftiges gesellschaftliches Konzept zu verwenden:

- Die globalen Probleme, mit denen wir uns nun auch schon seit Jahrzehnten herumschlagen – denken Sie nur an die Globalisierung, den Klimawandel, die Bevölkerungsexplosion im einen und die Vergreisung im anderen Teil der Welt, an die wachsende Ressourcenknappheit, den Rückgang der Biodiversität, usw. –, machen immer deutlicher, dass die bisherigen Wirtschafts-, Sozial- und Gesellschaftsmodelle ausgedient haben und etwas Neues gesucht werden muss.
- Dieses Neue hat noch keinen Namen und der Begriff Nachhaltigkeit enthält viele Elemente, die in dem neuen Modell eine Rolle spielen müssen und ihren Ausgangspunkt im Nachhaltigkeitsverständnis des Brundtlandberichts haben.
- Welcher Begriff auch immer gewählt wird, er kann erst durch die Beschreibung des Inhalts Gestalt annehmen.

Ursprünglich kommt der Terminus aus der Forstwirtschaft und wurde nachgewiesenermaßen zum ersten Mal im Jahr 1713, also vor genau 300 Jahren, von Hans Carl von Carlowitz in seinem Buch: „Sylvicultura oeconomica" gebraucht, um das einfache Prinzip zu erklären, dass man aus einem Wald nicht mehr Holz ernten darf als nachwächst, wenn man den Wald dauerhaft erhalten möchte. In den nachfolgenden gut 200 Jahren ist das Wort Nachhaltigkeit ein forstwirtschaftliches Fachwort geblieben und erst der Club of Rome hat mit den „Grenzen des Wachstums" und die dadurch ausgelöste Diskussion ein neues Verständnis dieses Begriffes bewirkt. Ich kann mich jedoch noch gut an die Startschwierigkeiten der Verwendung des Begriffes Nachhaltigkeit erinnern. Als ich als junger Agraringenieur bei einem Kongress in Kopenhagen Ende der 1970er Jahre verlangt hatte, dass in einer zu verabschiedenden Resolution von „Nachhaltigkeit in der Landwirtschaft" die Rede sein sollte, wurde das mit dem Argument abgelehnt, dass es dafür keinen geeigneten französischen Begriff gäbe.

Die entscheidende Wende hat dann im Jahr 1987 der Brundtlandbericht gebracht. Dort heißt der entscheidende Satz: „Eine nachhaltige Entwicklung ist eine Entwicklung, die die Lebensqualität der gegenwärtigen Generation sichert und gleichzeitig zukünftigen Generationen die Wahlmöglichkeit zur Gestaltung ihres Lebens erhält."

Seltener zitiert wird allerdings eine zweite im Brundtlandbericht enthaltene Begriffsbestimmung, weil sie politisch wesentlich fordernder ist. Sie lautet: „Im Wesentlichen ist nachhaltige Entwicklung ein Wandlungsprozess, in dem die Nutzung von Ressourcen, das Ziel von Investitionen, die Richtung technologischer Entwicklung und institutioneller Wandel miteinander harmonieren und das derzeitige und künftige Potenzial vergrößern, menschliche Bedürfnisse und Wünsche zu erfüllen."

Genau um diesen Wandlungsprozess muss es aber gehen, wenn wir vorankommen und unser Gesellschafts-, Wirtschafts- und Sozialsystem zukunftsfähig machen wollen. Überhaupt scheint mir Zukunftsfähigkeit das wichtigste Qualifizierungsmerkmal für Nachhaltigkeit zu sein.

Daher soll das neue Wirtschafts- und Sozialmodell für Europa „Nachhaltigkeit" heißen, weil es alle Elemente, die im Brundtlandbericht gefordert sind, beinhaltet und in Teilen auch bereits sowohl seine Machbarkeit als auch seine Alternativlosigkeit unter Beweis gestellt hat.

Europa geht voran – Ziele für Europa 2020

Europa nimmt hier eine gewisse Vorreiterrolle ein und hat bereits vor Jahren im Konvent zur Erlassung des Verfassungsvertrages das europäische Nachhaltigkeitsmodell intensiv diskutiert und dann auch im Art. 3 als Ziel für die Europäische Union festgeschrieben. Dort heißt es:

„Die Union errichtet einen Binnenmarkt. Sie wirkt auf die nachhaltige Entwicklung Europas auf der Grundlage eines ausgewogenen Wirtschaftswachstums und von Preisstabilität, eine in hohem Maße wettbewerbsfähige soziale Marktwirtschaft, die auf Vollbeschäftigung und sozialen Fortschritt abzielt, sowie ein hohes Maß an Umweltschutz und Verbesserung der Umweltqualität hin. Sie fördert den wissenschaftlichen und technischen Fortschritt. Sie bekämpft soziale Ausgrenzung und Diskriminierungen und fördert soziale Gerechtigkeit und sozialen Schutz, die Gleichstellung von Frauen und Männern, die Solidarität zwischen den Generationen und den Schutz der Rechte des Kindes. Sie fördert den wirtschaftlichen Zusammenhalt und die Solidarität zwischen den Mitgliedsstaaten. Sie wahrt den Reichtum ihrer kulturellen und sprachlichen Vielfalt und sorgt für Schutz und die Entwicklung des kulturellen Erbes Europas."

Diese Prinzipien sind nunmehr in die EU-2020-Strategie gegossen. Der Kern dieser Strategie ist mit *smart, inclusive and green growth* umschrieben. Es sind auch zum ersten Mal nachprüfbare quantitative Ziele festgelegt, um eine neue Balance zwischen ökonomischen Erfolgschancen, die vor allem auf Innovationen beruhen, einem möglichst hohen Beschäftigungsgrad und einer fairen Aufteilung der Wirtschaftserfolge sowie einer Ressourcen schonenden Umwelt- und Energiepolitik zu schaffen.

Bisher noch nicht oder bestenfalls nur in Ansätzen im Rahmen der Regionalpolitik gelungen ist die stärkere Integration des Faktors Kultur in unser Wirtschaftsmodell. Das hängt wohl auch damit zusammen, dass es zwar einige Versuche gibt, neue Parameter zur Messung der qualitativen Wachstumslogik zu entwickeln, aber diese Denkansätze haben noch nicht in die ökonomischen Analysen und Wachstumsprognosen Eingang gefunden. Man kann sich auch fragen, ob es wirklich angebracht ist, alles, was mit Wirtschaft zu tun hat, in Zahlen auszudrücken. Tomas Sedlacek verlangt, „dass wir lernen, das, was sich nicht in Zahlen ausdrücken lässt, das Weiche, zu respektieren. Dass wir lernen, so etwas wie Ästhetik oder den Wert einer schönen Aussicht zu respektieren. Das erfordert jedoch eine gewaltige Verschiebung, weg von der Zahlenbesessenheit und hin zu etwas, was nicht so leicht zu begreifen ist."

Es ist zu hoffen, dass die laufende Dekade vor lauter Verstrickungen in *Austerity*- versus *Prosperity*-Debatten keine verlorene Dekade sein wird und die Praxistauglichkeit des neuen europäischen Wirtschafts- und Sozialmodells unter Beweis gestellt werden kann.

Wirtschaft und Demokratie – zwei europäische Baustellen

Damit sind aber noch lange nicht alle unsere politischen Probleme gelöst. Genauso wie am Beginn des Industriezeitalters und des Kapitalismus als dazupassendes, politisches Modell der Nationalstaat entwickelt wurde, muss jetzt ein entsprechendes Modell für die postindustrielle und postkapitalistische Phase entwickelt werden. Es ist daher ebenfalls kein Zufall, dass mittlerweile eine Debatte über die Postdemokratie und über das postnationale Europa entstanden ist.

Colin Crouch hat den Begriff der Postdemokratie geprägt, verwendet ihn aber nicht, um ein neues Demokratiemodell zu beschreiben, sondern um die progressive demokratische Dekadenz westlicher Gesellschaften anzuprangern. Er weist auf das wachsende Ungleichgewicht zwischen den Interessen der Gesellschaft und der Unternehmen hin, beschreibt den vielfach beobachtbaren Trend, dass Politik mehr und mehr zur Angelegenheit von Eliten und Lobbys wird und in der allgemeinen Öffentlichkeit das Desinteresse an Politik überhandnimmt.

Mittlerweile treten Autorinnen und Autoren in Erscheinung, die nicht mehr nur den Verfall der nationalstaatlich organisierten Demokratien beklagen, sondern sich intensiv mit postnationalen *Governance*-Modellen beschäftigen. In Österreich werden die Ideen Robert Menasses besonders intensiv diskutiert, die in der Forderung nach der „Erfindung einer neuen, einer nachnationalen Demokratie" gipfeln.

Meiner Ansicht nach müsste eine solche nachnationale Demokratie auf den im Lissabonvertrag verankerten europäischen Werten und dem europäischen Wirtschafts- und Sozialmodell aufbauen, eine neue dynamische Arbeitsteilung zwischen Regionen, Nationalstaaten und Europäischer Union vorsehen und demokratische Reformen beinhalten. Mit diesen Reformen müssen die Bürgerrechte gestärkt und der Vorrang der Politik gegenüber der Wirtschaft festgeschrieben werden, ohne ihre Freiräume unnötig einzuschränken. Ebenso müsste das Grundprinzip der Mehrheitsentscheidungen auf allen Ebenen verankert, die Instrumente der direkten Demokratie ausgebaut und effiziente Entscheidungs- und Institutionenstrukturen geschaffen werden. Allein daraus wird deutlich, um welche Megaaufgabe es sich handelt, wenn man ein nachhaltiges nachnationales Europa bauen möchte.

Die Wirtschaftskrise zeigt uns die wahre, die politische Krise

Bei aller Wichtigkeit, die Probleme der öffentlichen Haushalte in den Griff und – noch wichtiger – unsere Volkswirtschaften wieder auf Wachstumskurs zu bringen, dürfen wir nicht darüber hinwegsehen, dass sich die Länder der Europäischen Union und die Union als Ganzes nicht nur in einer ökonomischen, sondern auch in einer veritablen politischen Krise befindet.

Dabei sind die Ursachen dafür nicht neu, sondern seit dem Beginn der Erweiterungsdebatte Gegenstand von politischen Auseinandersetzungen. Schon damals war klar, dass vor einer Erweiterung zunächst die Aufgabenteilung zwischen den Mitgliedsstaaten und der Europäischen Union neu geordnet werden muss, dass die Funktionsweise der Gemeinschaft und die Institutionen neu geregelt werden müssen und erst dann die Erweiterung erfolgen hätte sollen. Allerdings glaubte man, dass sich beides – Vertiefung und Erweiterung – Zug um Zug realisieren ließe. Dann kam das Unglück des Nizzavertrages, mit dem nicht nur die notwendigen Reformen ausblieben, sondern zugleich die demokratischen Defizite der Gemeinschaft massiv zu Tage traten.

Die Lösung dieser Probleme glaubte man, mit dem Konvent gefunden zu haben, und in der Tat waren die Mitglieder dieses europäischen „politischen Konzils“ von einem großen Reformwillen beseelt und förderten ein durchaus respektables Ergebnis zu Tage. Leider kam der Verfassungsvertrag durch populistische Verstrickungen in Paris und Den Haag und durch eine Vermischung von europäischen Fragen mit nationalen personalpolitischen Überlebensstrategien zu Fall. Der stattdessen in Kraft getretene Lissabonvertrag ist jetzt wiederum eine technokratische Geburt, der eine breite demokratische Legitimation fehlt.

Dann kam das Krisenjahr 2009, das dazu einlud, neuerlich die alten Reflexe und nationalen Interessen zu bedienen, statt angesichts der fortschreitenden Globalisierung nach europäischen Lösungen zu suchen. Dem nicht genug, nach dem Crash von Lehman Brothers begannen in der Krise die Finanzmärkte die Geschwindigkeit, mit der politische Entscheidungen gefällt werden mussten, zu bestimmen, und die Politik wurde zunehmend hilfloser und von der Finanzindustrie vor sich hergetrieben.

Genau da stehen wir und fragen uns wieder einmal, wohin die europäische Reise eigentlich gehen soll, wie europäische Politik anzulegen wäre und wie europäische Entscheidungen mit ausreichender Legitimation rechtzeitig gefällt werden könnten.

Es zeigt sich sehr deutlich, dass das Setzen auf technokratische Lösungen, die noch dazu dem Wahlvolk viel zu wenig erklärt werden, zu einem Gefühl von Ohnmacht führt statt zu mehr Macht, die (angeblich) vom Volk ausgeht.

Durch den Zwang, immer öfter politische Entscheidungen mit der heißen Nadel stricken zu müssen, wird diese gefühlte Ohnmacht noch verstärkt. Dazu kommt, dass die im Lissabonvertrag erfolgte Umwandlung des Europäischen Rates in ein formelles Organ der EU das Abgehen von den stärker demokratisch legitimierten Gesetzgebungsverfahren noch begünstigt, weil Parlament und Kommission entweder ausgeschaltet werden oder erst im Nachhinein die Beschlüsse der Regierungschefs umsetzen dürfen.

Das hat in letzter Zeit immer häufiger dazu geführt, dass man sich bei den immer zahlreicher werdenden Gipfeln mit einer Art „Durchwursteln" zufrieden geben musste. Auf einmal schienen in den sogenannten Schlussfolgerungen des Europäischen Rates Entscheidungen auf, wie die Schuldenbremse, der Rettungsschirm, die europäische Wirtschaftsregierung oder die Bankenunion, und vieles andere mehr, die jede für sich unter normalen Umständen eine sorgfältige Vorbereitung inklusive Impactstudien, einen

Kommissionsvorschlag, eine breite Konsultation und eine parlamentarische Debatte erfordert hätten.
Kein Wunder also, dass die Europamüdigkeit und das Gefühl, dass über unsere Köpfe hinweg entschieden wird, wieder Saison haben und die vereinigten Populisten Europas neuerlich Aufwind verspüren.
Ebenso muss es allen Beteiligten schwer zu denken geben, dass die Tendenz, auf europäische Lösungen zu verzichten und intergouvernementale Europa-minus-X-Verträge zu vereinbaren, rasch ansteigt (siehe Fiskalunion).

Europe, what else?

Um mit all diesen Schwierigkeiten fertig zu werden und eine möglichst demokratisch legitimierte Lösung zu gewähren, wird immer öfter die Einberufung eines neuen Konvents gefordert. Das ist nicht falsch, muss aber genau geprüft werden.
Wenn nämlich für die Vereinigten Staaten von Europa die USA als Modell dienen, dann ist das ein aussichtsloses Unterfangen. Es besteht nicht die geringste Chance, einen europäischen Bundesstaat nach US-Muster oder gar den vielzitierten europäischen Superstaat zu errichten.
Was zuerst gelingen muss, ist die vertragliche Festschreibung einer neuen dynamischen Aufgabenteilung zwischen Europa und den Mitgliedsstaaten, die von einem neuen Subsidiaritätsverständnis geprägt ist, das keine einseitig diktierten Aufgabenzuweisungen von der einen oder der andern Seite zulässt. Das bedeutet dann aber auch, dass alle Beteiligten auf ihrer Ebene, für die sie verantwortlich sind, eine entsprechende Aufgabenwahrnehmung garantieren, beziehungsweise muss festgelegt werden, was zu geschehen hat, wenn einer der Beteiligten seinen Aufgaben nicht nachkommt. Außerdem braucht es auf allen Ebenen ausreichend demokratisch legitimierte Entscheidungsverfahren verbunden mit einem *level playing field* in der Kommunikation und mit breiten Konsultationsverfahren bis hin zur Zulassung direkt-demokratischer Entscheidungsschritte.

So etwas ist jedoch in der Tat nur machbar, wenn es in einem europäischen Konvent vorbereitet wird, dessen Zusammensetzung gut überlegt ist und dessen Zustandekommen auf einem demokratischen Verfahren beruht.

Eines ist jedenfalls klar: Keine der bekannten Staatsformen, weder die der europäischen Kleinstaaten, noch die der USA und schon gar nicht die von China oder Südamerika sind geeignet, Europa eine nachhaltige politische Zukunft zu gewährleisten. Bleibt also gar nichts anderes übrig, als in Europa, so wie die Gründerväter der Union das auch getan haben, ein Wagnis einzugehen und ohne Referenzmodell etwas Neues zu bauen, das aber dann, wenn wir es zustande bringen, von vielen Teilen der Welt übernommen und Europa den Spitzenplatz in Sachen politischer Innovation sichern würde.

Dazu braucht es aber vor allem couragierte Menschen, die Europa nicht nur konsumieren, sondern bereit sind, Europa mitzudenken und mitzugestalten. Herwig Hösele zählt als Vor- und Querdenker zu diesen Menschen und ist in der Sache ein wichtiger Mitstreiter im Rahmen des Europäischen Forums Alpbach. Dafür und für seinen Optimismus, auch was die Zukunft der europäischen Integration betrifft, gilt ihm besonderer Dank.

Erhard Busek

Laboratorium für die Zukunft ...

... und nicht Versuchsstation für Weltuntergänge

Mit dem Optimismus ist das so eine Sache! Der Begriff erwacht nur zum Leben, wenn es auch das Kontrastprogramm, nämlich den Pessimismus gibt. Wie könnte sich sonst der Optimist angenehm unterscheiden? Wobei schon das Programm darin besteht, dass das Wort im Lateinischen ein Superlativ ist *(optimus)*, sich aber durchaus selbständig gemacht hat und eine eigene Bedeutung gewann. Ich gebe auch zu, dass ich mit dem Titel dieses Buches – den ich nicht ausgesucht habe – durchaus meine Schwierigkeiten habe. Worin liegen die? Ich glaube, dass das Wort „Pflicht" mit „Optimismus" gepaart etwas widersprüchlich ist. Mag sein, dass es eine typisch österreichische Auffassung ist, wenn ich sage, dass Pflicht für mich ein wenig den Geruch von Zwang, Verzicht auf Nachdenklichkeit und Strammstehen und der Debatte über Kurt Waldheim hat. Ich tue mir mit der Mehrzahl „Pflichten" leichter, weil es eine Reihe von Haltungen beschreibt, die schlicht und einfach notwendig sind, nicht nur um ein Leben zu gestalten, sondern auch um mit anderen zusammenzuleben. Eines möchte ich als geborener Wiener noch draufsetzen: Optimismus ist für einen Wiener, der sich selbst meistens als Lebenskünstler darstellt (siehe Heurigenlieder), etwas Eigenartiges. Karl Kraus verdanken wir den schönen Satz: „Wien ist eine Versuchsstation für Weltuntergänge." Das ist wahrlich kein Optimismus, wobei man allerdings zur Entlastung hinzufügen muss, dass dieses Denken in verrauchten Kaffeehäusern von Literaten geboren wurde und natürlich etwas mit dem Ende der Welt der Monarchie zu tun hat.

Monarchie ist hier nicht politisch zu verstehen, sondern eine Auffassung von Europa, die für eine Schicht von Künstlern, Intellektuellen und Literaten zunächst ein Traum, dann eine Vorahnung „der letzten Tage der Menschheit" gewesen ist, dann aber die Katastrophe schlechthin wurde. Schlag nach bei Stefan Zweigs „Welt von Gestern".

Von dieser lokalhistorischen Betrachtung abweichend möchte ich mich jedoch dem Thema mehr aus einer Betrachtungsweise des Christlichen nähern. Ich glaube, dass uns nämlich Gottes Schöpfung – der Mensch ist eben das letzte Werk der sieben Tage der Genesis – verpflichtet, Optimisten zu sein. Naturgemäß habe ich mich immer damit herumgeschlagen, was denn eigentlich Hölle, Verdammnis etc. bedeutet. Natürlich hilft Thomas von Aquin, wenn er bereits in seiner Scholastik meinte, dass das Böse keine Wesenheit habe. Das hilft schon, wenngleich das Verneinende natürlich meilenweit von jeder optimistischen Auffassung entfernt ist. Wohl aber hat mir ein Freund erklärt, dass die Chancen, in der Verdammnis zu landen, eigentlich nicht sehr groß sind. Es darf wohl angenommen werden, dass Gott den Menschen geschaffen hat, mit seinem Evangelium der „Frohen Botschaft", versehen hat, nicht um ihn dann in der größtmöglichen Entfernung Gottes landen zu sehen, sondern damit eine positive Hoffnung verbunden ist, nämlich jene der Erlösung. Es mag ein primitiver christlicher Existenzialismus sein, wohl aber eine berechtigte Annahme für eine Lebensauffassung. Am Ende aller Tage in der Anschauung Gottes wird uns das Positive bewusst und der Optimismus des Lebens gerechtfertigt sein. Mag sein, dass das alles ein wenig primitiv oder verstiegen ist, aber das schöpferische Talent des Menschen, mit Situationen fertig zu werden, entsprechende Phantasien zu entwickeln und letztlich zur Weiterentwicklung der Menschheit beizutragen, ist ein entscheidender Punkt. Umso mehr ist es unverständlich, wenn man sich stetig und andauernd dem Pessimismus hingibt. Natürlich kann es auch grenzdebil erscheinen, wenn man freudig vor sich hin lächelnd immer behauptet, dass ohnehin alles gut ist und fest überzeugt erscheint, dass selbst die schwierigsten Situationen eigentlich Anlass zum

Optimismus sind. Das überfordert manchmal auch die Kraft der Menschen, sodass eine wesentliche Aufgabe einer Gemeinschaft, insbesondere einer christlichen, darin besteht, in geschwisterlicher Auffassung Hoffnung zu geben. Es begleiten uns auch Sätze wie „die Hoffnung stirbt zuletzt“ oder wie wir noch als Lateiner gelernt haben *sperare contra spem.* Mag sein, dass man aus diesen Grundeinstellungen herauslesen kann, dass wir auch verpflichtet sind, Optimisten zu sein.

Das Leben in der Politik, wie es auch Herwig Hösele gewählt hat, ist ein engerer Rahmen als etwa philosophisch-theologische Betrachtungen oder Lebensweisheiten. Die Aufgabe des Analytischen im Leben des politischen Menschen ist von großer Bedeutung und beinhaltet auch die Aufgabe, Gefahren zu sehen – eben um sie vermeiden zu können. Natürlich kann daraus ein gewisser Pessimismus der Lagebeurteilung entstehen, der aber stets damit verbunden sein muss, darauf zu vertrauen, dass wir auch Lösungen für die Probleme haben. Darin kann man wohl eine Pflicht sehen, nämlich die schöpferische Kapazität einzusetzen, nicht nur die Lebensumstände der Menschen im Allgemeinen oder der einem Anvertrauten im Besonderen zu verbessern, sondern schlicht und einfach auch die Phantasie zum Besseren zu mobilisieren. Herwig Hösele mit seinem stets freundlichen Lachen und der Kapazität, eben solche Lösungen anzubieten, ist eine gewisse Verwirklichung dieses Prinzips.

Mag sein, dass es im steirischen Grundwesen oder aber auch für lange Zeit der politischen Gemeinschaft zu eigen ist, der Herwig Hösele angehört. Ich durfte mit meinen steirischen Freunden, aus deren Reihen auch Herwig hervorgegangen ist, immer wieder erleben, dass man positive Lösungsansätze hatte, um den Herausforderungen gerecht zu werden.

Zur Qualität meiner steirischen Freunde und auch Herwig Höseles gehört es, den berühmten Satz, dass man da nichts machen könne und ohnehin alles zu schwierig sei, in der Sprache der Grünen Mark nicht vorrätig ist. Die Steiermark ist ein Land, das lange Zeit am Rande der freien westlichen Welt gelegen ist und dafür auch einen Preis gezahlt hat. Auch die Geschichte ist nicht spurlos

vorübergegangen, wenngleich sie viel besser und eben optimistischer bewältigt wurde, als das etwa die Kärntner Nachbarn taten. Der „Zukunftsfonds" passt daher zu den Tätigkeiten von Herwig Hösele, der vielleicht eine andere politische Laufbahn verdient hätte, aber trotzdem immer gewusst hat, wo sein Platz ist. Auch die Dialogreihe und der Pfingstdialog „Geist und Gegenwart" in Seggauberg, dem Geistigen verpflichtet, sind ein Zeichen seiner Tätigkeit mit anderen gemeinsam.
Natürlich darf über den notwendigen Optimismus in unserer gegenwärtigen Situation reflektiert werden. Das geschieht leider zu wenig in der Politik, wobei ich dafür allein nicht die Parteien und deren Repräsentanten verantwortlich mache, sondern auch das Umfeld, beginnend bei den Medien, der Wissenschaft, den NGOs, den Social Media etc. Wir glauben nämlich, mit der Schuldzuweisung an andere sich unserer Pflicht entledigen zu können. In Wirklichkeit hat man immer selber all das zu tun, was einem möglich ist, was sich anbietet und was dann auch einen Grund hergibt, die Maßnahmen mit Optimismus zu bekleiden. Das ist der Grund, warum Herwig Hösele auch unter den verschiedensten Umständen immer aktiv geblieben ist, wenngleich es ihm sicher auch nicht immer leicht gemacht wurde. Was bietet sich da an?

1. Die Umbruchsituation unserer Zeit

Es ist außer Frage, dass wir in einer dramatischen Veränderung leben. Es ist schon ein Kalauer, wenn ich immer darauf hinweise, dass der Ursprung des Wortes „Krise" im Griechischen liegt und „beurteilen, entscheiden" als Inhalt hat. Wenn wir in der Lage sind, auf Grund der allgemeinen Bewegung Maßnahmen zu ergreifen, die unsere Voraussetzungen de facto in jeder Hinsicht vergessen, ist das schon ein Grund zum Optimismus. Wir brauchen allerdings eben diesen Optimismus für uns selbst, nämlich dass wir in der Lage sind, das auch wirklich zu bewältigen. Nun ist aber, wie ich schon sagte, uns jede schöpferische Kraft mitgegeben, wir dürfen sie nur nicht behindern. Das allein verlangt schon eine optimistische Grundanlage, nämlich ein Vertrauen auf die

Zukunft. Zu behaupten, dass wir keine Zukunft hätten, ist nicht nur Blödsinn, sondern auch verantwortungslos. Als ein Kind der Mitte des 20. Jahrhunderts erlaube ich mir darauf hinzuweisen, dass wir es natürlich leichter hatten. Nach dem Ende des Zweiten Weltkriegs durfte man annehmen, dass es jedes Jahr ein wenig besser wird, sich neue Möglichkeiten auftun, die Dimensionen in Raum und Zeit einfach größer werden und mit ein bisschen Anstrengung sich unsere Lebensumstände auch ständig verbessern werden. Das hat schließlich dieses kleine Land Österreich zu einem beachtlichen Wohlstand geführt und dabei eine Ausgangssituation geschaffen, in der wir mit Optimismus auch unsere Verantwortung für uns und andere wahrnehmen können.

2. Optimismus für Europa

Die dramatische Veränderung nach den Katastrophen zweier Weltkriege hat wohl darin bestanden, dass wir die Kraft hatten, aus der Geschichte zu lernen. Das hat letztlich dazu geführt, alte Konflikte (Frankreich/Deutschland) zu überwinden, wobei allein schon das Gelingen dieses Prozesses Grund für Optimismus darstellt. Der Optimismus ist nämlich notwendig, um jene Trennlinien zu überwinden, die heute noch spürbar sind. Natürlich hat uns die europäische Geschichte einige schmerzliche Dinge hinterlassen, denn nach wie vor ist die Bruchlinie des Eisernen Vorhangs noch nicht zur Gänze bewältigt, von den übrigen Gräben gar nicht zu reden. Die Welt der früheren Sowjetunion harrt noch einer gemeinsamen europäischen Bewältigung, der Balkan hat sich radikal gebessert, ist aber noch nicht in einem zufriedenstellenden Zustand, und der „Arabische Frühling" macht uns auf Probleme aufmerksam, die in unserer Nachbarschaft liegen. Dazu braucht es einen Optimismus für Europa, noch dazu wo wir eigentlich gar keine andere Alternative haben. Wir leben in einem Prozess der Grenzüberschreitung, wobei wir noch lange nicht an unseren Grenzen angelangt sind, wobei etwa im Sinne von Konrad Paul Liessmann die Notwendigkeit von Grenzen auch betont werden muss, nämlich vor allem dort, wo wir sie nicht nur an uns selber, sondern auch am Wohlergehen des anderen finden. Diese Kombination, bestimmte Grenzen zum Fallen zu bringen, andere aber wieder genau zu beobachten, ist nur mit einem positiven Zugang möglich!

3. Wissen schafft Optimismus

Die neue Welt, in der wir heute leben, ist nicht zuletzt durch den wissenschaftlichen und technologischen Fortschritt entstanden. Wer kann sich heute noch vorstellen, ohne Internet und Handy auszukommen – Instrumente, die uns noch vor kurzem unbekannt gewesen sind und neue Dimensionen des Raums, der Zeit und des Lebens eröffnet haben. Auch das ist ein Beweis für die Erfindungsgabe des Menschen. Übrigens: Erfunden kann nur werden, wenn man den Optimismus hat, auch Neues zu finden und gestalten zu können. Wer glaubt, mit pessimistischen Grundannahmen ein Forscher sein zu können, wird relativ rasch scheitern. Natürlich ist bei allem Neuen auch zu bedenken, welche Konsequenzen es haben kann. Gerade da aber ist die positive Grundhaltung entscheidend, weil man auch beurteilen muss, was die Dinge, die wir in die Welt gesetzt haben, auch bewirken können.

4. Partnerschaft Europa mit der übrigen Welt

Wir leben längst im *Global Village*, sodass eine jener Aufgaben, auf die wir zugehen müssen, wohl jene ist, unsere eigene Rolle in diesem Weltdorf zu bestimmen, was wieder zur Voraussetzung hat, dass wir den anderen kennen. Mit einem positiven Geist auf den jeweils anderen zuzugehen, ihn zu verstehen und einmal anzunehmen, dass das alles, was er beiträgt, positive Konsequenzen haben kann, ist wohl selbstverständlich. Wir erwarten uns nämlich diese optimistische Beurteilung durch andere auch ganz selbstverständlich, denn alles andere führt zu Hass, Rassismus und Ablehnung von „der/die/das andere“!

5. Optimismus ist nur möglich aus einer Werthaltung heraus

Mit einer negativen Auffassung geht auch einher, dass man die positiven Grundhaltungen letztlich gar nicht mehr erkennen kann. Es sei zugegeben, dass wir sehr viele Wertorientierungen verloren haben, quasi „säkularisiert", wobei man das nicht nur den Kirchen und Religionsgemeinschaften vorwerfen kann, sondern auch dem allgemein verbindlichen Wertekatalog in der Gesellschaft. Man muss nur auf jene Lächerlichkeiten aufmerksam machen, wo uns das Fehlen bewusst wird. Die „Genderdebatte" ist wohl dadurch entstanden, dass der Respekt der Geschlechter und der Generationen nicht mehr funktioniert. Ich bewundere fast täglich in allen Medien, wo man sich über den mangelnden Respekt vor dem weiblichen Geschlecht aufregt und zwei, drei Seiten weiter die obligaten Nacktfotos finden kann. Das wirklich Eigenartige ist, dass eine gesamthafte Auffassung von Wertvorstellungen und ihren Konsequenzen, das Miteinander verbunden sein, überhaupt nicht begriffen wird. Politik besteht heute im Wesentlichen darin, sich dafür zu engagieren, was unser Freund Herwig in der Unterstützung von Waltraud Klasnic bei ihren Aktivitäten auf eine hervorragende Weise getan hat.

6. Freude ist eine Voraussetzung für Optimismus

Wer sich ständig selber leid tut, wird wohl kaum einen positiven Bezug zum Leben und schon gar nicht zum Nächsten haben. Letztlich auch nicht in der Zeit, die vor ihm liegt. Damit ist aber nicht ein primitives freundliches Grinsen im Hinblick auf die Zukunft gemeint, sondern ein Animo, das darin besteht, mit der uns anvertrauten Schöpfung, mit der Zeit unseres Lebens, mit den großartigen Möglichkeiten, die wir in Wirklichkeit alle haben unter Grundannahme, dass sie im Ergebnis zum Besseren für die Menschen führt, das eben Beste daraus zu machen. Es wäre dringend zu empfehlen, dass wir eine gesamthafte andere Darstellung des Politischen erleben, weil im hohen Ausmaß Grenzauffassungen

(Korruption, Ämterpatronage, Postenkleberei etc.) zu den offensichtlichen Hauptinhalten des Politischen geworden sind. Es darf daran erinnert werden, dass sich das Wort „Politik“ von „Bürger sein“ herleitet. Max Frisch hat uns einmal darauf aufmerksam gemacht, dass „Bürger sein“ heißt, sich in seine eigenen Angelegenheiten einzumischen. Herwig Hösele und viele andere mischen sich ein, wo immer sie es konnten.
Es ist zu hoffen, dass die jungen Menschen in diesem Land nicht im Pessimismus steckenbleiben, sondern die Zukunft als etwas Faszinierendes ansehen. Deshalb passt Herwig Hösele auch in den „Zukunftsfonds“!
Aus meiner Überzeugung hat das 21. Jahrhundert gerade auch mit Österreich eben nicht eine Versuchsstation für Weltuntergänge zu sein, sondern ein Laboratorium für die Zukunft. Wir brauchen Menschen, die eben diese Versuche zur Zukunft wagen!

Heinrich Neisser

Plädoyer für eine neue politische Kultur

In einem allgemeinen Sinn ist die politische Kultur eines Gemeinwesens durch die Einstellungen bestimmt, mit denen die Menschen der politischen Ordnung, in der sie leben, und der Politik im Gesamten gegenüberstehen. Die Geschichte der Zweiten Republik zeigt trotz ihrer ausgeprägten Kontinuität in der Entwicklung des politischen Systems Veränderungen der politischen Kultur, die sich allerdings nicht in großen Mutationen, sondern eher in kleinen, manchmal oft mühsam herbeigeführten Schritten ereigneten. Langsam vollzog sich der Wandel von der Konkordanzdemokratie zu einer Demokratie, in der sich politischer Wettbewerb und Konkurrenzdenken etablierten. Dennoch: Die klassische Diagnose, dass Österreich ein Parteien- und ein Verbändestaat sei, ist nach wie vor zutreffend. Die Bürgerinnen und Bürger unseres Landes sind wach geworden. Der immer wieder beschworene Etatismus, das heißt, die Gläubigkeit an den Staat und die Obrigkeit, ist zurückgegangen. Langsam bilden sich die Strukturen einer Zivilgesellschaft heraus, die zumindest in einzelnen Bereichen dazu führen, dass die Bürgerschaft unseres Landes sich in ihre eigenen Angelegenheiten einmischt. Dennoch ist es beunruhigend, dass das Vertrauen der Bevölkerung in die politische Klasse permanent sinkt, eine Bereitschaft der Gesellschaft, an richtungsweisenden Änderungen mitzuwirken und das Heft für wichtige Entscheidungen unserer Zukunft in die Hand zu nehmen, noch lange nicht den Standards entspricht, die man von einer modernen Bürgergesellschaft erwarten kann. Und schließlich hat der Prozess der europäischen Einigung zu einer Europäisierung unseres politischen und gesellschaftlichen Lebens geführt, durch die der Horizont der Wahrnehmung erheblich geändert wurde. „Österreicher bleiben wir – Europäer werden wir“: So versprach man im Vorfeld des österreichischen Referendums vom 12. Juni 1994, mit dem das österreichische Volk mit einer fast Zweidrittelmehrheit in bemerkenswerter Weise seinen Willen, in eine neue Zukunft einzutreten, geoffenbart hat. Ob wir wirklich Europäer geworden sind, darf zumindest bezweifelt werden. Wir wollen zwar aus der EU nicht austreten, was aber Solidarität in einer europäischen staatlichen Gemeinschaft bedeutet und verlangt, ist uns freilich nicht bewusst.

Vor dem Hintergrund dieses Wandels der politischer Kultur stehen wir im Jahr 2013 vor einer Situation, die erkennen lässt, dass Vieles geändert und entschieden werden müsste, aber wenig tatsächlich geschieht. Österreich würde in einem europaweiten Reform-Ranking sicher erst im letzten Drittel angesiedelt werden. Das Wort Reform wird am häufigsten in Verbindung mit dem Begriff des Staus – also als Reformstau – verwendet. Das Bemühen von denjenigen, die wissen, dass ohne Änderung die Chance, die Zukunft zu gestalten, verspielt wird, verdient Anerkennung und Unterstützung. Herwig Hösele engagiert sich aus einer Zukunftsverantwortung heraus für eine Reformpolitik, die Augenmaß besitzt und dennoch auf strukturelle Änderungen zielt. Er besitzt jene Unverdrossenheit, die ein Reformer in Österreich braucht.

Kernpunkt der Reformen im institutionellen Bereich ist der österreichische Parlamentarismus. Denn Demokratiereform ohne Parlamentsreform ist ein sinnloses Unterfangen, und deshalb muss die Rolle des Parlaments aufgewertet werden. Die österreichische Realverfassung bietet hier ein eher trauriges Bild. Parlamentarier sind nicht mehr eine treibende Kraft, die Entscheidungen werden woanders getroffen, sie sind lediglich Notare der Legislative. Parteisekretariate, Sozialpartner und starke Lobbyinggruppen, wie etwa die Banken, sind die eigentlichen Entscheidungsträger.

Insofern ist es wichtig, dass viele Reformvorschläge, die sich auf die direkte Demokratie beziehen, eine Verbesserung des Dialogs mit den Abgeordneten anstreben. Eine neue Verbindung zwischen der Bevölkerung und den Abgeordneten würde Demokratie und Parlamentarismus beleben. Eine Intensivierung und Verbesserung der Dialogbereitschaft ist ein wesentliches Element der politischen Kultur eines Landes. Habermas sieht in der „Kultur des Dialogs" das Ferment der Demokratie, das das Abdriften demokratischer Institutionen in ein ökonomistisches oder nationalistisches Selbstverständnis verhindert. Das aufklärerische Ideal der deliberativen Demokratie sieht im Dialog den „zwanglosen Zwang der besseren Argumente".

Politische Kultur, im Besonderen Dialogkultur, wird durch historische Entwicklungen geprägt, sie spiegeln auch die Besonderheit nationaler Mentalitäten wieder. Darin liegen offensichtlich auch in Österreich Hindernisse für einen Wandel der politischen Kultur. Die österreichische Demokratie und Gesellschaft sind durch stark etatistische Einstellungen geprägt. Lange Zeit war eine „Untertanenkultur" vorherrschend, die der Historiker Ernst Hanisch wie folgt charakterisiert: „Die österreichische politische Kultur bis zur Gegenwart ist geprägt von einem hohen Maß an Vertrauen in die politischen Eliten und einem geringen Glauben an die eigenen Fähigkeiten, etwas verändern zu können." Diese Grundeinstellung ist auch heute, selbst bei einer zunehmenden Skepsis gegenüber der politischen Elite, noch eine Belastung für Reformwillen und Reformbereitschaft. Die politischen Eliten profitieren davon, weil sie vom Volk nicht gefordert werden. Erst allmählich gewinnt die Zivilgesellschaft in Österreich Terrain und fördert die Entstehung eines neuen Bürgerbewusstseins. Sie wird dadurch zum Gegenpol zu den politischen Parteien, denen im Allgemeinen der Wille fehlt, in Österreich entscheidende Veränderungen herbeizuführen.

Die gegenwärtige Entwicklung wird durch politische Parteien bestimmt und beeinflusst, die mit der Zukunft allesamt wenig anfangen können. Der Beitrag der Parteien zur politischen Willensbildung in der Gesellschaft ist dürftig. Sie agieren als Selbsterhaltungssysteme und Machtbewahrer. Wir stehen vor gewaltigen Herausforderungen, die eine besondere und sensible Verantwortung für die Zukunft verlangen. Doch fehlen konkrete Vorstellungen. Der Wahlkampf der Nationalratswahlen 2013 hat die Unfähigkeit der österreichischen politischen Parteien, für die Zukunft Vorsorge zu treffen, in eklatanter Weise geoffenbart.

Demokratiereform unserer Zeit ist in erster Linie eine Herausforderung an die politischen Parteien, sich selbst zu reformieren. Parteien müssen ihre Strukturen auf ihre Zeitmäßigkeit prüfen. Bündisch-ständische Ausrichtungen in der Institutionenarchitektur sind ein Haupthindernis für Reformen. In vielen Ländern nimmt die Identifikation mit einer Partei ab, das ist auch eine Folge moderner, komplexer Gesellschaften. Parteien sollen sich nicht in Selbstbeweihräucherungsprozessen ergehen, sie müssen die richtigen Fragen stellen und eine Orientierung für Antworten geben. Ihre Hauptaufgabe ist es, Fehlentwicklungen zu stoppen. Politik verlangt einen neuen Stil der politischen Parteien, in dem politische Propaganda nicht als Verdummungsstrategie gegenüber dem Volk angesehen wird. Klarheit und Entschlossenheit bei der Vertretung des eigenen Programms ist wichtiger als eine Zwangsorientierung an den demoskopischen Umfragen. Politische Parteien sollten auch nie vergessen, dass die Rekrutierungsaufgabe zu ihren zentralen politischen Aufgaben gehört. Sie sind für die Auswahl der politischen Akteure verantwortlich, die vom Volk in Wahlgängen politisch legitimiert werden müssen.

Die gegenwärtige Diskussion über die Reform unseres demokratischen Systems hat ihre Ursachen in Defiziten der politischen Repräsentation, mit anderen Worten der parlamentarischen Demokratie. Die politischen Parteien und ihre Apparate haben den Parlamentarismus an die Kandare genommen. Ein starres System des Listen- und Verhältniswahlrechts sichert ihnen einen uneingeschränkten Einfluss auf die Auswahl der „Volksvertreter". Sie haben daher kein Interesse an einer Wahlrechtsreform, die ihnen diese Machtsphäre einschränken würde. Das Wahlrecht gewährleistet die völlige Abhängigkeit von der Partei. Abgeordnete sind im Regelfall Exekutivorgane der politischen Parteien, sie verfälschen das Erscheinungsbild des Parlaments als Volksvertretung.

Die Defekte der repräsentativen Demokratie in Österreich sind eine wesentliche Ursache dafür, dass die Debatte um die Ausweitung der Instrumente der direkten Demokratie an Bedeutung gewonnen hat. Österreich fehlt eine Tradition in der Handhabung der direkten Demokratie. Deren Instrumente sind in der Hand der repräsentativen Demokratie. Die Durchführung von Volksabstimmungen und Volksbefragungen ist nur möglich, wenn ein Beschluss des Nationalrates vorliegt, Volksbegehren müssen, wenn sie von mehr als 100.000 Stimmbürgern unterstützt werden, zwar parlamentarisch behandelt werden, ein besonderer Rechtfertigungszwang für die Nichtberücksichtigung des Inhaltes eines Volksbegehrens besteht jedoch nicht.

Ob die direkte Demokratie stets zu einer Korrektur politischer Fehlleistungen führt, kann nicht garantiert werden. Sie wäre jedenfalls ein Schritt in Richtung einer Ablösung der Eliten durch die Beteiligung der Bürger und Bürgerinnen. Es mag zutreffen, dass jede Ausweitung der Instrumente der direkten Demokratie den Demagogen neue Chancen offeriert. Direkte Demokratie aus Angst vor demagogischen Umtrieben zu verweigern, ist jedoch Ausdruck jener vordergründigen Ängstlichkeit, die der Demokratie mit Misstrauen begegnet und die Entscheidungsfähigkeit und politische Vernunft des Volkes überhaupt in Frage stellt. Der Kampf gegen die Demagogen sollte besser bei den Repräsentanten unseres politischen Systems beginnen.

Ein neues Verständnis von politischer Kultur in Österreich müsste die Veränderungen und Herausforderungen berücksichtigen, mit denen die Demokratie der Gegenwart konfrontiert ist. Colin Crouch hat in seinem Bestseller über die „Postdemokratie" eindrucksvoll klargemacht, dass weltweit agierende Konzerne und große Nationalunternehmen in weitaus höherem Maße die Politik bestimmen als Parlament und Regierung. Die ungehinderte Herrschaft der Marktkräfte bestimmt den gesellschaftspolitischen Verlauf. Die Grenze zwischen Politik und Wirtschaft wird dadurch durcheinandergebracht. Der Schriftsteller Ingo Schulz verlangt daher, dass Volksvertreter gewählt werden, „die willens und in der Lage sind, eine marktkonforme Demokratie zu verhindern und demokratiekonforme Märkte zu schaffen."

Diskussionen über die Demokratiereform sind auch in Österreich nicht neu. Sie finden seit Jahrzehnten meist in elitären und wissenschaftlichen Gruppen und Zirkeln statt. Viele interessante und weiterführende Ideen wurden in die Debatten eingebracht.

Die praktisch-politische Umsetzung war gering oder sie fand in den meisten Fällen überhaupt nicht statt. Die heutige Auseinandersetzung steht in einem Konnex zu einer anderen Realität als es bei früheren Diskussionen der Fall war. In der Bevölkerung macht sich immer mehr ein diffuses Krisengefühl bereit; in einer globalisierten und medialisierten Welt fehlen den Menschen die wirklichen Mitbestimmungsmöglichkeiten. Die demokratischen Institutionen laufen Gefahr zu leeren Hüllen zu werden. Politikern fehlt die Lust, Themen zu behandeln, die dem Wähler wenig Freude machen. Die politischen Themen, die bei Wahlen angesprochen werden, bestimmen nicht mehr die Bürger, sondern die von den Parteien angeheuerten PR-Teams. Angesichts dieser Wirklichkeit muss eine Neubegründung einer politischen Kultur in Österreich das Ziel einer „Politisierung" umfassen, in der der Wille zur Mitwirkung am politischen Geschehen und die individuelle Verantwortlichkeit dafür die bestimmenden Faktoren der politischen Akteure sind.

Andreas Khol

Verspielte Chancen

Die Regierungsbildung 2003

Vorbemerkung

Im November 2002 gewann die ÖVP mit 42,3 Prozent der Wählerstimmen völlig unerwartet eine vorzeitige Nationalratswahl. Am Ende von vielschichtigen Verhandlungen des Wahlsiegers Wolfgang Schüssel mit allen Parteien kam wieder „nur" eine „kleine Koalition" zwischen den vordem zerfallenen Parteien ÖVP und FPÖ heraus. Ihr Zerwürfnis über eine von der FPÖ stürmisch verlangte, vorgezogene Steuerreform hatte das Scheitern der ersten Regierung von Wolfgang Schüssel mit Susanne Riess-Passer bewirkt. Zehn Jahre sind seitdem verstrichen, die Mythenbildung ist voll im Gange: Der Wahlsieger habe ohnehin stets die Fortsetzung des bewährten Modells „schwarze Regierung mit blauer Behinderung" beabsichtigt, mit anderen Parteien nur Scheinverhandlungen geführt. Die intensiven und fruchtbaren Verhandlungen mit Alfred Gusenbauer, Parteichef der SPÖ, sind so wie dieser Kurzzeit-Bundeskanzler in Vergessenheit geraten. Die gleichermaßen tiefgehenden und weit führenden Verhandlungen mit Alexander van der Bellen, Parteichef der Grünen, seien nur deshalb erfolglos geblieben, weil die ÖVP sich nicht bewegt habe und damit leichtfertig eine Chance verspielt hätte. In den Medien des Jahres 2013, geprägt von einer lang anhaltenden Enttäuschung über die in den Augen der Medien erfolglose „großen Koalition" flossen die Krokodilstränen bächeweise. Was wäre nicht alles anders und besser geworden, wenn die Grünen mitregiert hätten.

Als an den Verhandlungen Beteiligter erlebte ich jede einzelne Phase dieser Schicksalstage vom 24.11.2002 bis zur Angelobung der Regierung Schüssel II am 28.2.2003. Ich fühle mich verpflichtet, da es kein anderer bisher getan hat, diese Legenden zu entlarven und die Fakten auf den Tisch zu legen – an Hand meiner täglich geführten Aufzeichnungen und der sorgfältig gesammelten täglichen Meldungen der Austria Presse Agentur (APA). „Die Wahrheit ist eine Tochter der Zeit" – mit der Zeit kommt die Wahrheit heraus, auch das ist eine der mehreren Bedeutungen dieser altrömischen, stoischen Weisheit. Die folgende Darstellung soll einen Beitrag dazu leisten und etwas Licht auf die Frage werfen, wer nun eine Chance verspielt hat.

Um die Tragweite des Wahlergebnisses und die politischen Überlegungen in den vier handelnden Parteien nachvollziehen zu können, stelle ich vorerst diese Wahlen und die folgenden Regierungsverhandlungen in ihr politisches Umfeld. Daran schließe ich die Untersuchung über die Wahlen selbst, den Wahlkampf und die unmittelbaren Folgen dieses politischen Erdrutsches. Dann stelle ich die politische Ausgangslage für die Regierungsverhandlungen dar, gefolgt von den Regierungsverhandlungen vom 26.11.2002 bis zum 28.2.2003. Ich schließe mit einer Bewertung der Vorgänge.

Das politische Umfeld der Wahlen 2002

SCHWIERIGER START 2000

Die Regierungsbildung 2000 war schwierig gewesen und hatte die politische Landschaft in Österreich weitreichend umgestaltet. Die Regierung Schüssel mit der Haider-geführten FPÖ wurde in einem europäischen, von der Sozialistischen Internationale orchestrierten Scherbengericht geächtet – mit den berüchtigten „Sanktionen" der EU. Sie prägten die erste Phase der Regierung und teilten das Land in zwei Lager: Rot-Grün gegen Schwarz-Blau. Die Österreicher, wie stets, wenn von außen angegriffen, scharten sich mehrheitlich hinter ihrer Regierung. Was der Wiener Philosoph Rudolf Burger so treffend als den „antifaschistischen Karneval" bezeichnete, erschwerte und beflügelte die Reformarbeit 2000 bis 2002. Das Land wurde mit knappen Mehrheitsbeschlüssen verändert, die Sozialpartnerschaft in ihre Grenzen verwiesen. Jörg Haider hatte die Kanzlerschaft Wolfgang Schüssel überlassen müssen: Eine ÖVP-Regierung mit der FPÖ war nur mit einem ÖVP-Bundeskanzler möglich. Erst als dies in den Vorbesprechungen geklärt war, wurde verhandelt. Die Vizekanzler-Rolle wollte Haider nicht spielen. Getreu dem Motto von Julius Caesar: „Lieber der Erste in einer kleinen Alpenstadt als der Zweite in Rom" zog er sich nach Kärnten auf seinen Landeshauptmann-Sessel zurück. Damit kam er aber nur schwer zurecht und versuchte ständig, der Regierung ins Steuer zu greifen. Ein Querschuss folgte dem anderen. Viele geheime Treffen des Koalitionsausschusses waren nötig, um die Regierung flott zu halten. So kam es zum Bonmot: Die Koalition sei eine „schwarze Regierung mit blauer Behinderung".

ERSTE RISSE UND LETZTLICH SPALTUNG BEIM KOALITIONSPARTNER

So war das Verhältnis zwischen ÖVP und FPÖ sehr schwierig. In der FPÖ taten sich Risse auf, der von Ewald Stadler, dem früheren Klubobmann und späteren Volksanwalt der FPÖ, geführte Flügel, bekämpfte die Vizekanzlerin und Parteichefin Susanne Riess-Passer intern bis aufs Messer. Dieser Teil der FPÖ wollte das gemeinsame Sparpaket nicht mittragen (an diesem Sparpaket war 1999 die Regierungsbildung mit der SPÖ gescheitert), sondern in populistischer Manier „dem kleinen Mann" durch eine Steuerreform mehr Geld ins Börserl legen. Stadler nutzte das Parteistatut der FPÖ aus, sammelte eine genügende Anzahl von Delegiertenstimmen und erzwang das berühmt gewordene Delegiertentreffen der FPÖ von Knittelfeld am 7.9.2002. Auf diesem de facto Sonderparteitag wurden alle Kompromissversuche verworfen, ein Vorschlag der Parteichefin Riess-Passer auf offener Bühne zerrissen. Am 8.9. traten die Spitzenvertreter der FPÖ Riess-Passer, Finanzminister Grasser und Klubobmann Westenthaler von ihren Parteifunktionen zurück, blieben aber in der Regierung. Am 19.9. löst sich der Nationalrat über Antrag der ÖVP auf, Neuwahlen!
Am 12. November trat der damals sehr populäre Finanzminister der FPÖ Karl Heinz Grasser dem „Kompetenzteam der ÖVP" bei

und sollte bei einem Wahlsieg der ÖVP Finanzminister bleiben – dies bewegte letztlich mehr als fünf Prozent aller Wähler, die sich vorher für andere Parteien entschieden hatten, zur ÖVP zu wechseln. Die beiden Regierungsparteien gingen also gegeneinander in den Wahlkampf, die früheren Spitzen blieben in der Regierung (fast ein halbes Jahr!), die FPÖ stellte sich personell neu auf, die Lage war äußerst vielschichtig und schwierig – im Nationalrat allerdings hielt die ehemalige Mehrheit. Bei der Wahl verliert die FPÖ 17 Prozent, die ÖVP gewinnt 17 Prozent. Eine sehr schlechte Voraussetzung für eine weitere Zusammenarbeit ...

GESPALTENE LAGER

Ebenso schlecht war aber auch das Verhältnis von ÖVP und FPÖ zur SPÖ und den Grünen. Die Grünen gebärdeten sich als die Hüter der antifaschistischen Moral und bekämpften die Regierung unerbittlich – zeichenhaft dafür: Mit einer Dringlichen Anfrage an Wolfgang Schüssel setzten die Grünen im Jahr 2000 eine Sondersitzung des Nationalrats einige Tage *vor* der Angelobung der Regierung durch – samt Misstrauensantrag, der von der Opposition insgesamt unterstützt, aber von der neuen Mehrheit abgelehnt wurde. Das Verhältnis zur SPÖ war auch voller Spannungen, vor allem zu den altgedienten Spitzen und früheren Regierungsmitgliedern der SPÖ, die natürlich von der neuen Regierung stets für alle Missstände verantwortlich gemacht wurden, welche die neue Reformregierung beheben musste. Gemildert war dies allerdings durch die nach wie vor wirksame Sozialpartnerschaft und das persönlich gute Verhältnis von Bundeskanzler Schüssel zu den Spitzen des ÖGB. Auch der neue Parteivorsitzende Alfred Gusenbauer hielt sich nach anfänglichen internationalen Schritten gegen die Regierung zurück, als er erkannte, dass der internationale Druck auf Österreich die Regierung nur zusammenschweißte und die Bevölkerung sich immer dann hinter die Regierung stellt, wenn sie vom Ausland her angegriffen wird.

Der Wahlkampf 2002

Schüssel hatte alle anderen Mitbewerber durch seine Neuwahlentscheidung auf dem falschen Fuß erwischt. Für Österreich völlig ungewöhnliche *snap elections,* welche einem Schüssel-Grundsatz entsprachen: *Do the unexpected,* mach das Unerwartete – wie oft hörte ich diesen Satz von Wolfgang Schüssel in den wöchentlichen Planungstreffen am Montag früh! Wie schon im vorangegangenen politischen Umfeld dargestellt, kämpfte die ÖVP gegen alle anderen Parteien. Eine grundsätzlich neue Aufstellung prägte den Wahlkampf: ein knallharter Lagerwahlkampf. Auf der einen Seite der „antifaschistische Karneval" von Rot-Grün, anfänglich gestärkt durch die neue rot-grüne Koalition in Deutschland. Auf der anderen Seite das im Streit gescheiterte bürgerliche Lager, die schiffbrüchige schwarz-blaue Regierung.

Im September zeigte die Meinungsforschung ein klares Bild: Es gab eine Mehrheit für Rot-Grün, mit wachsender Zustimmung, und ein schrumpfendes bürgerliches Lager, es stand 50 zu 48.

DIE SPÖ BEGANN MIT EINEM HARTEN NEGATIV-WAHLKAMPF

Gegen die Abfangjäger, gegen die Ambulanz- und Studiengebühren, gegen die „teuflische" schwarz-blaue Koalition. Nachdem Schüssel die Abfangjägerfrage geschickt aus dem Wahlkampf nahm, und der Streit zwischen ÖVP und FPÖ augenfällig war, wechselte die SPÖ aber dann zu einem weicheren Wahlkampf: Jobs, Bildung, Gesundheit, faire Pensionserhöhungen. Der Quereinsteiger Josef Broukal wurde auf die Pensionisten angesetzt, statt auf die Jugend; die evangelische Bischöfin Gertraud Knoll irritierte eher die Grünen, als dass sie die ÖVP- oder FPÖ-Wähler ansprach. Im Übrigen fehlte jedes Angebot an wechselbereite FPÖ-Wähler – sie wurden als „Schmuddelkinder" einfach liegen gelassen. Als Parteichef Alfred Gusenbauer meinte, die Konfrontation mit dem Bundeskanzler gewonnen zu haben (es besteht heute Einvernehmen, dass Gusenbauer besser abgeschnitten hatte als erwartet, dass aber Schüssel bei den Bürgern klar siegte), erfolgte ein neuer Kurswechsel: Gusenbauer ließ sich auf den Kanzlerwahlkampf ein, die Hauptlinie der ÖVP. Eine Koalitionsaussage blieb Gusenbauer aber schuldig, was eine weitere ÖVP-Grundlinie bestätigte: Rot-Grün wird vorbereitet, eine zunehmend umstrittenere Möglichkeit. Angesichts der rot-grünen „Grausamkeiten" in Deutschland war die anfängliche Unterstützung dieses deutschen Experiments in Österreich der Angst gewichen. Wahlziel der SPÖ war es, Stärkste zu werden und den Kanzler zu stellen. Für viele war klar: Zwischen SPÖ und ÖVP geht nichts mehr.

DIE ÖVP HATTE EINFACHE GRUNDAUSSAGEN

Es geht um den Kanzler, nur Schüssel hat gezeigt, dass er notwendige Veränderungen durchsetzen kann. Inhaltlich ging die ÖVP über ihr Reformprogramm der gescheiterten Regierung nicht hinaus: Was noch nicht umgesetzt ist, muss umgesetzt werden. Als Angriffsthema entwickelte sich die Angst vor Rot-Grün, der von mir geprägte Begriff der rot-grünen Haschtrafiken, in denen Cannabis und andere Drogen frei verkauft werden, traf die Gemütslage in einem wichtigen Punkt haarscharf. Zwei Quereinsteiger trafen ebenso punktgenau: Karl Heinz Grasser wechselte zur ÖVP-Mannschaft, allerdings ohne Parteimitglied zu werden – ein Signal für die Fortführung der Reformen als unabhängiger Finanzminister: Ein besonders fein ausgesonnener Schachzug! Auch Ingrid Turkovic-Wendl auf der Bundesliste als Quereinsteigerin sprach als sehr bekannte Fernseh-Moderatorin vor allem die Pensionistinnen und Pensionisten an. Der ÖVP gelang es, viele Nichtwähler für ihr „historisches Reformprogramm" zu begeistern. Auch die ÖVP machte keine Koalitionsaussage, wollte nur stärkste Partei werden: Kanzlerwahl!

DIE FPÖ TRAF DIE NEUWAHLENTSCHEIDUNG MIT WUCHT

Das alte Team hatte das Schiff verlassen, die Führungskrise musste schnell überwunden, Parteiobmann, Klubobmann, Generalsekretär mussten erst gefunden werden: Haider selbst nahm sich bald aus dem Rennen, der neue Kandidat Matthias Reichhold wurde nach wenigen Wochen krank, schließlich übernahm Herbert Haupt diese Aufgabe. Die FPÖ wurde dabei das Bild nicht los, das sie geboten hatte: Aus kleinlichen politischen Streitereien heraus hatte sie ein historisches Reformvorhaben zum Scheitern gebracht. Mit ihren Sachthemen kam die FPÖ nicht durch: Anti-Europa war unglaubwürdig geworden, Asylreform und die Angst vor Rot-Grün waren von der ÖVP besetzt, das Thema Abfangjäger wurde in Kärnten von Haider ablehnend plakatiert, in Wien waren viele FPÖ-Spitzen dafür. Das Thema Steuerreform nahm Grasser mit zur ÖVP. Die FPÖ wollte als Wahlziel zumindest 15 Prozent erreichen, traf keine Koalitionsaussage, kritisierte die ÖVP, der „Knittelfelder"-Flügel um Ewald Stadler und den Wiener Parteiobmann Heinz-Christian Strache schloss eine Koalition mit der ÖVP aus, sie sei auf Vernichtung der FPÖ aus.

DIE GRÜNEN FÜHRTEN EINEN MORALISIERENDEN LAGERWAHLKAMPF GEGEN DIE ÖVP

Die grünen Zielsetzungen waren gleich wie jene der SPÖ. Van der Bellen sprach im Wahlkampf die zukünftige Ministerienverteilung in einer Koalition mit der SPÖ an und bestätigte damit eindrucksvoll und greifbar die Linie der ÖVP. Im sich zuspitzenden Kanzlerwahlkampf schafften es die Grünen nicht mehr in die Medien. Eine Koalition mit der FPÖ schlossen sie aus, eine Zusammenarbeit mit der ÖVP sei äußerst unwahrscheinlich. Dennoch legten die Grünen zu und konnten aus der Rest-Wählerschaft der zerriebenen Liberalen erben. Auch einige Nichtwähler waren durch dramatisierende Grünmoral aus ihrer Zurückhaltung gelockt worden. Der Wahlkampf brachte also ein klares Bild: Eine Große Koalition ist unwahrscheinlich, wenn es sich ausgeht, gibt es eine Rot-Grüne Koalition nach deutschem Vorbild, die FPÖ will in die Opposition und nicht am Krepierhalfter Schüssels durch die Politik gezogen werden. Die ÖVP strebte eigentlich eine völlig illusorische Alleinregierung an, war sich aber bewusst, dass die Partnersuche unvermeidlich, aber sehr schwierig werden würde.

Das Wahlergebnis in seinen Auswirkungen auf die Gesamtlage und die spätere Regierungsbildung

Die Wahl am 24.11.2002 brachte folgendes Ergebnis:

	1999 Wahlbeteiligung 80 %		2002 Wahlbeteiligung 84 %	
ÖVP	26,9 %	(52 Mandate)	42,30 %	(79 Mandate)
SPÖ	33,1 %	(65 Mandate)	36,51 %	(69 Mandate)
FPÖ	26,9 %	(52 Mandate)	10,01 %	(18 Mandate)
Grüne	7,4 %	(14 Mandate)	9,47 %	(17 Mandate)

Dieses wurde in den Medien als Erdrutsch zugunsten der ÖVP und als Triumph für den Strategen und Taktiker Wolfgang Schüssel dargestellt, und als schallende Ohrfeige für die Freiheitlichen. Weitgehend unkommentiert blieb, dass der Linksblock zusammen sechs Prozent gewonnen, der Rechtsblock zwei Prozent verloren hatte.

STARKE POLARISIERUNG DER LAGER

Die Wahlen brachten eine noch nie gekannte Polarisierung zwischen den beiden Lagern. Eine Folge davon war die sensationell hohe Wahlbeteiligung und das Abrutschen sämtlicher kleiner Gruppen in die Bedeutungslosigkeit. Eine Mehrheit für die moralisierende Linke gab es allerdings nicht. Rot und Grün legten zu, wurden aber nicht mehrheitsfähig. Dennoch schweißte es Rot und Grün stärker zusammen. Schwarz-Blau verlor, aber die ÖVP hat der FPÖ einen großen Teil der Wähler, wie sich 2006 zeigte; vorübergehend weggenommen. Die Folge davon war ein schwerer Konflikt zwischen den beiden Parteien. Scheinbar hatten die „Knittelfelder" recht: die ÖVP nutzte die Koalition zur Zerschlagung der FPÖ beziehungsweise zum Absaugen ihrer Wähler. Dass die schwarz-blaue Koalition vor Ausbruch des Steuerstreites zusammen in der Meinungsforschung über eine sichere Mehrheit von 55 Prozent verfügte, die FPÖ auf über 21 Prozent kam, soll hier nur angemerkt werden.

So bewirkte die Wahl eine Verfestigung des linken Lagers und ein Fortdauern und Verstärken der Kluft zwischen Schwarz und

Blau. Das linke Lager hatte ein massiv gestörtes Verhältnis zur ÖVP, und die FPÖ wurde vollständig ausgegrenzt. Eine schwierige Ausgangslage für die Regierungsverhandlungen: Die Mehrheitsparteien des rechten Lagers konnten nicht mehr miteinander, die Linke hatte keine Mehrheit und keinen Partner für eine Mehrheit. Die ÖVP hatte drei mögliche Partner für eine Zweierkoalition: Zu keiner der drei anderen Parteien hatte sie sich den Weg verstellt. Rot und Grün hatten jeweils nur einen Partner für die Zweierkoalition, die ÖVP – und diese Partei hatten sie vor der Wahl als kryptofaschistisch dämonisiert. Sie hatten keine Chance auf Regierungsbeteiligung ohne ÖVP und gerade diese Option hatten sie sich in der Wahlauseinandersetzung verbaut.

AUS DEM VERWEIGERUNGSECK AN DEN VERHANDLUNGSTISCH

Die Ausgangslage für die Regierungsbildung war daher außerordentlich vielschichtig: Wer würde wohl mit dem Wahlsieger die Regierung bilden und über seinen Schatten springen, sprich die Festlegungen im Wahlkampf und die eingefleischten Vor-Urteile! Der Wahlsieger war zwar die ÖVP, sie erhielt auch problemlos den Auftrag zur Regierungsbildung, stand aber vor einem Scherbenhaufen – alle anderen Parteien hatten sich in eine politische Sackgasse manövriert. Die ÖVP allein hatte keine Mehrheit, eine Minderheitsregierung wurde kurz beraten, aber dieses Modell hat in Österreich keine Tradition, alle anderen Parteien wollten nicht in eine Regierung unter Führung der ÖVP. In den Medien wurde ausführlich eine Große Koalition diskutiert: zur Lösung großer Probleme eine Große Koalition – zum Beispiel für die Verfassungsreform nach den Vorschlägen des Österreich-Konvents – die Koalition hätte eine deutliche Verfassungsmehrheit gehabt.
So begannen die Verhandlungen über die Bildung einer neuen Regierung. Für den mit der Regierungsbildung Beauftragten, Wolfgang Schüssel, war es die große Aufgabe, die anderen Parteien aus ihrem Verweigerungseck an den Verhandlungstisch zu holen. Dazu bediente sich Schüssel der Vorgangsweise, die sich schon im Jahr 2000 bewährt hatte: vor den echten Regierungs-

verhandlungen in einer Sondierungsphase zuerst das Terrain bei allen Parteien zu erkunden und das Klima zwischen den Parteien zu verbessern.

Die Sondierungsgespräche von 26.11.2002 bis 20.2.2003: die erste Runde vor den Regierungsverhandlungen

Zweck dieser Gespräche war es, alle anderen drei Parteien daraufhin abzuklopfen, zu welchen Bedingungen sie zu einem Eintritt in die Bundesregierung bereit wären, in welchen Programmpunkten eine Übereinstimmung erzielt werden könnte, und ihnen aus ihrer Verweigerungshaltung herauszuhelfen.
Nach ersten Beratungen im Bundesparteivorstand (BPV) am 25.11. nachmittags führt Schüssel vertrauliche Vorgespräche mit allen drei Parteien, um keine Möglichkeit von Vorneherein auszuschließen. Am 26.11. beauftragte ihn der Bundespräsident mit der Regierungsbildung. Am 28.11. berichtete Schüssel der Parteispitze von seinen ersten Telefonaten mit Gusenbauer, Van der Bellen und Haupt: Alle, so sein Eindruck, wollten nun doch Verhandlungen führen. Er erhält den Auftrag, in der Zeit bis zum 6.12. Gespräche mit allen zu führen. Im ersten Gespräch mit Alfred Gusenbauer am 29.11. wurde die Aufnahme von Vorgesprächen am 3.12. vereinbart, mit der FPÖ wurde am 5.12., mit den Grünen am 6.12. geredet.

Die kurzen Sondierungen mit den Grünen vom 6.12.2002 bis zum 17.12.2002

Die Verhandlungen mit den Grünen fanden zwar in einer freundlichen Atmosphäre statt, blieben aber ergebnislos. Van der Bellen war sichtlich für eine Regierungsbeteiligung, die drei anderen in der Delegation (Madeleine Petrovic, Eva Glawischnig und Franz Floss) aber eher zurückhaltend, kritisch. Die Grünen sahen sich nur als taktisches Spielmaterial, lehnten Parallelverhandlungen mit den anderen Parteien ab und fanden sich nur dazu bereit, vertrauliche Arbeitsgruppen einzusetzen. Beim zweiten Gespräch am

17. 12. brechen sie die Gespräche ab: Solange mit der FPÖ noch verhandelt werde, gäbe es keine Gespräche mit ihnen, man könne aber über Projekte reden. Damit waren die Sondierungsgespräche in der ersten Runde mit den Grünen beendet: Sie würden mit der ÖVP erst dann weiter reden, wenn es keine Parallelgespräche mit der FPÖ gäbe.

Die Sondierungen mit der FPÖ vom 5. 12. 2002 bis zum 27. 1. 2003

Am einfachsten verliefen, völlig unerwartet, die Gespräche mit Herbert Haupt von der FPÖ: Er hatte vorher in der FPÖ reinen Tisch gemacht und alle früheren Spitzenleute mit Ausnahme von Susanne Riess-Passer aus der Partei ausgeschlossen. Auch mit dem „Alleineigentümer der FPÖ Jörg Haider“ hatte er Klarheit geschaffen: Haupt war entschlossen, die Rest-FPÖ trotz aller erlittenen Kränkungen in eine neue Koalition mit der ÖVP zu führen. In einer kurzen Generaldebatte bekräftigte er den Eindruck, dass die FPÖ bereit war, alles mitzutragen, was umstritten war: Abfangjäger, Pensionsreform, Sparpaket. Es wurden gleichermaßen vier Arbeitsgruppen eingerichtet. Sie tagten in rascher Folge am 10. 12., am 12. 12. und 19. 12., und es wurden weitere Termine nach der Weihnachtspause in Aussicht genommen, zu denen es allerdings vorerst gar nicht kam. Der Grund dafür:

Die vertieften Sondierungen mit der SPÖ vom 8. 1. 2003 bis zum 22. 1. 2003

Vom 8. bis zum 22. Jänner wurde intensiv und ausschließlich mit der SPÖ sondiert. Am Ende dieser Tage standen sich SPÖ und ÖVP mit jeweils ultimativen, einander widersprechenden Entwürfen für eine gemeinsame Regierung gegenüber. Schüssel beendete daraufhin einfach die Sondierungen mit der SPÖ.

Fortsetzung der Sondierungen mit der FPÖ ab 27.1.2003

Erst am 27. Jänner 2003 gingen die Gespräche mit der FPÖ in großer Runde weiter mit dem Ergebnis: Eine Regierung würde möglich werden. Es bestand Einvernehmen über alle wichtigen finanziellen Eckpunkte: Vier Milliarden Euro Sparpaket, Nulldefizit als Ziel, Senkung der Steuerquote auf 43 Prozent durch eine Steuerreform. Damit waren die Sondierungen mit der FPÖ in der ersten Runde erfolgreich abgeschlossen, Schüssel hatte diese Möglichkeit als Rückfall-Position in der Hinterhand.

Die Sondierungen mit der SPÖ vom 3.12.2002 bis 8.1.2003

Die Gespräche mit der SPÖ beginnen am 3.12. in recht kühler Atmosphäre. Parteichef Gusenbauer ist zurückhaltend, der 2. Nationalratspräsident (schon damals auf dem Weg in die Hofburg), Heinz Fischer, führt de facto die Verhandlung. Die Linie der SPÖ ist klar: Es werden derzeit keine Verhandlungen geführt, daher auch keine Arbeitsgruppen gebildet. Als Voraussetzung für alle weiteren Gespräche wird ein Kassasturz und eine Budget-Vorschau für die Jahre 2003 und 2004 verlangt und von der ÖVP zugesagt – genau so hatte sie selbst in den Verhandlungen 1999 mit Viktor Klima gehandelt. Ein weiterer Termin wird erst nach dem 15.12. in Aussicht gestellt. Am 15.12. ist Heinz Fischer in der Pressestunde. Er macht aus seiner Skepsis über die Bildung einer erneuerten Großen Koalition kein Geheimnis und definiert eine Reihe von Bedingungen der SPÖ – eine Verhandlungslinie, mit der er bis zum Schluss den Gang der Dinge bestimmt. Er war das SPÖ-Mastermind, nicht der Parteivorsitzende Alfred Gusenbauer. Am 17.12.2002 traten die Verhandlungsteams von ÖVP und SPÖ in großer Runde zusammen. Die Eckdaten für die nächsten Budgets, der Kassasturz, die Prognose werden dargestellt und erörtert. Die SPÖ brauchte mehr Zeit zur Prüfung dieser Daten und stellte klar, sie sei zur Koalition bereit, wenn die beiden Parteien sich auf ein großes Reformprogramm einigen könnten. Auch für die

SPÖ waren die parallel laufenden Sondierungen mit der FPÖ ein Problem. Man einigte sich schließlich schnell darauf, bis zum 8. 1. weiter zu sondieren, und dann die Entscheidung zu treffen, ob man in Regierungsverhandlungen eintreten werde oder nicht.
Am 8. 1. 2003 trafen sich die Verhandler erneut: Die Parallelverhandlungen mit der FPÖ waren kein Problem mehr, sechs Arbeitsgruppen wurden beauftragt, vertiefte Gespräche zu führen.

Zwischenstand am 10. 1. 2003: Alle wären bereit zu verhandeln

Am 10. 1. berichtete Schüssel dem Parteivorstand der ÖVP vom Stand der Gespräche: Eine Koalition mit den Grünen sei möglich, maßgebende Grüne wollten ebenfalls eine gemeinsame Regierung. Die von Herbert Haupt geführte FPÖ stehe auch bereit. In der SPÖ seien Gusenbauer und Klubobmann Cap zu einer Koalition bereit, der Wiener Bürgermeister Michael Häupl dagegen, der ÖGB sei nicht eingebunden. Schüssel wird ermächtigt, die Gespräche mit allen weiterzuführen, und er fasste zusammen: „Wenn die Sozialdemokraten bei den großen Reformen mitgehen, dann machen wir es mit ihnen."

Weitere Sondierungen mit der SPÖ vom 13. 1. 2003 bis zum 22. 1. 2003

In der Zeit vom 13. 1. bis zum 20. 1. wird in den Arbeitsgruppen intensiv mit der SPÖ verhandelt. Als schwierige Punkte stellen sich die Abfangjäger, die Beistandsfrage (NATO), die Pensionen insgesamt und die Universitätsreform heraus. Am 21. 1. berät die SPÖ in ihrem Vorstand und genehmigt weitere Verhandlungen mit der ÖVP, stellt aber fest: Bei den Abfangjägern, Studiengebühren und Ambulanzgebühren mache die SPÖ nicht mit.
Am 22. 1. werden die Verhandlungen in großer Runde wieder aufgenommen. Beide Seiten stellen ihre Bedingungen dar, nach einer Sitzungsunterbrechung macht Schüssel seinen Vorschlag: Aufnahme von Regierungsverhandlungen ohne Vorbedingungen.

Die ÖVP erwarte Klarheit in sechs Punkten:

- Makroökonomische Planung für ein ausgeglichenes Budget
- Fortsetzung der Universitätsreform mit Studiengebühren
- Gesundheitsreform mit einem Einsparungsziel von einer Milliarde Euro
- Volle Integration in die Europäische Sicherheits- und Verteidigungspolitik
- Staatsreform
- Einheitliches Pensionssystem ohne Frühpensionen

Fischer antwortet und formuliert zu jedem der Punkte Vorbehalte und Vorbedingungen: Abfangjäger, Pensionssystem, Studiengebühren, Universitätsreform. Gusenbauer bestätigt diese Linie und teilt mit, dass jedes Verhandlungsergebnis einem Parteitag vorgelegt werden müsse, der binnen vier Tagen zusammentreten würde.
Daraufhin beendet Schüssel de facto die Sondierungsgespräche mit der Feststellung: Große Reformen seien auf Grund der vielen formulierten Vorbedingungen der SPÖ nicht erzielbar, er sehe keinen positiven Abschluss am Horizont. Er stellt erneut fest: „Ich habe sechs Bereiche genannt und die grundlegenden Ziele, wir erwarten eine Antwort." Für die SPÖ war dies völlig überraschend, wie ein Blitz aus heiterem Himmel, die Enttäuschung war deutlich. Damit waren die Gespräche beendet.

Die Willensbildung in den Parteien nach Durchführung der Sondierungsgespräche, vor Aufnahme von Regierungsverhandlungen durch alle Parlamentsparteien: Gespräche weiterhin mit allen

Ende Jänner, Anfang Februar 2003 stellte sich die allgemeine Lage bei den Verhandlungen zu einer neuen Regierungsbildung völlig neu dar. Letztlich waren dann doch alle drei anderen Parteien zu einer Regierungsbildung mit der ÖVP grundsätzlich bereit. Wolfgang Schüssel war es gelungen, sich drei gangbare Wege aufzutun! Im Verhandlungsteam der ÖVP war allerdings Ernüchterung über die Bildung einer Großen Koalition mit der SPÖ eingetreten. Man beurteilte die Erfolgschancen gering – Schüssel wollte es allerdings mit dem Parteichef Alfred Gusenbauer noch einmal versuchen; Elisabeth Gehrer unterstütze ihn – für sie hätte eine Große Koalition die Durchführung von Bildungsreformen ermöglicht, denn eine Zweidrittelmehrheit wäre im Parlament dann gesichert gewesen. Alle anderen im ÖVP-Team waren kritisch, die einen wollten mit der FPÖ abschließen, die anderen mit den Grünen. Schwierig war die Lage der SPÖ, sie wollte zwar regieren, aber nur zu ihren Bedingungen und hatte am 22. 1. ihr Blatt überreizt – es war vorderhand Schluss mit den Gesprächen – aber am 18. 2. änderte sich wieder alles und Gusenbauer verhandelte mit Schüssel ohne Heinz Fischer drei Tage intensiv allein über eine gemeinsame Regierung – und scheiterte letztlich!

Bei einer eingehenden Beratung des ÖVP-Verhandlungsteams am 26. 1. wurde die weitere Linie festgelegt: Es sollte noch keine Entscheidung getroffen werden, mit wem man weiter verhandeln würde. Zuerst müsse noch einmal bis ins Einzelne mit der FPÖ und danach mit den Grünen geredet werden, damit alle drei Parteien „auf gleichem Niveau" stünden, erst danach sollte entschieden werden, mit wem man über eine Regierung wirklich verhandeln würde. Mit anderen Worten: Mit SPÖ und FPÖ hatte man schon sehr detailreich verhandelt, mit den Grünen noch nicht. Mit der FPÖ war bald alles klar, am 27. 1., nach dem vorläufigen Abbruch der Gespräche mit der SPÖ, traten beide Verhandlungsteams in großer Besetzung noch einmal zusammen, zu offiziellen Gesprächen über eine gemeinsame Regierung, und erzielten Einvernehmen über Schüssels sechs Punkte (siehe oben). Mit der FPÖ könnte also eine gemeinsame Regierung gebildet werden, die Sondierungen mit der FPÖ konnten erfolgreich beendet werden.

Nach Abschluss der Sondierungen mit der FPÖ am 27. 1. wandte sich Schüssel am 29. 1. unverzüglich an die Grünen, um mit ihnen erneut zu reden: Parallelverhandlungen gäbe es nun nicht mehr. Die Grünen stiegen ein: Sondierungsgespräche der Teams von Schwarz und Grün fanden am 3. 2. statt, welche das ÖVP-

Team aber vorerst ratlos hinterließen. Schüssel fasste für die ÖVP zusammen: „Die Grünen springen nicht!"

Am 5. 2. 2003 sprangen dann die Grünen doch und taten *the unexpected,* das Überraschende. In einem erweiterten Bundesvorstand beschlossen sie mit 21 gegen acht Stimmen, die Verhandlungen mit der ÖVP über die Bildung einer gemeinsamen Regierung aufzunehmen, ohne jede weitere Vorbedingung.

Damit hatte der Stratege Schüssel seine sich immer klarer abzeichnenden, nur einmal im Parteivorstand ausgesprochenen Prioritäten durchgesetzt: Erste Regierungsverhandlung mit den Grünen, die FPÖ in der Hinterhand, und vielleicht würde es dann doch mit der SPÖ gehen, wegen der Zweidrittel-Mehrheit im Nationalrat für große Reformen.

Die Regierungsverhandlungen vom 5. 2. 2003 bis zum 28. 2. 2003

ALLGEMEINE LAGE

Die Bilanz der Sondierungsgespräche zeigte also eine veränderte Ausgangslage und schloss eine erfolgreiche Beendigung der Verhandlungen nicht mehr aus. Die Gespräche hatten ihren Zweck erfüllt und das Eis gebrochen – die ÖVP hatte nunmehr in der Tat drei Möglichkeiten.

Die Gespräche mit der SPÖ waren die intensivsten gewesen, die SPÖ hatte ihre Vorstellungen auf den Tisch gelegt, aber im Verhandlungsteam der ÖVP hatten die meisten den Eindruck, dass wichtige Teile der SPÖ nicht wirklich in eine Regierung mit einem Bundeskanzler der ÖVP wollten. Der erfahrene Heinz Fischer (er hatte wohl auch die bevorstehenden Wahlen des Bundespräsidenten im Auge), der mächtige Wiener Parteichef Michael Häupl (auch er hatte wohl seine Landeswahlen im Sinn) und der ÖGB waren ablehnend, der neue Parteichef Gusenbauer und sein Klubobmann im Parlament Josef Cap wollten große Reformen umsetzen.

Die Grünen hatten Interesse gezeigt, die Gespräche waren nicht ins Detail gegangen, aber die Tür weit offen gelassen und nunmehr

hatten sie als Erste die Aufnahme von Regierungsverhandlungen beschlossen. Auch hier gab es zwei Meinungen: Der Parteichef Van der Bellen, wichtige Parlamentarier wie Voggenhuber, Stoisits, Glawischnig und Petrovic wollten es versuchen, die Oppositionsgruppe, die schon gegen die Verhandlungen gestimmt hatte, wurde von Karl Öllinger angeführt.
Die FPÖ war zur Regierung bereit, die Gespräche hatten weitgehende und detaillierte Übereinstimmungen gebracht. Jörg Haider grollte zwar in Klagenfurt und schoss quer, wo immer er konnte, er bediente sich dabei seines Kärntner Kollegen Martin Strutz. Der neue Parteichef Herbert Haupt und der Klubobmann im Parlament, Herbert Scheibner, wollten allerdings unbedingt weitermachen.

DIE REGIERUNGSVERHANDLUNGEN MIT DEN GRÜNEN VOM 5.2.2003 BIS 16.2.2003

Die Grünen hatten den Beschluss zur Aufnahme von Regierungsverhandlungen mit der ÖVP mit acht Gegenstimmen gefasst. Wir wussten also, dass es einen starken Flügel bei den Grünen gab, der gegen eine Zusammenarbeit mit der ÖVP auftrat. Und dennoch: Es ist heute in Vergessenheit geraten, dass zu diesem Zeitpunkt mit den anderen Parteien noch keine Regierungsverhandlungen geführt worden waren, die Grünen waren deutlich die erste Wahl Schüssels. Zu diesem Zeitpunkt hatte er mit der SPÖ (siehe unten) die Sondierungen de facto beendet, mit der FPÖ waren die Sondierungen abgeschlossen, es hätte jederzeit mit ihnen eine Regierung gebildet werden können!
Am Tag nach dem Beschluss der Grünen traten die Verhandlungsteams zusammen und die Regierungsverhandlungen mit den Grünen begannen. Wilhelm Molterer und Eva Glawischnig wurden zu „Formulierern" der jeweilig erzielten Konsense in den Arbeitsgruppen bestimmt. Dies war ein klares Signal der Kooperationsbereitschaft von Schüssel, denn Molterer galt als starker Befürworter einer Zusammenarbeit mit den Grünen und rühmte sich eines besonders guten Verhältnisses zu Glawischnig. Schüssel trat vehement für eine Paketlösung ein, die Pflichtbestandteile

und eine Kür beinhalten müsste. Zur Pflicht erklärte Schüssel die ökonomischen Makroziele: Sparpaket, Nulldefizit, Senkung der Steuerquote auf 43 Prozent durch eine Steuerreform, dann eine Pensionsreform, die Anschaffung von Abfangjägern, Gesundheitsreform. Ein Verhandlungsmarathon begann am 10.2. und dauerte die ganze Woche. In rascher Folge tagten die Arbeitsgruppen und erzielten überraschend schnelle Übereinstimmungen. In schwierigen Fragen wie Energie und Umwelt, Asylwesen, Fremdenrecht, Staatsbürgerschaftsrecht, Neutralität, Europäische Sicherheit und Verteidigung, Staatshaushaltsziele und Sparbedarf wurden gemeinsame Standpunkte rasch erarbeitet. Bald zeichneten sich jedoch die zwei Brennpunkte der österreichischen Politik-Ellipse ab, die bis heute noch gelten: Pensionsreform (Ende der Frühpension) und Kauf von Abfangjägern. Peter Pilz suchte nach Möglichkeiten, den Kauf der Flugzeuge zu verschieben, Karl Öllinger beharrte auf den großzügigen Regelungen zur Frühpension und widersetzte sich einer grundlegenden allgemeinen Reform: Harmonisierung aller Systeme, lebenslange Durchrechnung zur Bestimmung der Pensionshöhe und anderes mehr.
Am Freitag, dem 14.2., tagte die grüne Bundesspitze den ganzen Tag und beriet die noch offenen Fragen, „die eckigen Klammern" im gemeinsamen Text. Am Samstag wurde in allen Gruppen noch den ganzen Tag verhandelt, man wusste: Das war der Endspurt. Beide Seiten formulierten die noch offenen Fragen, es waren auf Seiten der ÖVP an die 30! Schüssels Taktik war klar: In der einen Waagschale lagen die ÖVP-Zugeständnisse bei folgenden Sachgebieten: Staatsbürgerschaft, Fremdenrecht, Asyl, Genderfragen, in der anderen musste die Annahme der Beistandspflicht und der Abfangjäger durch die Grünen stehen. In diesen Fragen taten sich die Klüfte innerhalb der Grünen auf: Van der Bellen war bereit zur Anschaffung der Flugzeuge, hätten binnen Jahresfrist drei übereinstimmende Gutachten von ausländischen Fachleuten die Pflicht zu einer wirksamen Luftraumüberwachung für einen Neutralen bestätigt. Auch die Notwendigkeit einer tiefgreifenden Pensionsreform war bei ihm unbestritten. Aber die Partei – vor allem die „Wiener" – waren gegen beides. Van der Bellen war sich

im Klaren: jetzt oder nie, daher entsandte er seinen persönlichen Vertrauten, Lothar Lockl nach Graz, Linz und zu den Wiener Stadtgrünen, um sie von der einmaligen Chance einer Regierungsbeteiligung zu überzeugen. Er war nicht erfolgreich, links-alternative Prägungen waren zu stark verankert. Im Lauf des Samstags wurden die meisten der 30 offenen Fragen – die Grünen sprachen später von Nachverhandlungen der ÖVP, man hätte da ja schon auf der Arbeitsgruppenebene übereingestimmt – gelöst. Schüssel vertrat konsequent die Grundregel bei allen vielschichtigen politischen Verhandlungen, gelernt bei der EU: *Nothing is agreed until everything is agreed,* also es gibt keine Teilkonsense, sondern nur ein Gesamtpaket. In den zwei Sachfragen Abfangjäger und Pensionsreform gab es keine Einigung – trotz des beharrlichen Drängens von Schüssel, der immer wieder auf Van der Bellen einwirkte und ihn an seine historische Chance erinnerte: Unterschreibt doch endlich!
Eine weitere gewichtige Frage wurde und wird nicht öffentlich diskutiert, machte aber in meiner Beurteilung als Parlamentarier letztlich jede Koalition mit den Grünen unwahrscheinlich, und gilt bis heute: Die koalitionären Regeln für die Zusammenarbeit im Parlament – eine lange Liste von Abmachungen für die Tagesarbeit. Die Koalitionspartner verpflichten sich dabei zu Folgendem:

- Vorhaben der Regierung in den Ausschüssen und im National- und Bundesrat gemeinsam zu beschließen
- Keine Initiativanträge einer der Regierungsparteien ohne Zustimmung des Partners
- Keine Untersuchungsausschüsse gegen den Willen eines der beiden Regierungspartner
- Keine Dringlichen Anfragen an einen Minister ohne vorherige Zustimmung beider Regierungsparteien
- Keine Abstimmung mit einer Oppositionspartei

Zur Einhaltung dieser Spielregel – ohne die eine Koalition meiner Ansicht nach nicht funktionieren kann – wird ein Arbeitsausschuss eingesetzt, der Koordinationsausschuss, in dem die

wöchentlichen Regierungssitzungen und die Parlamentsgeschäfte besprochen und die gemeinsame Vorgangsweise verbindlich festgelegt werden. Derartige Koalitionsvereinbarungen wurden von allen Koalitionsregierungen beschlossen, waren lange Zeit geheime Zusatzvereinbarungen, ihr Inhalt und die Praxis der tatsächlichen Regierungsabläufe findet sich allerdings in einem Beitrag von mir im „Österreichischen Jahrbuch für Politik", 2006 auf S. 141 ff. Diese Koalitionsvereinbarung bedeutet natürlich eine genaue Regelung der parlamentarischen Rechte der Abgeordneten und Fraktionen und widerspricht ganz grundsätzlich dem Parlamentsverständnis der Grünen – die den so genannten Klubzwang bekämpfen und alle Kontrollrechte des Parlamentes als Recht von kleineren Minderheiten im Parlament verstehen.
Das Verlangen von Schüssel, diese Vereinbarung zu unterschreiben – er hatte eine abgespeckte Kurzfassung vorbereitet, um den Grünen die Unterschrift zu erleichtern – traf Van der Bellen nicht unvorbereitet, er hatte sich schon früher mit diesen Usancen vertraut gemacht. Dennoch war dies der Strohhalm, der dem Kamel das Genick brach. Dabei hatte der umsichtige und vorausschauende Schüssel mich von den Schlussverhandlungen mit den Grünen ferngehalten – er war sich bewusst, dass ich als Koalitionskutscher im Parlament auf der Annahme der bewährten Regeln beharren würde – ein Steinbrocken im Weg. Daher brachte er selbst eine bescheidene, abgespeckte Version dieser Koalitionsvereinbarung in die Verhandlungen ohne mich ein, wohl wissend, dass dies ein entscheidender Stolperstein sein könnte. Das nützte nichts.
Am Sonntag, dem 16.2. um 5.28 Uhr erklärten die Grünen, sie könnten die von der ÖVP verlangten Inhalte einer gemeinsamen Regierung nicht annehmen und brachen die Regierungsverhandlungen ab. Das schwarz-grüne Reformprojekt war gescheitert. Schüssel wollte nicht aufgeben und brachte eine schwarze Minderheitsregierung mit grüner Duldung ins Gespräch. Auch das wurde abgelehnt.
Letztlich hatte sich der Wiener Flügel um Karl Öllinger durchgesetzt, deren entscheidende Sachfrage war die Beibehaltung der Frühpension: aus heutiger Sicht eine nicht mehr nachvollziehbare

Position. Ins Treffen wurden auch die Abfangjäger geführt, aber dafür hatte man ja eine flexible Lösung gefunden, die dem Parteichef und wichtigen Mitstreitern genügte (siehe oben). Eine wichtige, in der Öffentlichkeit nicht diskutierte Frage spielte in meiner Analyse die von Alexander Van der Bellen festgestellte Unmöglichkeit, ein Abkommen über die Zusammenarbeit im Parlament (siehe ebenfalls oben) durch seinen Klub zu bringen. Genau diese Problematik besteht bis heute und ist das schwierigste Hindernis für jede Zusammenarbeit mit den Grünen auf Bundesebene.

DIE REGIERUNGSVERHANDLUNGEN ZWISCHEN WOLFGANG SCHÜSSEL UND ALFRED GUSENBAUER AM 18., 19. UND 20.2. SOWIE HERBERT HAUPT AM 20.2.2003

Am Sonntag, dem 16.2., im Morgengrauen waren die Regierungsverhandlungen mit den Grünen nach durchverhandelter Nacht gescheitert. Am gleichen Tag am Abend traten die Landesparteiobleute und die Obleute der sechs Teilorganisationen zusammen. Sie entschieden letztlich, nun mit der SPÖ und der FPÖ über die Bildung einer Regierung zu verhandeln. Die Landeshauptleute Pröll und Pühringer waren gegen ein Verhandeln mit der FPÖ, der Wirtschaftsbundchef Christoph Leitl hielt sich die Entscheidung offen.

Am Dienstag, dem 18.2., trafen Schüssel und Gusenbauer zu einem Vieraugengespräch zusammen. Schüssel hatte eine Liste von 21 Punkten in einem 25 Seiten Papier vorbereitet, die Knackpunkte sozusagen. Dazu gehörten alle von Schüssel schon bisher formulierten Sachfragen: von den Staatsfinanzen über die Pensionen bis zu den Abfangjägern. Die Gespräche waren offensichtlich gut, denn Schüssel berichtete dem ÖVP-Verhandlungsteam, es habe in allen Punkten eine grundsätzliche Übereinstimmung gegeben, auch bei den Knackpunkten Abfangjäger und Frühpensionen habe es eine Einigung mit Gusenbauer gegeben. Nun gäbe es detaillierten Gesprächsbedarf. Elisabeth Gehrer wurde in Vertretung des erkrankten Wilhelm Molterer beauftragt, mit der SPÖ im Detail über das 25-Seitenpapier zu reden, Gusenbauer hatte Heinz Fischer zum Gesprächspartner bestimmt. Ich wurde spiegelbildlich beauftragt, mit der FPÖ zu reden, mit meinem Klubobmann-Kollegen der letzten Regierungsmonate, Herbert Scheibner. Letzteres war eine leichte Übung – am 19.2. nachmittags wurde ein voller Konsens zu den 21 Punkten festgehalten, der am Tag drauf in einem Gespräch mit Parteichef Haupt von der FPÖ voll bestätigt wurde. Die Gespräche von Gehrer mit Fischer verliefen harziger. Fischer verweigerte die Diskussion über das 25-Seitenpapier – er verhandle nicht über ein von anderen erstelltes Papier – und präsentiert einer darob erbosten Elisabeth Gehrer ein „Non-Paper" der SPÖ. Nach vierstündigen Gesprächen am 20.2. vormittags wurden die Gespräche beendet, es gab kein Ergebnis.

DIE ENTSCHEIDUNG: DIE ÖVP-BERATUNGEN ZUR AKTUELLEN LAGE AM 20.2.2003

Zu Mittag beriet sich das ÖVP-Team und nahm die Berichte zur Kenntnis: Konsens mit der FPÖ, kein Konsens mit der SPÖ. Es ging nun darum, den für 17.00 Uhr einberufenen Parteivorstand der ÖVP vorzubereiten und eine Empfehlung des Verhandlungsteams zu entwerfen, mit wem nun die Regierung gebildet würde. Wolfgang Schüssel wollte aber noch einen Versuch mit der SPÖ machen und traf um 15.00 Uhr mit Alfred Gusenbauer zusammen. Während im Erdgeschoss der Lichtenfelsgasse 7 schon die Mitglieder des Parteivorstands vollzählig versammelt waren, berichtete im 3. Stock Schüssel von seinem Gespräch mit Gusenbauer: alles werde gehen, Abfangjäger und Pensionsreform, und er stehe zu seiner Zustimmung zu den 21 Punkten. Um die Tragweite dieser Aussage auszuloten, wurde Martin Bartenstein gebeten, sofort mit Fritz Verzetnitsch vom ÖGB zu reden: Gibt's ein Ja zum Ende der Frühpension? Ich wurde ebenso gebeten, mit Heinz Fischer die Abfangjägerfrage zu besprechen. Wir berichteten gleich nach den Telefonaten: Verzetnitsch blieb beim Nein zur Pensionsreform, Fischer meinte zur Zusage Gusenbauers zu den Flugzeugen: „Ob er das durch einen Parteitag bringt?" In jedem Fall dürfe man im Parteivorstand der ÖVP nichts von einem Ja zu dieser Frage sagen, denn dann würde alles am Parteitag scheitern. Also auch ein Nein! Es war 17.30 Uhr geworden, alle warteten auf uns, zu einer Meinungsbildung im Verhandlungsteam kam es nicht mehr, Schüssel ging ohne Festlegung auf einer der beiden Varianten in den Parteivorstand. Dort berichtete er die Position der SPÖ und jene der FPÖ, ohne einen Vorschlag darüber zu machen, mit wem die Regierung zu bilden wäre. Als zweiter Berichterstatter kam ich zu Wort, berichtete über die Verhandlung mit der FPÖ und schlug vor, mit ihr die Regierung zu bilden. Die darauf folgende Diskussion ging zuerst ganz in Richtung SPÖ (dafür sprachen Pröll und Pühringer, Leitl und Van Staa), dann aber überwog die andere Seite – letztlich wurde nach vier Stunden die Diskussion beendet. Schüssel fasste seine Meinung vor der Abstimmung wie folgt zusammen: „Ihr werdet euch nun fragen, was will Wolfgang Schüssel wirklich? Eine Reform-Regierung mit der SPÖ wäre schön gewesen, aber am Ende musste ich die Hoffnung aufgeben. Grün wäre schön gewesen, aber es ist nicht gegangen, die Widerstände waren zu groß. Am Sonntag um 5.30 Uhr habe ich noch versucht zu retten: Schlagt die Tür nicht zu, was wäre mit einer Minderheitsregierung mit grüner Duldung? Aber auch das ging nicht." Dann stellte er den Antrag zur Abstimmung, nunmehr mit der FPÖ formell über eine gemeinsame Regierung zu verhandeln. Der Antrag wurde mit zwei Gegenstimmen und drei Enthaltungen (Leitl, Van Staa, Wurmitzer), also mit einer wuchtigen Mehrheit angenommen.

DIE ENTSCHEIDUNG AM 24. UND 25.2.2003

Nach detailreichen Einzelverhandlungen am 24. und 25.2. genehmigten die Gremien beider Parteien das Ergebnis, und Bundespräsident Klestil gelobte die neue Regierung am 28. Februar an.

Bewertung

Wer hat nun welche Chancen verspielt? Die Option mit den Grünen scheiterte letztlich an zwei Fragen, die nicht der ÖVP angelastet werden können: dass die Pensionsreform kommen musste, stellt heute niemand in Frage – als die SPÖ 2006 die Kanzlerschaft übernahm, wurden kleinere Details an den Schüssel-Reformen geändert, die wesentlichen Änderungen blieben unangetastet. Ohne sie wäre das Pensionssystem in Österreich heute in der Krise. Auch die Parlamentszusammenarbeit muss geregelt sein, ohne solche Regeln kann keine Regierung arbeiten. Schüssel war den Grünen weit, sehr weit, entgegengekommen, getreu seiner schon erwähnten Philosophie: Wenn man von den Grünen die Zustimmung zu den Abfangjägern und der Abschaffung der Frühpension verlange, müsse man in die andere Waagschale sehr viel legen, was ihnen entgegenkommt: im Staatsbürgerschafts-, Fremden- und Asylrecht zum Beispiel, in der Energie- und Umweltpolitik sowie in Verkehrsfragen. Schüssel war auch bereit, für Umweltprojekte des Ministeriums einen beachtlichen zusätzlichen Finanzrahmen einzurichten.

Die Option mit der SPÖ wurde letztlich hingegen eindeutig von der SPÖ nicht gewollt. Hier standen sich offensichtlich zwei grundsätzliche Überlegungsströme gegenüber: Die einen wollten Reformen und nahmen in Kauf, in der Regierung die zweite Geige zu spielen. Die anderen fürchteten um den Sieg bei den Bundespräsidentenwahlen und den Wiener Landtagswahlen. Für beide Wahlen wäre eine SPÖ-Regierungsbeteiligung und ein SPÖ-Finanzminister mit der Verantwortung für ein umfangreiches Sparpaket nachteilig gewesen. Darüber hinaus werden Langzeit-Strategen daran gedacht haben, dass es der SPÖ nur schwer gelingen würde, aus der Rolle des Juniorpartners bei aufrechter Koalition herauszukommen – das ewige Dilemma der Großen Koalitionen in Österreich!

Klar ist aber wohl auch, dass Schüssel nicht Scheinverhandlungen führte, sondern um andere und neue Regierungskonstellationen bemüht war, die Zusammenarbeit mit den Freiheitlichen war seine letzte Priorität, lediglich eine Rückfallposition. Dennoch wurde dann in einer abschnittweise sehr mühsamen Partnerschaft volle vier Jahre regiert und viel mehr weitergebracht als erwartet werden konnte, unter anderem die große Pensionsreform, ohne die wir heute im Pensionschaos stünden.

Brigitte Bierlein

Verfassungsgerichtsbarkeit und europäische Integration

Ein Überblick

Herwig Hösele beschäftigt sich in seinen vielfältigen Funktionen und seinem wissenschaftlichen Œuvre unter anderem mit Fragen unseres verfassungsrechtlichen Wertekatalogs, Menschenrechten und Ethik, dem bundesstaatlichen Prinzip sowie Reformvorhaben im Bereich des Wahlrechts beziehungsweise der direkten Demokratie. Die Entwicklung der Verfassungsstaaten im europäischen Raum ist ihm ein besonderes Anliegen. Es liegt daher nahe, einen Überblick zum Thema Verfassungsgerichtsbarkeit im europäischen Kontext für den Beitrag zu jenem Band zu wählen, der dem Jubilar anlässlich seines 60. Geburtstags gewidmet ist.

I. Entwicklung in Österreich

Verfassungsrecht bildet die rechtliche Grundordnung des Staates, in der prinzipielle Fragen des Zusammenlebens von Menschen im Staatsverband geregelt sind. Dazu gehören insbesondere der Aufbau, die Organisation und die Ziele des Staates, die Staatsfunktionen Gesetzgebung, Verwaltung und Gerichtsbarkeit, des Weiteren das Verhältnis von Staat und Gesellschaft sowie die Stellung des Einzelnen im Staat.

Das Konzept der österreichischen Verfassungsgerichtsbarkeit hat seine Wurzeln in der konstitutionellen Monarchie. Das österreichische Bundes-Verfassungsgesetz vom 1. Oktober 1920 (die Stammurkunde unserer Verfassung) ist vor dem Hintergrund des Zusammenbruchs der österreichisch-ungarischen Monarchie entstanden. Schon in der konstitutionellen Monarchie gab es

Gewaltenteilung, Unabhängigkeit der Justiz, Weisungsgebundenheit der Verwaltung sowie Elemente des Parlamentarismus und Grundrechte; das republikanische Bundes-Verfassungsgesetz vom 1. Oktober 1920 (B-VG) hat diese Prinzipien übernommen und (in der Folge auch durch die weitreichende Verfassungsreform 1929) ausgebaut. Zudem wurde mit dem B-VG der Verfassungsgerichtshof eingerichtet, dem – innerhalb weit gestreuter Befugnisse (wie die Überprüfung von Wahlen, die Entscheidung über bestimmte Kompetenzkonflikte, über vermögensrechtliche Ansprüche gegen Gebietskörperschaften, die weder im ordentlichen Rechtsweg noch im Verwaltungsverfahren zu erledigen sind oder über letztinstanzliche Bescheide) – die Zuständigkeit übertragen wurde, Gesetze auf ihre Verfassungsmäßigkeit (beziehungsweise Verordnungen auf ihre Gesetzwidrigkeit) zu prüfen. Angesichts der auch von Amts wegen eingeräumten Gesetzesprüfungskompetenz in einem anhängigen Beschwerdefall war die Verfassungsgerichtsbarkeit von Beginn an auch auf die Wahrung der Grundrechte des Einzelnen gerichtet. Die inzidente Normenkontrolle ermöglichte es damit auch dem Einzelnen, ein Gesetzesprüfungsverfahren vor dem Verfassungsgerichtshof dadurch zu initiieren, dass im Rahmen der Beschwerde gegen einen letztinstanzlichen Bescheid die Verfassungswidrigkeit des von der belangten Behörde angewendeten Gesetzes behauptet wird. Der Verfassungsgerichtshof hatte damit stets die Rolle des Hüters der Verfassung und des Wahrers der Grundrechte inne.

Die Schöpfer unserer Verfassung – allen voran Hans Kelsen – haben mit dem B-VG weltweit neue, für die damalige Zeit geradezu revolutionäre Maßstäbe gesetzt: War doch Österreich das erste (europäische) Land (die etwa zeitgleich geschaffene Verfassungsgerichtsbarkeit in der Tschechoslowakei hat keine praktische Bedeutung erlangt), das ein beim Verfassungsgerichthof konzentriertes Gesetzesprüfungsverfahren garantierte. Diese nach wie vor mit Abstand bedeutsamste Kompetenz des Verfassungsgerichtshofs bewirkt, dass verfassungsgesetzlich gewährleistete Rechte auch für die Gesetzgebung bindende Wirkung entfalten; die Verfassung hat somit Vorrang gegenüber dem demokratisch legitimierten Gesetzgeber. Der Verfassungsgerichtshof ist daher Grenzorgan zwischen Recht und Politik.

Das „österreichische" System hat epochemachende Vorbildwirkung und insbesondere in der zweiten Hälfte des 20. Jahrhunderts in der ganzen Welt Verbreitung gefunden. Im Gegensatz dazu kennt das sogenannte „amerikanische" System keine bei einem Höchstgericht konzentrierte Normenprüfungskompetenz, sondern weist jedes erkennende Gericht an, die Verfassungsmäßigkeit von Gesetzen als Vorfrage selbst zu beurteilen. Bis heute gilt das österreichische Modell der Verfassungsgerichtsbarkeit als *der* Standard, an dem Staaten und ihre politisch-rechtliche Realität gemessen werden.

Österreich verfügt allerdings weder über eine geschlossene Verfassungskodifikation noch über einen geschlossenen Grundrechtskatalog. Verfassungsrecht findet sich nicht nur im B-VG, sondern auch in einer Vielzahl von formellen Verfassungsgesetzen, die einer Zweidrittelmehrheit des Nationalrats sowie der ausdrücklichen Bezeichnung als „Verfassungsbestimmung" bedürfen (Art. 44 Abs. 1 B-VG), darunter – was Grund- und Freiheitsrechtsrechte anbelangt – im Staatsgrundgesetz über die allgemeinen Rechte der Staatsbürger aus 1867 (StGG), in der Europäischen Menschenrechtskonvention (EMRK) und ihren Zusatzprotokollen sowie im Datenschutzgesetz 2000.

Im Gefolge der Rechtsprechung des Verfassungsgerichtshofs ist die Unterscheidung zwischen verfassungsrechtlichen Grundprinzipien – den sogenannten Baugesetzen des B-VG, deren Änderung zu einer Gesamtänderung der Verfassung führt und daher nach Art. 44 Abs. 3 B-VG einer Volksabstimmung bedarf – und sonstigem „einfachem" Verfassungsrecht wesentlich. Zu diesen Grundprinzipien, die die höchstrangigen Rechtsvorschriften im Stufenbau der Rechtsordnung darstellen und in ihrer Gesamtheit das Grundgerüst der Bundesverfassung bilden, zählen jene der mittelbaren Demokratie, des Bundesstaates, der Republik, der Rechtsstaatlichkeit und der Gewaltentrennung.

Das – inzwischen durch zahlreiche Novellen aktualisierte – B-VG hat ungeachtet der mit dem Beitritt Österreichs zur Europäischen Union (EU) verbundenen Änderungen seine Funktion als staatli-

che Grundordnung – nicht zuletzt durch die Rechtsprechung des Verfassungsgerichtshofs – bis in die Gegenwart bewahrt.
Nicht verkannt werden soll, dass das in seinen Grundzügen bald 95 Jahre alte B-VG vor allem in Anbetracht der relativ komplizierten und starren Kompetenzverteilung zwischen Bund und Ländern, aber auch mit Blick auf das immer mehr an Bedeutung gewinnende Erfordernis der Umsetzung von Unionsrecht, das etwa auf bundesstaatliche Systeme wie das österreichische keine Rücksicht nimmt, dringenden Reformbedarf aufweist. Die im Österreich-Konvent erarbeiteten Vorschläge zur Schaffung einer grundlegenden Staats- und Verwaltungsreform haben bedauerlicherweise nur in einem Teilbereich die gebotene politische Umsetzung erfahren: Nach jahrelanger Diskussion konnte lediglich die Verwaltungsgerichtsbarkeitsreform verwirklicht werden, die mit 1. Jänner 2014 in Kraft tritt. Einen Zwischenschritt auf dem vom (Verfassungs-)Gesetzgeber beschrittenen Weg, das Rechtsschutzsystem auszubauen, bildete im Jahr 2008 die Einrichtung des Asylgerichtshofs (Asylgerichtshofgesetz, BGBl. I 2008/4), der den Unabhängigen Bundesasylsenat als Rechtsmittelinstanz in Asylsachen bundesweit ersetzte. Dies allerdings eingeschränkt auf den genannten Bereich und unter gleichzeitiger Abschaffung der Möglichkeit, Entscheidungen des Asylgerichtshofs beim Verwaltungsgerichtshof (wie seinerzeitig Bescheide des Unabhängigen Asylsenates) bekämpfen zu können, was zu einer enormen Anfallssteigerung beim weiterhin anrufbaren Verfassungsgerichtshof (Art. 144a B-VG) geführt hat. Seit Aufnahme der Tätigkeit durch den Asylgerichtshof machen Beschwerden gegen dessen Entscheidungen rund 60 Prozent des jährlichen Anfalls beim Verfassungsgerichtshof aus (2012 waren dies von insgesamt 4.643 anhängig gemachten Rechtssachen 2.770 Fälle).
Ab 1. Jänner 2014 wird durch Inkrafttreten der Verwaltungsgerichtsbarkeits-Novelle 2012 (BGBl. I 51/2012) einer der wichtigsten Reformschritte in der Geschichte der österreichischen Bundesverfassung durch Schaffung der seit langem angestrebten zweistufigen Verwaltungsgerichtsbarkeit Realität: Der Asylgerichtshof wird zum Verwaltungsgericht des Bundes, Entscheidungen des künfti-

gen Bundesamtes für Fremdenwesen und Asyl sind dann beim Bundesverwaltungsgericht anfechtbar, das nicht nur auf diesem Gebiet, sondern auch in allen anderen Bundesmaterien – ausgenommen Finanzangelegenheiten – angerufen werden kann. Darüber hinaus nehmen ein zweites Verwaltungsgericht des Bundes für Finanzen (anstelle des bisherigen Unabhängigen Finanzsenates) sowie neun Landesverwaltungsgerichte (anstelle der bisherigen Unabhängigen Verwaltungssenate der Länder) ihre Arbeit auf, womit einheitliche (richterliche) Rechtsmittelinstanzen im verwaltungsbehördlichen Verfahren des Bundes und der Länder geschaffen wurden (das sogenannte „9+2-Modell"). Damit werden die derzeit bestehenden rund 120 Berufungssenate und Sonderbehörden (darunter im Bundesbereich das Bundesvergabeamt, der Unabhängige Umweltsenat und die Datenschutzkommission, sonstige unabhängige Kommissionen bis zu diversen Disziplinarsenaten; in den Ländern die Unabhängigen Verwaltungssenate) aufgelöst.

Gegen Erkenntnisse und Beschlüsse der beiden Bundes- sowie der neun Landesverwaltungsgerichte kann künftig Revision beim Verwaltungsgerichtshof erhoben werden, die allerdings an gewisse Zulässigkeitsvoraussetzungen geknüpft ist (Art. 133 B-VG neu). Der Verfassungsgerichtshof übt im neuen System wie bisher in bewährter Weise eine „Sonderverwaltungsgerichtsbarkeit" aus: Gegen Entscheidungen der Verwaltungsgerichte kann Beschwerde an den Verfassungsgerichtshof insbesondere wegen der Verletzung in verfassungsgesetzlich gewährleisteten Rechten erhoben werden.

Hintergrund der Neuorganisation ist nicht zuletzt die Rechtsprechung des Europäischen Gerichtshofes für Menschenrechte (EGMR) zu Art. 6 EMRK, wonach über strafrechtliche und zivilrechtliche Belange ein unabhängiges Gericht („tribunal") zu entscheiden hat; der Gerichtsbegriff der Europäischen Menschenrechtskonvention (EMRK) unterscheidet sich allerdings von jenem des B-VG; maßgeblich sind: judizielle Funktion, Unabhängigkeit und Unparteilichkeit. Diesem Erfordernis wurde in Österreich zunächst im Jahr 1988 durch Schaffung der Unabhängigen

Verwaltungssenate in den Ländern (die nach den Kriterien des Art. 6 Abs. 1 EMRK als „Gerichte" gelten) entsprochen. In Zukunft werden somit in der Instanz „echte" Gerichte entscheiden, womit sich die Verwaltungsebene im Ergebnis auf die erste Instanz beschränken wird. Die Entwicklung vom Verwaltungs- bzw. Gesetzesstaat zum Justizstaat wird von den Befürwortern der Reform ebenso heftig begrüßt wie von Skeptikern kritisiert.
Wirkungsweise und Nutzen für den Einzelnen werden sich wohl erst nach einiger Zeit evaluieren lassen, auch wenn ein rechtsstaatlicher Mehrwert durch die (grundsätzliche) Abschaffung des administrativen Instanzenzuges und der damit einhergehenden Vereinheitlichung und Vereinfachung des bisher nur Insidern durchschaubaren Rechtsmittelsystems schon jetzt auf der Hand liegt.

II. Internationale Entwicklung

1. VERFASSUNGSRECHT UND RECHT DER EUROPÄISCHEN UNION

Zufolge der Konstitutionalisierung des Völkerrechts nach Ende des Zweiten Weltkriegs wurde das staatliche Recht durch zwingende übergeordnete Rechtsprinzipien, zu denen insbesondere die Menschenrechte zählen, zunehmend begrenzt. Eine Sonderstellung nimmt in diesem Zusammenhang die EMRK ein, die als multilateraler völkerrechtlicher Vertrag – kraft Anordnung des österreichischen Verfassungsgesetzgebers (BGBl. 59/1964) – den Rang eines Bundesverfassungsgesetzes einnimmt.
Zudem wird das innerstaatliche Recht zunehmend von unionsrechtlichen Vorgaben vorher determiniert: Die bisher einzige formelle Gesamtänderung der Bundesverfassung erfolgte durch den Beitritt Österreichs zur EU. Das geltende Recht geht seither nicht mehr ausschließlich vom österreichischen Volk aus, sondern auch von Organen der EU, deren weitreichende Rechtserzeugungskompetenzen mangels hinreichender demokratischer Legitimation durch das österreichische Volk nicht den Erfordernissen einer staatlich verfassten Demokratie entspricht. Dies bedeutet eine Abweichung vom Prinzip der mittelbaren Demokratie und da-

mit von einem oben erwähnten Baugesetz unserer Verfassung. Aus diesem Grund wurde das Bundesverfassungsgesetz, das zum Abschluss des Beitrittsvertrages ermächtigte (BGBl. 744/1994), erst nach Abhaltung einer (verfassungsrechtlich zwingend vorgeschriebenen) Volksabstimmung gemäß Art. 44 Abs. 3 B-VG angenommen (BGBl. 735/1994). Durch die parlamentarische Verantwortlichkeit der mitgliedstaatlichen Vertreter im Rat der EU und dem aus Staats- und Regierungschefs der Mitgliedstaaten bestehenden Europäischen Rat sowie durch die Beteiligung nationaler Parlamente an der Rechtsetzung der EU und durch die Direktwahl des Europäischen Parlaments kann das bestehende Demokratiedefizit der EU als abgemildert angesehen werden.

Für Österreich ist allerdings wesentlich, dass die in der Bundesverfassung enthaltenen Grundprinzipien (Baugesetze) auch durch das Unionsrecht ihre Funktion als Maßstab für weitere Änderungen des Unionsrechts behalten haben. Denn mit der Volksabstimmung über den Beitritt zur EU am 12. Juni 1994 wurden die verfassungsrechtlichen Grundprinzipien nur insoweit modifiziert, wie es der damaligen Situation des rechtlichen Besitzstandes der EU *(acquis communautaire)* entsprach, den Österreich mit dem Beitrittsvertrag übernommen hat. Daher ist auch die Weiterentwicklung des Unionsrechts an den (modifizierten) Baugesetzen der Bundesverfassung zu messen und – sollten diese durch Unionsrecht beeinträchtigt werden – einer Volksabstimmung zu unterziehen.

Auch wenn das mit dem Konvent der EU verfolgte Ziel einer „Verfassung für Europa" gescheitert ist, sind im geltenden Unionsvertrag Elemente einer solchen zu erkennen. Nicht nur, dass Unionsrecht Vorrang vor einzelstaatlichem Recht – einschließlich Verfassungsrecht – genießt, bekennt sich die Union ausdrücklich zu den Grundlagen eines Verfassungsstaates, nämlich zu Grundrechten, Freiheit des Einzelnen, demokratischen Werten, Gleichheit und Rechtsstaatlichkeit, die auch Maßstab für das von den Unionsorganen geschaffenen Recht bilden.

Zur Rechtskontrolle und Sicherstellung der einheitlichen Auslegung und Anwendung des Unionsrechts ist – einem nationalen Verfassungsgericht vergleichbar – der Gerichtshof der Europäischen Union (EuGH) berufen (Art. 251 ff. AEUV). Das Verhältnis der nationalen Höchstgerichte, im Besonderen der nationalen Verfassungsgerichte, zum EuGH war und ist als durchaus fragil zu bezeichnen. Die nachhaltige Erweiterung der EU vor allem in den Jahren 2004 und 2007 hat die Zahl der nationalen Verfassungsgerichte erheblich vergrößert; das von vornherein sensible Beziehungsgeflecht nationaler Höchstgerichte zum EuGH – wie auch zum EGMR – wurde dadurch nicht eben vereinfacht.

Gerade die österreichischen Höchstgerichte und vor allem der Verfassungsgerichtshof verfolgen jedoch – anders, als Höchst- oder Verfassungsgerichte in anderen Mitgliedstaaten – eine ausgesprochen europafreundliche Judikaturlinie. Die notwendige Koordination der zum Grundrechtsschutz berufenen europäischen und nationalen Gerichte (EuGH, EGMR und insbesondere Verfassungsgerichte) funktioniert im Großen und Ganzen, wenn auch nicht immer reibungslos. Die stark wirtschaftliche Orientierung primärrechtlicher Grundfreiheiten bietet mitunter Konfliktstoff, die mannigfaltigen Wechselwirkungen sind oft schwer in Einklang zu bringen.

2. DAS VERHÄLTNIS ZUM EUROPÄISCHEN GERICHTSHOF FÜR MENSCHENRECHTE (EGMR)

Wie schon dargelegt, gibt es in Bezug auf die Grundrechte in Österreich gleichfalls (ebenso wie zum Bundesverfassungsrecht) keinen systematisch geschlossenen Katalog. Zwar enthielt schon die Dezember-Verfassung des Jahres 1867 (RGBl. 142/1867) mit dem nach wie vor in Geltung stehenden Staatsgrundgesetz über die allgemeinen Rechte der Staatsbürger einen liberalen innerstaatlichen Grundrechtskatalog. Mit dieser Vorgängerin des B-VG 1920 wurde zufolge RGBl. 143/1867 auch die Vorläuferin des Verfassungsgerichtshofs, das Reichsgericht, eingerichtet, bei dem jeder Bürger verfassungsgesetzlich gewährleistete politische Rechte durchsetzen konnte.

Der Gehalt von Grundrechten – ursprünglich als bloße Abwehrrechte des Einzelnen gegenüber dem Staat konzipiert – hat sich insbesondere im Lichte der Rechtsprechung des Verfassungsgerichtshofs zu allgemeinen Prinzipien – einschließlich der

Verpflichtung des Gesetzgebers, Grundrechtseingriffe verhältnismäßig zu regeln sowie mit tauglichen Vorkehrungen für deren Ausübung und Durchsetzung auszustatten – entwickelt.
Europäische Grundrechte spielen in der Judikatur des Verfassungsgerichtshofes seit mehr als 50 Jahren eine prominente Rolle. Seit der Ratifizierung der EMRK und ihrer Zusatzprotokolle im Verfassungsrang – womit die EMRK (singulär in Österreich) durch ein eigenes Bundesverfassungsgesetz rückwirkend auf Verfassungsstufe gehoben wurde (Art. II Z 7 BVG, BGBl. 59/1964) – genießen Konventionsrechte denselben Rang wie (sonstiges) innerstaatliches Verfassungsrecht. Damit können alle Rechte der EMRK gleich innerstaatlichen Grundrechten vor dem Verfassungsgerichtshof unmittelbar geltend gemacht werden. Lediglich in einem Staat, den Niederlanden, hat die EMRK darüber hinausgehend Vorrang vor dem gesamten nationalen Recht, also auch vor Verfassungsrecht. In den meisten Mitgliedsstaaten nimmt die EMRK jedoch bloß eine Art „Zwischenstellung" zwischen einfachem Gesetz und Verfassungsrecht ein, in einigen Staaten hat die EMRK überhaupt nur einfachen Gesetzesrang.
Die Verletzung eines von der EMRK garantierten Rechts kann nach Erschöpfung des innerstaatlichen Instanzenzuges vor dem EGMR mit Sitz in Straßburg geltend gemacht werden. Auch Entscheidungen österreichischer Höchstgerichte sind beim EGMR bekämpfbar. Die Grundrechtsjudikatur des österreichischen Verfassungsgerichtshofes ist durch die rechtsfortbildende und dynamische Straßburger Judikatur in maßgeblicher Weise geprägt. Die Berücksichtigung der EMRK sowie der dazu ergangenen Rechtsprechung des EGMR ist heute in Österreich sowohl im Bereich der ordentlichen Gerichte als auch im Bereich der Gerichtshöfe des öffentlichen Rechts unstrittiger Standard. Wie kaum ein anderes Verfassungsgericht in Europa bezieht sich der Verfassungsgerichtshof auf die Urteile des EGMR, denen er bei vergleichbaren Konstellationen in der Regel folgt.
Aber auch der EGMR nimmt in seiner Judikatur insbesondere durch Entscheidungen der Großen Kammer (wenn auch nicht eben häufig) Korrekturen durchaus im Sinne der Rechtsprechung

des Verfassungsgerichtshofs vor. Als Beispiel seien die Entscheidungen zur Frage der Zulässigkeit der Anbringung von Kreuzen in Schulen und Kindergärten erwähnt (VfGH 9.3.2011, G 287/09): Der Verfassungsgerichtshof hat – nach gegenteiligem Urteil der zweiten Kammer (EGMR 3.11.2009, Fall Lautsi, Appl. 30.814/06) – im Jahr 2011 die Regelung im Niederösterreichischen Kindergartengesetz über das Hängen von Kreuzen bei katholischer Mehrheit der Kinder als verfassungskonform beurteilt. Kurz darauf gelangte die Große Kammer des EGMR in einem Fall, der dieselbe Frage in Bezug auf eine italienische Schule zum Gegenstand hatte, zum im Wesentlichen gleichen Ergebnis (EGMR 18.3.2011, Fall Lautsi, Appl. 30.814/06).

3. VERHÄLTNIS ZUM GERICHTSHOF DER EUROPÄISCHEN UNION (EUGH)

Bisher hat der schon erwähnte Beitritt Österreichs zur EU am 1. Jänner 1995 auf Grund des Beitrittsvertrages vom 24. Juni 1994 (BGBl. 1995/74) die wohl nachhaltigste Veränderung der innerstaatlichen Rechtsordnung wie auch der verfassungsgerichtlichen Normenkontrolle bewirkt. Die österreichische Rechtsordnung wurde mit dem Unionsrecht intensiv verschränkt; die Bundesverfassung teilt ihre Funktion mit dem Recht der EU, beide bilden einen Rechtsverbund nationalen und unionsrechtlichen Verfassungsrechts. Wie alle nationalen Verfassungen der EU-Mitgliedstaaten hat damit auch die österreichische Bundesverfassung ihre Funktion als alleinige ranghöchste Norm verloren.

Zwar ist der Maßstab verfassungsgerichtlicher Normenkontrolle gleich geblieben: Der Verfassungsgerichtshof hat weder die Befugnis, Rechtsakte der EU zu prüfen, noch bildet das Unionsrecht den Maßstab für die Verfassungsmäßigkeit von Gesetzen (zur Grundrechte-Charta siehe III.).

Auch die EU beruht auf den tragenden Elementen des modernen Verfassungsstaates, nämlich Demokratie (mit dem Prinzip der Gleichheit) und Rechtsstaat (mit effektiver Gesetzesordnung, einschließlich deren faktischer Effizienz, also Überprüfung staatlicher Vollziehung durch Gerichte).

Das Recht der EU besteht aus dem sogenannten Primärrecht, das sind die ihr zugrunde liegenden Verträge, und aus dem Sekundärrecht, das von Organen der Union erlassen wurde (Verordnungen, Richtlinien und Entscheidungen). Die Durchführung dieser Vorschriften, also die Umsetzung von EU-Sekundärrecht in nationales Recht sowie die Anwendung im Einzelfall, obliegt den Mitgliedstaaten nach der jeweiligen innerstaatlichen Rechtsordnung. Das Verhältnis zwischen nationalem Recht und Unionsrecht ist durch unmittelbare Anwendbarkeit und Vorrang des Unionsrechts vor staatlichem (auch Verfassungs-)Recht gekennzeichnet. Nationales Recht ist grundsätzlich richtlinienkonform auszulegen. Die Umsetzung von Unionsrecht in innerstaatliches Recht muss grundsätzlich beiden Rechtsordnungen – dem Gemeinschaftsrecht und dem (insoweit eingeschränkten) staatlichen Verfassungsrecht – entsprechen („doppelte Bindung"). Beide Normensysteme – österreichisches Recht und Unionsrecht – haben zwar formal weiter autonome Geltung, weisen aber funktionell zahlreiche Überschneidungen auf. Angesichts der „doppelten Bindung", die der Gesetzgeber bei Umsetzung von Unionsrecht zu beachten hat (nämlich unionsrechtliche und verfassungsrechtliche Vorgaben), ist Unionsrecht von nationalen Behörden auch ohne Konkretisierung durch nationales Recht anzuwenden (sogenannte self-executing-Wirkung).
Unterliegt derselbe Sachverhalt im Unionsrecht und im staatlichen Recht jeweils verschiedenen Regelungen, dann kommt nach der Rechtsprechung des EuGH dem Unionsrecht Vorrang vor diesem entgegenstehenden nationalen Recht zu. Das bedeutet, dass jedes nationale Gericht verpflichtet ist, Unionsrecht uneingeschränkt anzuwenden und die Rechte, die es den Einzelnen verleiht, dadurch zu wahren, dass es dem Unionsrecht widersprechende innerstaatliche Bestimmungen zufolge des Vorranges des Unionsrechts unangewendet lässt.
Unionsrecht ist zwar Teil der innerstaatlichen Rechtsordnung, nicht aber Teil der Verfassung und damit nicht Prüfungsmaßstab im Verfahren vor dem Verfassungsgerichtshof. Nach dessen ständiger Rechtsprechung ist ein Verstoß gegen Unionsrecht

grundsätzlich der Verletzung einfachgesetzlicher Vorschriften gleichzuhalten, die nach der innerstaatlichen Zuständigkeitsverteilung der Verwaltungsgerichtshof wahrzunehmen hat (grundlegend VfGH 26.6.1997, B 877/97). Ausgangsgedanke ist, dass der Verfassungsgerichtshof lediglich zu einer „Grobprüfung" (also zur Prüfung, ob ein verfassungsrechtlich gewährleistetes Recht verletzt wurde) berufen ist, nicht aber zur Klärung der Frage, ob ein Bescheid in jeder Hinsicht dem (einfachen) Gesetz entspricht; letztere Kompetenz kommt dem Verwaltungsgerichtshof zu, weshalb dieser zu prüfen hat, ob Unionsrecht innerstaatliches Recht verdrängt oder nicht.

4. VORABENTSCHEIDUNGSVERFAHREN

Der EuGH mit Sitz in Luxemburg ist zur Wahrung des Unionsrechts und damit auch zur Gewährleistung des Vorrangs von Unionsrecht vor einzelstaatlichen Rechtsordnungen berufen und hat insofern eine Schlüsselfunktion im europäischen Verfassungsverbund.

Das Institut der Vorlage an den EuGH stellt eine besondere Form des Dialogs des EuGH mit den nationalen Gerichten bei der Auslegung und Anwendung des Unionsrechts dar: Aus Anlass von Rechtsstreitigkeiten vor nationalen Gerichten äußert sich der EuGH über die Auslegung der Verträge und des sekundären Unionsrechts sowie zur Frage der Gültigkeit von auf Basis der Gründungsverträge ergangenen EU-Rechtsakten. In Angelegenheiten des Unionsrechts kommt dem EuGH ein „Auslegungsmonopol" zu (Art. 267 AEUV).

Das sogenannte Vorabentscheidungsverfahren ist das Hauptinstrument für die Entwicklung, Durchsetzung und Fortbildung des Unionsrechts und bildet auch zahlenmäßig die wichtigste Gruppe der vom EuGH entschiedenen Rechtssachen (jeweils die Hälfte der insgesamt zwischen 500 und 600 pro Jahr beim EuGH neu anhängig gemachten Streitfälle betrifft Vorabentscheidungsersuchen). Diese Form der Kooperation zwischen EuGH und nationalen Gerichten beruht auf einer Arbeitsteilung: Während Auslegung und Anwendung (auch in Umsetzung von Unions-

recht ergangenen) nationalen Rechts den nationalen Gerichten überlassen bleibt, konzentriert sich der EuGH auf die Auslegung beziehungsweise die Gültigkeit des einschlägigen Unionsrechts mit dem Ziel, dessen einheitliche Interpretation und Anwendung in den Mitgliedstaaten zu erreichen.
Ist vor einem Gericht („tribunal") eines Mitgliedstaates die Frage der Auslegung eines EU-Rechtsaktes strittig, kann sich das Gericht – so es nicht letztinstanzlich tätig wird – an den EuGH wenden, während in letzter Instanz entscheidende Gerichte (auch Verfassungsgerichte) vorlagepflichtig sind (Art. 267 Abs. 3 AEUV). Diese Konsequenz der absoluten Vorlagepflicht besteht allerdings dann nicht, wenn die Auslegung des einschlägigen Unionsrechts eindeutig ist, das heißt, wenn bereits eine gesicherte Rechtsprechung des EuGH vorliegt, oder wenn die richtige Interpretation so offenkundig ist, dass kein Platz für vernünftige Zweifel bleibt (sogenannte Acte-clair-Doktrin). Von den mitgliedstaatlichen Verfassungsgerichten machen allerdings relativ wenige vom Instrument der Vorlage Gebrauch. Außer dem österreichischen – das sich bereits 1999, kurz nach dem Beitritt zur EU, als erstes Verfassungsgericht an den EuGH gewandt hat – haben zumindest bis Ende 2011 nur das belgische, das litauische und das italienische Verfassungsgericht Vorabentscheidungsverfahren initiiert.
Wie ausgeführt, darf bei zweifelsfreier Unvereinbarkeit einer nationalen Norm mit Unionsrecht die innerstaatliche Norm wegen des Vorranges des Unionsrechts nicht angewendet werden. Im Konfliktfall ist der Regel des unmittelbar anwendbaren Unionsrechts, nicht jener des nationalen Rechts zu folgen; wird eine dem Unionsrecht „offenkundig" (also eindeutig) widersprechende innerstaatliche Regelung dennoch angewendet, handelt es sich nach der Rechtsprechung des Verfassungsgerichtshofs um in die Verfassungssphäre reichende „denkunmögliche" Heranziehung einer Gesetzesbestimmung. Ein insoweit bemakelter (letztinstanzlicher) Bescheid wäre also als verfassungswidrig aufzuheben.
Eine Verletzung in verfassungsgesetzlich gewährleisteten Rechten liegt nach der Judikatur des Verfassungsgerichtshofs aber auch dann vor, wenn es ein letztinstanzliches Gericht *(tribunal)*

unterlässt, eine weder zweifelsfrei auslegbare noch durch die Rechtsprechung des EuGH geklärte Frage über den Inhalt von Unionsrecht dem EuGH im Rahmen eines Vorabentscheidungsverfahrens vorzulegen. Da der Verfassungsgerichtshof – wie ebenfalls schon dargelegt – selbst nicht am Maßstab des Unionsrechts prüfen kann, obliegt es den letztinstanzlichen Verwaltungsbehörden (unter Umständen dem Verwaltungsgerichtshof), Zweifel im Hinblick auf die Interpretation von Unionsrecht durch den EuGH klären zu lassen. Die Unterlassung einer gebotenen Vorlage an den EuGH wird vom Verfassungsgerichtshof in der Regel als Verletzung im verfassungsgesetzlich gewährleisteten Recht auf ein Verfahren vor dem gesetzlichen Richter beurteilt.

III. Die Grundrechte-Charta in der Rechtsprechung des Verfassungsgerichtshofs

Mit Inkrafttreten des Vertrags von Lissabon am 1. Dezember 2009 wurde die (schon im europäischen Konvent erarbeitete) Grundrechte-Charta Teil des Primärrechts der EU (Art. 6 Abs. 1 EUV). Die Grundrechte-Charta legt die Grund- und Menschenrechte der EU fest; sie orientiert sich an der EMRK, an der europäischen Sozialcharta und an den mitgliedstaatlichen Verfassungen, aber auch an der Judikatur der europäischen Gerichtshöfe und ist für Mitgliedstaaten bei Durchführung des Unionsrechts verbindlich (Art. 51 Abs. 1 GRC); ihre Rechte sind im Einklang mit den Verfassungsüberlieferungen der Mitgliedstaaten zu verstehen (Art. 52 Abs. 4 GRC), wobei höhere Standards in Verfassungen der Mitgliedstaaten zu beachten sind (Art. 53 GRC).
Diesem spezifischen Verhältnis zwischen den Verbürgungen der Grundrechte-Charta einerseits und den nationalen Grundrechten andererseits hat der Verfassungsgerichtshof in seinem richtungsweisenden, auch international beachteten (wenngleich in der Literatur teils kritisch beleuchteten) Erkenntnis vom 14. März 2012, U 466/11, U 1836/11, Rechnung getragen: Der Verfassungsgerichtshof war vor die Herausforderung gestellt, die neuen Vorgaben des Unionsrechts im Bereich der Grundrechte zu beach-

ten und gleichzeitig einen effektiven Grundrechtsschutz innerhalb des österreichischen Verfassungssystems zu gewährleisten. Dabei wurden jene Grundsätze, die er und andere Höchstgerichte, vor allem der Verwaltungsgerichtshof, zum Verhältnis von Unionsrecht zu innerstaatlichem Recht bisher entwickelt haben – also die Annahme des Vorrangs von Unionsrechts vor diesem entgegenstehenden nationalen Recht, insbesondere Verfassungsrecht, im Einzelfall – übertragen.
Bereits im Jahr 2011 hat sich der Verfassungsgerichtshof (im Zusammenhang mit einem Verfahren betreffend die Umweltverträglichkeitsprüfung des Brennerbasistunnels – VfGH 28.6.2011, B 254/11) erstmals auf das Verhältnis von Art. 47 GRC und Art. 6 EMRK bezogen, damals allerdings noch unter dem Blickwinkel des innerstaatlichen Grundrechts auf ein Verfahren vor dem gesetzlichen Richter. In der relevanten Entscheidung vom 14. März 2012 wurde die Frage der Verletzung der Grundrechte-Charta durch einen Bescheid indes zum ersten Mal direkt geprüft und die Relation von Charta-Rechten zu verfassungsrechtlich gewährleisteten Rechten grundlegend neu definiert: Dem Erkenntnis lagen zwei Asylverfahren zugrunde, in welchen ein Anspruch auf Durchführung einer öffentlichen Verhandlung vor dem Asylgerichtshof auf Grund von Art. 47 GRC geltend gemacht wurde; dies vor dem Hintergrund, dass Art. 6 EMRK (der in Zivil- und Strafsachen ein Recht auf mündliche Verhandlung garantiert) auf Asylverfahren nicht anwendbar ist, Art. 47 GRC aber keine Beschränkung des Schutzbereiches kennt.
Der Verfassungsgerichtshof stellte fest, dass auch die in der Charta verbürgten Rechte und Grundfreiheiten vor dem Verfassungsgerichtshof als „verfassungsgesetzlich gewährleistete Rechte gemäß Art. 144 bzw. Art. 144a B-VG geltend gemacht werden können und diese im Anwendungsbereich der Grundrechte-Charta einen Prüfungsmaßstab in Verfahren der generellen Normenkontrolle, insbesondere nach Art. 139 und Art. 140 B-VG bilden“. Dies gilt „jedenfalls“ für solche Garantien der Grundrechte-Charta, die in ihrer Formulierung und Bestimmtheit verfassungsgesetzlich gewährleisteten Rechten der österreichischen Bundesverfassung

gleichen. Da die in Art. 47 GRC garantierten Rechte mit Art. 6 EMRK vergleichbar sind, entschied der Verfassungsgerichtshof, dass auch in Asylverfahren grundsätzlich ein Recht auf öffentliche mündliche Verhandlung besteht.

Diese Auffassung gründet sich darauf, dass die Charta innerhalb des Unionsrechts einen vom sonstigen primären und sekundären Unionsrecht deutlich abgegrenzten und damit hervorgehobenen Bereich bildet. Deshalb unterscheiden sich aus der Grundrechte-Charta erfließende Rechte und Freiheiten von jenen Positionen, die der EuGH bisher – also vor dem Vertrag von Lissabon, mit dem die Charta zum Bestandteil des EU-Primärrechts erklärt wurde (Art. 1 Abs. 1 EUV) – aus den allgemeinen Rechtsgrundsätzen und aus den gemeinsamen Verfassungsüberlieferungen der Mitgliedstaaten abgeleitet hat.

Im Besonderen setzt der Verfassungsgerichtshof beim unionsrechtlichen Äquivalenzprinzip an: Verfahren, die im mitgliedstaatlichen Recht zur Durchsetzung unionsrechtlich eingeräumter Rechte vorgesehen sind, dürfen nicht ungünstiger ausgestaltet sein als Verfahren, in denen gleichartige Ansprüche, die sich aus nationalem Recht ergeben, geltend zu machen sind.

Soweit also in der Charta enthaltene Rechte nach Wortlaut und Intention den Rechten der EMRK nachgebildet sind, die in Österreich Verfassungsrang hat, kann der Betroffene Rechte der Grundrechte-Charta vor dem Verfassungsgerichtshof geltend machen. Da Charta-Rechte für den Geltungsbereich des Unionsrechts dieselbe Funktion erfüllen, wie sie verfassungsgesetzlich gewährleisteten Rechten der Bundesverfassung für den österreichischen Rechtsbereich zukommt, liefe es dem unionsrechtlichen Äquivalenzprinzip zuwider, wenn der Betroffene dieses Recht nicht hätte.

Die traditionelle Judikatur, dass Unionsrecht keinen Prüfungsmaßstab für die Rechtskontrolle des Verfassungsgerichtshofs bildet, wurde damit nicht auf die Grundrechte-Charta übertragen: Es würde dem Konzept der im B-VG angelegten zentralisierten Verfassungsgerichtsbarkeit widersprechen, wenn es dem Verfassungsgerichtshof verwehrt wäre, über mit anderen verfassungsgesetzlich gewährleisteten Rechten identische Charta-Rechte abzusprechen.

Im konkreten Fall sah der Verfassungsgerichtshof das Unterbleiben einer mündlichen Verhandlung unter dem Gesichtspunkt der Verhältnismäßigkeit allerdings als gerechtfertigt und mit Art. 47 GRC vereinbar an, weil der Sachverhalt schon auf Grund der Aktenlage des Verwaltungsverfahrens, in dem Parteien Gehör gewährt wurde, hinlänglich geklärt war.
Darüber hinaus sprach der Verfassungsgerichtshof in dieser Entscheidung im Hinblick auf seine Vorlageverpflichtung aus, dass er bei Zweifeln über die Auslegung der Grundrechte-Charta – als unionsrechtliche Vorschrift – vorlagepflichtiges Gericht ist und den EuGH im Rahmen eines Vorabentscheidungsverfahrens anruft. Entstehen derartige Zweifel vor dem Hintergrund der EMRK und der dazu ergangenen Rechtsprechung des EGMR und anderer Höchstgerichte nicht, entscheidet der Verfassungsgerichtshof im Sinne des Subsidiaritätsprinzips ohne Einholung einer Vorabentscheidung über die Einhaltung der Grundrechte-Charta.
Schließlich betonte der Verfassungsgerichtshof, dass die Grundrechte, die sich aus den nationalen Verfassungen, den völkerrechtlichen Verträgen und der Grundrechte-Charta ergeben, möglichst kohärent auszulegen sind.
Die Maßstabfunktion der Verfassung bleibt gegenüber Gesetzen, die in Umsetzung einer Richtlinie oder außerhalb des Anwendungsbereichs der Charta ergangen sind – ungeachtet der teilweisen Identität von Charta und EMRK – erhalten.
Mit diesem Erkenntnis hat der Verfassungsgerichtshof die Rechtsprechung zum Verhältnis zwischen Unionsrecht und Verfassungsrecht radikal fortentwickelt und eine Vorreiterrolle im Dialog der nationalen Gerichte mit den europäischen Höchstgerichten eingenommen. Dies, wie bereits betont, nicht zum ersten Mal: War es doch auch der österreichische Verfassungsgerichtshof, der als erstes Verfassungsgericht der Mitgliedstaaten mit einem Vorabentscheidungsersuchen an den Gerichtshof der EU herangetreten ist (VfGH 10.3.1999, B 2251/97, B 2594/97 – betreffend die Frage der Beihilfenqualität einer Energieabgabenvergütung).
Inzwischen hat der österreichische Verfassungsgerichtshof (nach Anfragen im Zusammenhang mit der Offenlegung der Bezüge

öffentlicher Funktionäre gegenüber dem Rechnungshof sowie der Streichung türkischer Wahlwerber aus dem Wahlvorschlag einer Arbeiterkammerwahl) bereits zum vierten Mal ein Vorlageverfahren beim Gerichtshof in Luxemburg anhängig gemacht (VfGH 28.11.2012, G 47/12). Im Zusammenhang mit der Umsetzung der Richtlinie zur Vorratsdatenspeicherung geht es unter anderem um das Verhältnis der Grundrechte-Charta zu nationalen Grundrechtsstandards.

Auch insoweit betrat der Verfassungsgerichtshof Neuland, als er in Konsequenz der im Folgenden besprochenen Entscheidung zu Art. 47 GRC nunmehr bei Zweifeln an der Auslegung von Rechten der Grundrechte-Charta, aber auch bei Zweifeln an der Vereinbarkeit von Sekundärrecht mit der Charta und damit der Gültigkeit von Sekundärrecht vorlagepflichtiges Gericht ist.

Anlass der Vorlage an den EuGH sind beim Verfassungsgerichtshof anhängige Gesetzesprüfungsanträge (unter anderem von rund 11.000 Einzelpersonen), in denen die Verfassungswidrigkeit der Regelungen über die Vorratsdatenspeicherung im Telekommunikationsgesetz (BGBl. I 70/2003) sowie ein Verstoß der Vorratsdatenspeicherungsrichtlinie gegen Art. 8 GRC behauptet werden. Im Rahmen dieses Verfahrens traten beim Verfassungsgerichtshof Zweifel über die Vereinbarkeit der Art. 3 bis 9 der Vorratsdatenspeicherungsrichtlinie mit der Grundrechte-Charta sowie Fragen der Auslegung des Art. 8 GRC betreffend das Verhältnis zum Unionsrecht einschließlich des Sekundärrechts, zur EMRK und zu den Verfassungen der Mitgliedstaaten auf. Insbesondere hegt der Verfassungsgerichtshof gegen die in der genannten Richtlinie auferlegte Pflicht zur anlasslosen Vorratsdatenspeicherung Bedenken: Die lange Speicherfrist von sechs Monaten bis zu zwei Jahren ist mit besonders hoher Eingriffsintensität verbunden; die Vielzahl von Speicherverpflichteten und die große Streubreite führe zwangsläufig zu massenhafter Datensammlung in Bezug auf einen uneingeschränkten Personenkreis; damit verbunden sind nicht absehbare Verknüpfungsmöglichkeiten in Bezug auf das Verhalten von Personen, die keinen Grund für die Speicherung gesetzt haben. Die weitreichende Aussagekraft der gesam-

melten Daten birgt Missbrauchsgefahr im Einzelfall. Darüber hinaus erscheint die Eignung der Maßnahme zur Zielerreichung fraglich, sodass auch Zweifel an der Verhältnismäßigkeit des Eingriffs bestehen.
Vor dem EuGH fand in dieser Sache am 9. Juli 2013 eine mündliche Verhandlung statt. Mit einer Entscheidung ist im Laufe des Jahres 2014 zu rechnen.

IV. Ausblick

Die Entwicklung der nationalen Verfassungsgerichtsbarkeit im europäischen Diskurs steht insbesondere im Zusammenhang mit der Grundrechte-Charta erst am Beginn. Welche Richtung der Weg der Rechtsprechung der europäischen Gerichte nach dem Vertrag von Lissabon nehmen wird, ist noch weitgehend offen. Vor allem die Frage, ob und wann die EU Mitglied der EMRK wird und der mit einem solchen Schritt verbundene Einfluss auf das Verhältnis der beiden Gerichte zueinander lässt noch ein spannendes Feld offen.
Welche Haltung man auch zur Rechtsprechung dieser beiden Gerichtshöfe einnimmt: Europa hat längst im Rechtsleben die führende Rolle eingenommen, ob das nun gefällt oder nicht. Dennoch ist der Einfluss der Mitgliedstaaten beachtlich, sofern sie gewillt sind, sich der Auseinandersetzung und dem Dialog mit EGMR und EuGH zu stellen. Nationale Gerichte und europäische Gerichtshöfe arbeiten in Kohärenz mit dem gemeinsamen Ziel, die Rechte des Einzelnen in einem geeinten Europa zu stärken und bei aller einzelstaatlichen Vielfalt das Verbindende über das Trennende zu stellen sowie für eine möglichst einheitliche Rechtsprechung zu sorgen.
Für das Gedeihen der Zusammenarbeit sind nicht zuletzt Kontakte zwischen den einzelnen Verfassungsgerichten sowie zwischen diesen und dem EGMR und dem EuGH von nachhaltiger Bedeutung. Der österreichische Verfassungsgerichtshof misst diesem Kooperationsverhältnis seit langem durch regelmäßige bilaterale Zusammenkünfte nicht nur mit den Verfassungsgerich-

ten innerhalb und außerhalb der EU, insbesondere zu jenen der Nachbarländer und zu den beiden europäischen Gerichtshöfen, wesentliches Gewicht zu.
Auf multilateraler Ebene bildet die seit 1972 bestehende Konferenz der Europäischen Verfassungsgerichte mit nunmehr insgesamt 40 Vollmitgliedern das wohl wichtigste europäische Forum für verfassungsgerichtlichen Erfahrungs- und Meinungsaustausch. Die Konferenz hält alle drei Jahre einen im Vorsitz abwechselnden Kongress in einem anderen europäischen Land ab. Derzeit führt der österreichische Verfassungsgerichtshof den Vorsitz, der den nächsten Kongress im Mai 2014 in Wien ausrichten wird. Das Kongress-Thema „Die Kooperation der Verfassungsgerichte in Europa – Aktuelle Rahmenbedingungen und Perspektiven" betrifft entscheidende Fragen der wechselseitigen Beeinflussung der Rechtsprechung der europäischen Verfassungsgerichte ebenso wie die Wechselwirkung zwischen EGMR und EuGH vor dem Hintergrund der neuen rechtlichen Rahmenbedingungen des Vertrags von Lissabon.
Die europäische Rechtsgemeinschaft lebt von der Bereitschaft aller Beteiligten, unter möglichster Wahrung der Eigenständigkeit Gemeinsames zu schaffen. Nur, wenn es gelingt, Gemeinsames vor Trennendes zu stellen, wird der Verbund der Gerichtsbarkeiten in Europa zum Wohle grundrechtsbewusster Rechtsfortbildung und damit zum Wohle des Einzelnen verantwortungsvoll gedeihen und wachsen können.

Hermann Schützenhöfer

Steirischer Reformoptimismus

Reformen müssen wir einleiten, aber nicht jetzt! Der Staat muss sparen, das aber später! Strukturen bedürfen einer Modernisierung, die aber langfristig geschehen muss! Keine Aufregungen, kein Streit, die Wahrheit ist dann doch nicht zumutbar.

Die Probleme auf die nächsten Generationen verschieben – das war leider die Handlungsanleitung der westlichen Demokratien in den letzten Jahrzehnten, die spätestens seit dem 2008-Crash und der darauffolgenden Wirtschafts- und Finanzkrise obsolet ist. Österreich war über Jahrzehnte geprägt durch die Leit-Maxime des Immer-mehr, des „Draufdoppelns" und der Versprechungen, die sich heute als Wohltat über das Wahlvolk ergießen, die aber die Kinder und Kindeskinder auf Heller und Pfennig bezahlen müssen. Mit Ausnahme der Regierung Schüssel, die die Haushaltsverschuldung der Republik deutlich senken konnte, haben alle Regierungen, zugegebenermaßen auch in unterschiedlichem Ausmaß, Wachstum durch Schulden generiert. Die landläufige Meinung der Etatisten der 1970er Jahre, dass Schulden, die alle haben, nicht zurückgezahlt werden müssen, hat sich seit den Erfahrungen der Euro-Krise als kapitaler Fehlschluss herausgestellt. Eine bittere Botschaft zu Beginn: Schulden müssen zurückgezahlt werden!

Aber keine bittere Botschaft ohne einen positiven, optimistischen Ausblick: Menschen verstehen Probleme, die Wahrheit ist zumutbar, das scheinbar unbeteiligte Wahlvolk, das sich durch Stimmenthaltungen der Teilnahme an demokratischen Mitbestimmungsprozessen entschlägt, hat doch ein gutes Sensorium für die Fragen und Notwendigkeiten der Zeit. Wenn die Politik in der Lage ist, glaubhaft zu vermitteln, dass die Problemlösung

bei ihr selbst beginnt, dass allfällige Einschnitte bei sich selbst zuerst vorgenommen werden und dass die Debatte ohne Tabus, ohne Einzelinteressen, ohne Klientelismus vonstattengehen muss, dann werden Reformen von den Menschen getragen. Daher der optimistische Ausblick:
Menschen ist die Wahrheit zumutbar, wenn Probleme aufgezeigt und deren Lösungsansätze erklärt werden!
Die Steiermark hat über Jahrzehnte eine Tradition des Vor-, Nach- und Querdenkens, innovative Ansätze zur Föderalismusreform, zur Veränderung unseres Bundesstaates, zu einem modernen, funktionsfähigeren Wahlrecht kamen alle aus der Steiermark.
Es ist eine große Tradition der Steirischen Volkspartei – die von den Landeshauptleuten, die sie gestellt hat, stets gepflegt wurde –, kritischen Geistern und kreativen Köpfen eine Stimme zu verleihen und damit ihre Positionen in der breiten Flut der Meinungen zu verstärken. Persönlichkeiten wie Herwig Hösele sind hier auch österreichweit wahrgenommene Vordenker für Reformvorschläge. Dialogprozesse wie das „Modell Steiermark“ und das „Modell:Zukunft:Steiermark“ haben weit über die Grenzen der Steiermark Beachtung erlangt.

Reformland Steiermark

Eine lange Zeit wurde über Reformen gesprochen – jetzt werden sie konkret umgesetzt und damit die Steiermark zukunftsfit gemacht. Franz Voves und ich haben uns nach 2010 die Frage gestellt, ob wir die Dinge weiter treiben lassen wollen oder ob wir eine konsequente politische Strategie der Veränderung zum Programm erheben.
Wir beide haben Konsens darüber erzielt, die Strukturen und Prozesse in der Steiermark neu auszurichten und in den beiden Großparteien einen Kulturwandel auf Basis von Innovationsbereitschaft, Reformgeist und Mut einzuleiten.
Mit dem Modell der steirischen Reformpartnerschaft wollen wir in einem professionellen Rahmen des Wandels die Weichen für die Zukunft richtig stellen, wo wir uns folgende Ziele setzen:

- Die Interessen der Steiermark stehen absolut im Vordergrund, parteipolitische Landgewinne oder kleingeistige Klientelinteressen haben in dieser Partnerschaft keinen Platz.
- Eine Reformagenda muss ohne Tabus in einem fairen Miteinander erarbeitet, dann aber konsequent umgesetzt werden.
- Wenn ab 2015 keine neuen Schulden mehr gemacht werden, entstehen jene Spielräume, die die Politik nutzen muss, um die Rahmenbedingungen für die Schaffung von Arbeitsplätzen zu legen.

Eine Zusammenarbeit der beiden großen Parteien in der Steiermark kann daher kein Selbstzweck sein, sondern ist jenes Modell, das vielleicht sogar ein günstiges Zeitfenster nutzt, um eine solide, gesunde Basis für die Zukunft zu schaffen. Das kann natürlich nicht ohne Widerstand abgehen, denn Veränderungen rufen immer Verunsicherung und Widerstand hervor. Es ist vor allem auch die Aufgabe der beiden Parteiobmänner und auch der Klubobleute, den mühevollen, steinigen Weg der Überzeugung zu beschreiten und manche Barrieren und Hürden gemeinsam zu überwinden.

Eine ernsthaft gemeinte Budgetsanierung kann nur ausgabenseitig erfolgen, das ist schmerzhaft und hart, aber nur eine ausgabenseitige Budgetkonsolidierung ermöglicht ein tragbares Fundament, um künftig neue Spielräume für Schwerpunkte in Zukunftsfeldern und die Fokussierung auf Kernthemen zu haben. Themen wie beispielsweise der Ausbau der F&E-Kapazität unserer Industrie auch außerhalb von Automotive, die weitere konsequente Stärkung des Eco-Tech-Sektors mit der Schaffung von Green-Technology-Jobs, die Optimierung der Infrastruktur auch in den ländlichen Raum, um Firmen die Chance zu geben, Arbeitsplätze vor allem für Berufs(wieder)einstieger und -einsteigerinnen zu schaffen. Das wird eine Kernfrage für die Zukunft werden, denn der Zuzug ins urbane Zentrum geht stetig voran. Eine sinnvolle Stärkung von regionalen Zentren, wie auch in der Gemeindestrukturreform durch die Zusammenführung von Gemeinden vorgesehen, muss Hand in Hand mit Strategien zur Sicherung und Schaffung von Arbeitsplätzen gehen. Die Arbeitsplätze in regionalen Zentren werden wahrscheinlich die Überlebensfrage der Zukunft für den ländlichen Raum sein.

Reformagenda Steiermark

Die am 30. Juni 2011 präsentierte „Reformagenda Steiermark" war ein, auch von vielen politischen Beobachtern und Journalisten positiv beurteilter Wurf, wo wir die Agenda für eine Politikreform, eine Verwaltungsreform und eine Gemeindestrukturreform vorstellten. Die Politikreform hat zum Ziel, den Proporz zu beseitigen, die Landesregierung von neun auf sechs bis acht Regierungsmitglieder zu verkleinern, einher geht damit eine Reduktion der Regierungsbüros, des Landtags und des Grazer Gemeinderats von jeweils 56 auf 48. Nur als kleine Nebenbemerkung sei mir erlaubt, dass die angekündigte Verkleinerung des Nationalrats von 183 auf 165 Abgeordnete zwar von der Regierung angekündigt wurde, nach einem Veto der Klubs wurde der Vorschlag aber sanft entsorgt.

Die Verwaltungsreform hat die Zusammenführung von 16 Bezirken auf zwölf zum Ziel. Auch wenn manche ihr heißgeliebtes Autokennzeichen verlieren, bleibt doch die Bürgernähe durch eine moderne Verwaltungsstruktur. Und im Gegenteil: Wenn die Gemeinden durch die Reform gestärkt werden, kann es vor Ort im Gemeindeamt besseren Service als bisher geben. Die Abteilungen der Landesverwaltung wurden halbiert, und das ehrgeizige Ziel einer Reduktion der Landesbediensteten um 700 Stellen ist auf gutem Wege. Mit der Gemeindestrukturreform schafft sich die Steiermark eine leistungsfähige Gemeindestruktur, wo die Durchschnittsgemeinde beinahe doppelt so groß sein wird wie in der Vergangenheit, und durch die Reduktion von 542 auf 288 wird erstmals seit 1968 hier ein entscheidender Reformschritt gesetzt, um die Steiermark auf dem Erfolgskurs zu halten.

Der süße Nektar, der von der Frankfurter Allgemeinen Zeitung mit der Headline „Von der Steiermark lernen" bis zur Tageszeitung Die Presse in einem Leitartikel mit dem Titel „Es gibt doch noch Politik – südlich des Semmerings!" über die Verantwortlichen ergossen wird, macht uns nicht trunken, sondern ermahnt uns, die wir alle politische Erfahrung haben, dass wir vom Weg nicht abgehen dürfen. Wir müssen weiterhin den Mut zur Reform haben und uns auch immer wieder eingestehen, dass wir vermutlich auch zu einem Teil notwendige Hausaufgaben erledigen. Wir müssen stets die Kraft des Dialogs, des Gesprächs, der Einbeziehung des guten Arguments nutzen, dürfen uns nie auf eine starre unverrückbare Position verlegen. Die Irrtumsfähigkeit, die wir uns erhalten haben, ermöglicht uns erst die „Enkeltauglichkeit" unserer politischen Arbeit. Das vielleicht Bemerkenswerteste am derzeitigen politischen Wirken in der Steiermark ist die Langfristigkeit unserer politischen Agenda. Die wahren Früchte dieser Arbeit werden vermutlich erst die nächste oder vielleicht die übernächste Generation ernten.

Vermeintliche politische Logiken

Eine der vermeintlichen politischen Logiken ist es, dass die Zusammenarbeit der beiden großen Parteien ausschließlich der führenden Partei nutzt – Stichwort Kanzlereffekt – und dem Juniorpartner eher schadet. Trotz des rigorosen Sparkurses findet die Zusammenarbeit der beiden großen Parteien in der Reformpartnerschaft eine breite Mehrheit in der Bevölkerung. Wenn man die Vergleichsgrößen auf Bundesebene heranzieht, scheinen die Bürgerinnen und Bürger das steirische Modell durchaus zu schätzen. Reformgesinnung hat keinen negativen Einfluss auf Wahlentscheidungen. Die Wahrheit ist – wie schon erwähnt – aufgeklärten Bürgerinnen und Bürgern zumutbar und das ernsthafte Bestreben, eine enkeltaugliche Politik zu erarbeiten, wird goutiert. So gesehen ist die steirische Reformpartnerschaft ein Politikmodell, das sich in die optimistischen Reformbestrebungen unseres Bundeslandes bestens einordnet und vielleicht dem Ruf der Steiermark als innovativem fortschrittlichem und lebenswertem Teil Österreichs bestens gerecht wird.

Jürgen Weiss

Glücklicher Sisyphos

Zur Reform des Bundesrates

Die Tätigkeit im Bundesrat wird landläufig oft als Sisyphosarbeit gesehen. Das ist – gemessen an dem ihr vom Duden zugemessenen Begriffsinhalt – ein hartes Urteil: sinnlose, vergebliche Anstrengung; schwere, nie ans Ziel führende Arbeit. Daher ließ Herwig Hösele aufhorchen, als er sich in der traditionellen Antrittsansprache als Präsident des Bundesrats am 30. Jänner 2003 dazu bekannte, ein sehr positives Bild von Sisyphos zu haben. Er bezog sich dabei auf Albert Camus, der sich Sisyphos als glücklichen Menschen vorstellte, und auf Imre Kertezs, in dessen Roman „Fiasko" der Stein am Schluss zu Staub gewälzt ist. Daraus folgte für Hösele die Pflicht, ein Optimist zu sein.

Mit einer anderen Einstellung kann man im Bundesrat – zumindest bei angemessenen Ansprüchen – vermutlich keine Freude finden. Es ist nicht zu verkennen, dass Selbstgenügsamkeit und eine das Mandat als Selbstzweck ansehende Resignation weit verbreitet sind.

Herwig Hösele hat stets versucht, dem engagiert und ideenreich entgegenzuwirken. Die Einrichtung eines Österreich-Konvents zur Bündelung und Versachlichung der ausufernden Verfassungsdiskussionen bleibt mit seinem Namen verbunden. Die Tätigkeit des Konvents war in gewisser Weise auch Sisyphosarbeit. Das gilt sowohl für die Anstrengungen aller Beteiligten als auch für das Ergebnis – die Arbeit hat nicht an das Ziel einer neuen Verfassungsurkunde geführt. Dafür war wohl auch maßgeblich, dass man zu viele Steine gleichzeitig bewegen wollte. Vergeblich war die Arbeit aber trotzdem nicht. Ohne die Aufbereitung durch den Konvent wären beispielsweise die im letzten Jahr beschlossene

Neuordnung der Verwaltungsgerichtsbarkeit und neue Rahmenbedingungen für Gemeindekooperationen vermutlich nicht entscheidungsreif gewesen.

Kann eine Bundesratsreform gelingen?

Eine Freude an Sisyphosarbeit ist auch notwendig, wenn man wie Herwig Hösele als Präsident des Bundesrates herausgehobene Verantwortung für das Ansehen des Bundesrates trägt. Die seit 1920 vernehmbaren Klagen über seine schwache Stellung im Gesetzgebungsverfahren und die völlig in den Hintergrund gerückte Vertretung der Länderinteressen münden regelmäßig in die Forderung nach Verbesserung seiner Befugnisse. Wenn man sich vor Augen hält, dass es sich dabei um Machtfragen zwischen Bund und Ländern (zunehmend auch der Gemeinden) einerseits und zwischen den politischen Parteien andererseits handelt, darf man von der Ergebnislosigkeit der Diskussion nicht überrascht sein. Um die verfassungsrechtliche Stellung des Bundesrates wirkungsvoll zu stärken, müsste sich der Nationalrat selbst schwächen. Diese Erwartung widerspricht aber jeder politischen Erfahrung und nimmt folgerichtig Zuflucht zu kosmetischen Lösungen, die außer Behübschung wenig bewirken.
Bei einem Blick hinter die Kulissen wird allerdings sichtbar, dass die Probleme des Bundesrates zwar auch, aber nicht in erster Linie an Mängeln der verfassungsrechtlich zur Verfügung stehenden Instrumente liegen. Maßgeblich ist die fehlende Freiheit und Entschlossenheit, die vorhandenen Möglichkeiten besser zu nutzen. Das soll beispielhaft an zwei Themenbereichen deutlich gemacht werden.

Neue Schwerpunkte für die Tätigkeit des Bundesrates

Derzeit wird eine Verfassungsänderung zur Diskussion gestellt, wonach das Einspruchsrecht des Bundesrats eingeschränkt werden soll. Bisher sind lediglich das Bundeshaushaltsgesetz und Verfügungen über Bundesvermögen ausgenommen. Künftig soll die Befassung des Bundesrats davon abhängen, ob von einem Ge-

setz oder Staatsvertrag Länderinteressen berührt sind. Das wird mit der Zweckmäßigkeit begründet, sich auf das Kerngeschäft – die Vertretung der Länder – zu konzentrieren und dieses dann wirkungsvoller zu betreiben. Nun ist es tatsächlich so, dass sich der Bundesrat mit zahlreichen Beratungsgegenständen befasst, die für die Länder keinerlei Relevanz haben. Auch die Debattenbeiträge geben zum weitaus überwiegenden Teil allgemeine politische Argumente wieder und gehen eher selten auf spezifische Länderinteressen ein. Es gab sogar schon zustimmungspflichtige Verfassungsänderungen mit Eingriffen in Länderzuständigkeiten, die im Bundesrat ohne Wortmeldungen über die Bühne gingen. Gleiches gilt für Einspruchsanträge, die in der Regel durch die fraktionelle Interessenslage des Nationalrates und nur ausnahmsweise durch Stellungnahmen der Länder veranlasst sind.
Wenn sich, was der häufigste Fall ist, die Mehrheitsverhältnisse im Nationalrat und im Bundesrat decken, ist die Wiederholung der Auseinandersetzungen mit der Opposition für die Medien langweilig. Wenn die Opposition im Bundesrat die Mehrheit stellt, hat sie eine zweite Chance, mit Einsprüchen zu Gesetzesbeschlüssen oder Entschließungen Aufmerksamkeit zu gewinnen. Im Gegensatz dazu ist das neue Stellungnahmeverfahren in EU-Angelegenheiten stärker von Länderinteressen geprägt, was wohl mit seiner geringeren innenpolitischen Relevanz zu tun hat.

Die Möglichkeiten auch ohne Verfassungsänderung

Eine thematische Konzentration der Bundesratssitzungen auf die Interessen der Länder wäre ohne Zweifel von Vorteil. Nur braucht es dazu keine Verfassungsänderung, der Bundesrat könnte das heute schon jederzeit umsetzen. Dabei denke ich gar nicht in erster Linie daran, dass er sich zu Nationalratsbeschlüssen äußern kann, aber keineswegs muss. Die Zulässigkeit einer solchen Überlegung ergibt sich daraus, dass die Verfassung für den Fall einer Verschweigung des Bundesrates ausdrücklich eine Vorkehrung trifft: Nach Ablauf von acht Wochen kann der Gesetzesbeschluss ohneweiters kundgemacht werden. In Einzelfällen hat sich der

Bundesrat auch schon bisher auf diese Weise sozusagen seiner Stimme enthalten.
Ein solcher Verzögerungseffekt entspräche allerdings wohl nicht den hierzulande herrschenden Erwartungen an einen zügigen Ablauf des Gesetzgebungsverfahrens, auch wenn in der Schweiz die Zeitspanne wesentlich länger ist. Wo man bei uns in Wochen denkt, rechnen die Schweizer in Monaten – übrigens mit deutlichen Vorteilen für die Qualität der Gesetze.
Wenn man von der Zweckmäßigkeit ausgeht, dass sich der Bundesrat nicht verschweigen, sondern ohne langen Aufschub einen Einspruch oder einen Einspruchsverzicht beschließen soll, findet man durchaus noch eine zweite Möglichkeit. Die Mitglieder des Bundesrats haben es selbst in der Hand, zu welchen Themen sie ausführlich debattieren. Es zwingt sie niemand, sich im Dutzend zu einem der zahlreichen Berichte der Bundesregierung oder Themen der ureigensten Bundespolitik zu Wort zu melden. Auch das selbst ohne Wortmeldungen verbleibende zeitraubende Prozedere des Aufrufs von Tagesordnungspunkten, Berichterstattung und Abstimmung könnte durch Sammelerledigung der Punkte ohne Länderrelevanz stark vereinfacht werden. Falls überhaupt notwendig, könnte das durch eine kleine Änderung der Geschäftsordnung rechtlich außer Streit gestellt werden. Für eine solche pragmatische Konzentration auf das Wesentliche gibt es auch ein erfolgreiches Beispiel: Der deutsche Bundesrat schafft es auf diese Weise, hohe Effizienz in der Ländervertretung mit geringem Zeitaufwand zu kombinieren.
Damit behielte der Bundesrat auch die Entscheidung in der Hand, welche Themen er als länderrelevant ansieht. Dass eine verfassungsrechtliche Regelung, welche die Zuständigkeit des Bundesrates notgedrungen pauschal auf „Interessen der Länder" beschränkt, in der Praxis zu zahlreichen Abgrenzungsproblemen führen würde, liegt auf der Hand.
Dass in Österreich die Debatten in der Länderkammer thematisch weitschweifig sind, hat wohl auch damit zu tun, dass die Wiedergabe allgemeiner parteipolitischer Standpunkte der Interessensphäre der meisten Mitglieder entspricht. Was nicht so sein

müsste, denn eng mit der Landespolitik verzahnte sowie bei konkreten Landesinteressen gegenüber den Ministerien sattelfeste Ländervertreter sind deutlich in der Minderheit. Herwig Hösele gehörte dazu.

Diese Betrachtungsweise führt zu einem zweiten Themenbereich, in dem die Probleme allein durch faktisches Verhalten angegangen werden könnten.

Genügend Spielraum für Änderung der Zusammensetzung

Die Bundesverfassung sagt nichts darüber aus, dass die von den Landtagen entsandten Mitglieder des Bundesrates die Interessen der Länder zu vertreten hätten. Ganz im Gegenteil. Die Bundesräte haben in gleicher Weise wie die Nationalratsabgeordneten ein freies Mandat, sie können daher an keine Aufträge – auch nicht des Landes – gebunden werden. Bei ihrer Entsendung handelt es sich auch lediglich der Form nach um eine Wahl durch den Landtag. Nach dem dabei anzuwendenden Grundsatz der Verhältniswahl handelt es sich faktisch um eine Entsendung durch die Landtagsfraktionen, aus der sich für die vertretenen Interessen in der Praxis naturgemäß klare Prioritäten ergeben. Es ist in der Tat so, dass sich die Wortmeldungen und das Abstimmungsverhalten nach den Interessenlagen der Landtagsfraktionen richten, die in der Regel mit den jeweiligen Nationalratsfraktionen identisch sind. Daher werden bei politisch strittigen Themen die Stimmen des Landes selbst dann in unterschiedlicher Weise abgegeben, wenn die Mehrheit von Landtag und Landesregierung eine klare Haltung hat. An die Stelle einer einheitlichen Vertretung des Landes tritt die Vertretung vielfach völlig gegensätzlicher Haltungen. Es liegt auf der Hand, dass damit die Durchsetzungsfähigkeit erheblich geschwächt ist.

Der klare Vorrang fraktioneller Interessen vor jenen der Länder wird auch dann sichtbar, wenn zu Erklärungen von Landeshauptleuten Debatten stattfinden. Die Vertreter der Landtagsminderheit melden sich nicht selten sogar als Gegenredner zum Landeshaupt-

mann zu Wort und wiederholen auf diese Weise Auseinandersetzungen im Landtag.
Das ist ein Vorgang, der im deutschen Bundesrat undenkbar ist. Dort werden die – je nach Größe des Landes – drei bis sechs Stimmen einheitlich durch den Ministerpräsidenten abgegeben. Gelegentlich wird vorgeschlagen, bei uns diese Einheitlichkeit dadurch herzustellen, dass die Bundesräte vom Landtag auf ein bestimmtes einheitliches Stimmverhalten festgelegt werden können. Solche oft mit größeren Zeitabständen zum aktuellen Geschehen zu treffende Festlegungen können aber weder auf neue Gegebenheiten noch auf notwendige Kompromisse eingehen und sind daher für die politische Praxis für sich allein kein taugliches Rezept.
Wirksam wäre in erster Linie, wenn – wie in Deutschland – die landespolitischen Entscheidungsträger die Vertretung ihrer Interessen im Bundesrat selbst wahrnehmen. Das heißt, dass in erster Linie die Landeshauptleute, zweckmäßigerweise wohl aber auch die Landesfinanzreferenten und die Landtagspräsidenten dem Bundesrat angehören würden. Auf diese Weise könnten auch die landespolitische Koordination in der Landeshauptleutekonferenz und die Mitwirkung an der Bundesgesetzgebung im Wege des Bundesrates miteinander verschränkt werden. Es wäre dabei auch gewährleistet, dass die Interessenvertretung des Landes nicht durch gegensätzliche fraktionelle Standpunkte verwässert wird. Wenn bei dieser Zusammensetzung die unterschiedliche Größe der Bundesländer berücksichtigt werden sollte, könnte dies bei gleicher Mitgliederzahl durch abgestuftes Stimmgewicht gewährleistet werden.
Eine solche Zusammensetzung wäre wesentlich effizienter, als an Stelle eigener Mitglieder Landtagsabgeordnete mit Doppelfunktion zu entsenden, weil dabei wohl die Verhältniswahl und damit die vorrangige fraktionelle Bindung bestehen blieben.

Versteckte und offene Vorbehalte

Gegen eine Entsendung landespolitischer Entscheidungsträger werden mehrere Einwände vorgebracht. Zunächst haben die politischen Parteien kein Interesse daran, auf einen Schlag

62 Mandatare zu verlieren, die vielfach für den Ausgleich zu kurz gekommener regionaler Vertretungen oder Gruppeninteressen benötigt werden und zudem für die politische Betreuung der Wählerinnen und Wähler wichtig sind.

Die Landeshauptleute fürchten sich verständlicherweise davor, im Bundesrat nutzlose Zeit abzusitzen. Dabei wäre das, wie oben dargelegt, durch eine selbstbestimmte Straffung der Beratungen leicht lösbar, in Deutschland funktioniert das ohne Überforderung der Ministerpräsidenten ja auch.

Schließlich wird geltend gemacht, dass eine Regierungsfunktion mit der Mitgliedschaft in einer gesetzgebenden Körperschaft unvereinbar sei und der Gewaltenteilung widerspreche. Allein schon bei einer rein pragmatischen Beurteilung ist dieser Einwand angesichts der inhaltlichen Regierungsdominanz sowohl auf die Bundes- als auch auf die Landesgesetzgebung durchsichtig. Dem Einwand folgend dürften wohl keine Bürgermeister in den Parlamenten sitzen, und Regierungsvorlagen für Gesetze wären ein Widerspruch zur Gewaltenteilung.

Letztlich müssten sich auch die Mitglieder der Bundesregierung von ihrer entscheidenden Mitwirkung an der Gesetzgebung der EU zurückziehen und diese ausschließlich dem Europäischen Parlament überlassen.

Aber auch eine verfassungsrechtliche Betrachtungsweise liefert keine Anhaltspunkte für eine Unvereinbarkeit. Lediglich die gleichzeitige Mitgliedschaft im Nationalrat und Bundesrat ist unzulässig. Wie nahe nach der Einrichtung des Bundesrates 1920 die Mitgliedschaft führender Landespolitiker lag, kann man daran erkennen, dass in der Ersten Republik mehrere Landeshauptleute und auch andere Landesregierungsmitglieder dem Bundesrat angehörten.

So wurde beispielsweise das Land Vorarlberg durchgehend von seinem Landeshauptmann Otto Ender vertreten. Auch noch nach 1945 waren einzelne Landeshauptleute, allerdings nur mehr kurze Zeit, im Bundesrat tätig. Vorarlberg wurde noch bis 1962 von seinem Landesfinanzreferenten vertreten.

Die Landtage können nach der Bundesverfassung jederzeit Mitglieder der Landesregierung oder des Landtages in den Bundesrat entsenden. Wo dem wie im Burgenland, in Kärnten und in Tirol landesgesetzliche Unvereinbarkeitsbestimmungen entgegenstehen, könnten diese leicht geändert werden.

Frage des politischen Willens

Verbesserungen sowohl der Arbeitsweise des Bundesrats als auch seiner Zusammensetzung sind also in erster Linie weniger eine Frage des rechtlichen Könnens, sondern vielmehr des politischen Wollens. Um bei dem von Herwig Hösele geprägten Bild von Sisyphos zu bleiben: Man müsste einfach einmal einen neuen, besser geeigneten Stein in die Hand nehmen.

Klaus Poier

Steter Tropfen höhlt den Stein

Zur Katalysatorfunktion des Österreich-Konvents

Herwig Hösele kann als „Erfinder" des Österreich-Konvents angesehen werden. Bereits Anfang 2001 hatte er als steirisches Mitglied des Bundesrats in einer Aussendung eine Bundesstaats- und Föderalismuskonferenz gefordert. Im Steirischen Jahrbuch für Politik 2001, das im März 2002 präsentiert worden war, schlug er dann erstmals die Einsetzung eines österreichischen „Verfassungskonvents" mit dem Ziel einer umfassenden Staatsreform vor. In weiterer Folge äußerten sich in den Medien in ähnlicher Weise unter anderen auch der damalige SPÖ-Vorsitzende Alfred Gusenbauer, der damalige Präsident des Rechnungshofes Franz Fiedler, der später ja auch Präsident des Österreich-Konvents werden sollte, sowie der Journalist Alfred Payrleitner. Im November 2002 fand im Parlament ein Symposion über die Frage statt, ob Österreich einen Verfassungskonvent brauche. Der neu gewählte Nationalratspräsident Andreas Khol erklärte im Dezember 2002 in seiner Antrittsrede die Einsetzung eines Österreich-Konvents zu einem seiner wichtigen Ziele. Der Österreich-Konvent fand dann auch an prominenter Stelle Eingang in das Regierungsprogramm der zweiten schwarz-blauen Regierung vom Februar 2003. Andreas Khol und Herwig Hösele, Präsident des Bundesrats in der ersten Jahreshälfte 2003, waren in weiterer Folge quasi auch die Gründungsväter des Österreich-Konvents, denen es dabei maßgeblich zu verdanken war, einen Konsens aller Parteien, aller Gebietskörperschaften und aller wesentlichen Interessenvertretungseinrichtungen über die Einrichtung des Konvents zustande zu bringen.

„Symbolprojekt" Österreich-Konvent

Am 2. Mai 2003 tagte – ohne rechtliche Grundlage, sondern nur auf Grund von politischem Willen – das Gründungskomitee, bestehend aus zwölf hochkarätigen Persönlichkeiten, vom Bundeskanzler bis zum Präsidenten des Gemeindebundes, das die Ziele, die Grundsätze der Zusammensetzung und die Arbeitsweise des Konvents festlegte. Aufgabe des Österreich-Konvents war es nach der Erklärung des Gründungskomitees, „Vorschläge für eine grundlegende Staats- und Verfassungsreform auszuarbeiten, die auch Voraussetzungen für eine effizientere Verwaltung schaffen soll." Zuletzt sollte der Konvent auch „Textvorschläge für einen straffen Verfassungstext" ausarbeiten. Die Baugesetze der österreichischen Bundesverfassung – genannt sind: das demokratische, das bundesstaatliche, das rechtsstaatliche und das republikanische Prinzip – sollten nach der Vorgabe des Gründungskomitees aufrecht bleiben.

Die Vorbilder für den Konvent waren offensichtlich. Pate standen weniger Philadelphia von 1787 oder Paris in der Französischen Revolution als die beiden europäischen Konvente, der europäische Grundrechtskonvent und vor allem der europäische Verfassungskonvent, der bei der Einrichtung des Österreich-Konvents noch als Erfolgsmodell schlechthin erschien und erst später auf Grund der Nichteinigung bei der EU-Regierungskonferenz im Herbst 2003 an Glanz verlor. Die Arbeitsweise des Österreich-Konvents beruhte wie bei den europäischen Konventen auf dem Konsensprinzip – und nicht dem Mehrheitsprinzip. In den Ausschüssen fanden die grundsätzlichen Diskussionen und Debatten statt, und dem Präsidium kam eine entscheidende Rolle hinsichtlich der Aufträge an die Ausschüsse und der Festlegung des Arbeitstempos, der abschließenden Verhandlungen und der Feststellung von Konsens und Dissens zu.

Von Anfang an stand der Konvent unter Kritik, was die Zusammensetzung betraf. Tatsächlich war der Konvent prominent und machtpolitisch balanciert zusammengesetzt. Er spiegelte nicht die gesellschaftliche, sondern die politische Realität wider. Alle

Machtträger und die wichtigen Interessenvertretungsorganisationen waren im Konvent vertreten. Vielen anderen wurde (nur) die Möglichkeit schriftlicher Stellungnahmen bzw. kurzer mündlicher Äußerungen während dreier Hearings im Konvent geboten. Die Konfliktlinien verliefen im Österreich-Konvent primär entlang parteipolitischer Grenzen, andere Konfliktlinien (insbesondere etwa Bund/Länder) spielten eine untergeordnete Rolle. Auch dies war Ausdruck der politischen Realität im Parteienstaat Österreich, wobei freilich die Verschärfung der parteipolitischen Konfrontation in der Zeit der schwarz-blauen Regierungen die Situation besonders prägte.
Gerade angesichts dieser angespannten politischen Verhältnisse kann es als außergewöhnliche Entwicklung angesehen werden, dass es überhaupt zur Einrichtung des Österreich-Konvents kam. Gerade aus Sicht der SPÖ konnte es nur wenige Argumente dafür geben, der schwarz-blauen Regierung ein derartiges „Prestigeprojekt" zu gönnen. Verschiedene Faktoren könnten für die Zustimmung der SPÖ verantwortlich sein: der öffentliche Druck; die Tatsache, dass der SPÖ-Vorsitzende zuvor selbst einen solchen Konvent gefordert hatte; ein gewisser politischer „Spieltrieb" verbunden mit der Gewissheit, später die „Vetokarte" ziehen zu können – was dann auch passierte; und vermutlich auch die Überlegung, dass ein Scheitern eines solchen großen Projekts eher der Regierung angelastet würde.
Die Ausrichtung des Österreich-Konvents als „Symbolpolitik" scheint letztlich ein Kompromiss gewesen zu sein, mit dem alle gut leben konnten. Für ein echtes „Gemeinschaftsprojekt" waren die Interessenkonstellation zu heterogen und der Reformdruck für den dafür notwendigen politischen Kraftakt zu gering. Auch der Druck zu „Tauschgeschäften" bei einzelnen Reformschritten war wohl nicht groß genug; zudem war dafür auch die parteipolitische Interessenkonstellation ungünstig. Insbesondere die Zustimmung der SPÖ zu einem derartigen Reformprojekt der ÖVP-FPÖ-Koalition galt als völlig unwahrscheinlich. Bei der symbolpolitischen Inszenierung des Österreich-Konvents konnten hingegen alle entscheidenden Akteure grundsätzliche Reform-

bereitschaft demonstrieren: Regierung und Opposition, Bund und Länder. Im Konvent wurde zwar durchaus sachlich diskutiert, was ein „Gemeinschaftsprojekt" suggerierte. Die meisten Beteiligten waren angesichts der Interessenlage aber zu den erforderlichen Kompromissen für eine substanzielle Bundesstaatsreform letztlich schon von Anfang an kaum bereit.

Zur Diktion des „Scheiterns" des Österreich-Konvents

Dies mag auch dazu beigetragen haben, dass beide Seiten den Konvent bei seiner Einsetzung symbolisch überhöhten. Die Agenda war nicht als konkreter Arbeitsauftrag schmal angelegt, sondern breit, umfassend, generell. Nicht die Lösung einzelner Probleme sollte angestrebt werden, sondern eine neue Verfassung war das Ziel. Die Ansprüche an den Konvent waren daher – von den Gründern selbst verursacht – enorm, von den Medien wurden sie dann noch weiter in die Höhe getrieben.

Dass es während der 18 Monate, für die der Konvent angelegt war, wobei er dann um einen 19. Monat bis Ende Jänner 2005 verlängert wurde, nicht zu einer großen abschließenden Lösung kam, ist aus rückblickender Sicht nicht überraschend. Im Spätsommer 2004 fiel in der SPÖ die Entscheidung, dass ein „Erfolg" des Konvents, der in der Öffentlichkeit mit Sicherheit primär einen Prestigegewinn der Regierung gebracht hätte, nicht möglich sei. Sicherlich waren davon auch innerhalb der ÖVP so manche erleichtert, blieb derart nämlich ein bis dahin nur auf Sparflamme köchelnder, aber – sollte es darauf ankommen – sicherlich schwieriger Konflikt der Zentralisten versus die Föderalisten erspart.

Zuletzt legte zwar der Präsident des Österreich-Konvents einen abschließenden Entwurf für eine neue Bundesverfassung vor, diesem fehlte es allerdings auf allen Seiten an Zustimmung, weshalb ihm auch in weiterer Folge keine Bedeutung zukam.

Da es derart kein abschließendes gemeinsames Ergebnis des Österreich-Konvents gab und es insbesondere zu keiner unmittelbaren großen Bundesstaatsreform – das in der Öffentlichkeit am stärksten diskutierte Thema –, führte dazu, dass der Konvent gemeinhin als gescheitert angesehen wurde. Dieses Urteil ergibt sich freilich nur aus diesem einen Blickwinkel, der einen raschen, umfassenden, großen Durchbruch als Ziel im Auge hatte. Ein solcher war aber von Anfang an bei allem guten Willen wohl unrealistisch. „Revolutionsartige" Veränderungen passieren in aller Regel nur in existenziellen Krisen von Staaten; von einer solchen war und ist Österreich bei allem Reformstau angesichts des im internationalen Vergleich großen Wohlstands und der hohen politischen Stabilität meilenweit entfernt. In einem solchen System sind letztlich in erster Linie evolutionäre Entwicklungen in kleinen Schritten zu erwarten. Auch die neue Schweizer Bundesverfassung des Jahres 2000 bedurfte – um diesen Vergleich zu ziehen – im Übrigen jahrzehntelanger Vorarbeiten und kann – auch wenn man sie letztlich offiziell nicht so bezeichnete – ihren Veränderungen entsprechend als bloß evolutionär veränderte „nachgeführte" Verfassung charakterisiert werden.

Die Früchte des Österreich-Konvents

Derartige evolutionäre Reformschritte können – zehn Jahre nach der Einsetzung des Österreich-Konvents – als dessen Früchte nun durchaus auch ins Treffen geführt werden. Eine Reihe von mittlerweile erfolgten Verfassungsänderungen gehen auf die vielen Vorarbeiten im Konvent zurück – Analysen, Sammlung der unterschiedlichen Positionen und Argumente, rechtsvergleichende Erwägungen und Textvorschläge, die in ihrer Fülle, Breite und Tiefe als einzigartig in der Geschichte der Republik Österreich anzusehen sind. So wurden 2008 hunderte Verfassungsbestimmungen beseitigt, um die zersplitterte Verfassungsrechtslage zu bereinigen – ein wichtiges und aufwendig aufbereitetes Anliegen des Konvents. Dabei wurde es auch ermöglicht, Weisungsfreistellungen und Grenzänderungen ohne neues Verfassungsrecht vorzunehmen. Ebenso auf den Konvent zurück ging die Schaffung der Grundlagen des neuen Haushaltsrechts des Bundes. 2011 wurden für Gemeindekooperationen neue verfassungsrechtliche Grundlagen geschaffen. 2012 kam es mit der Neuregelung und dem Ausbau der Verwaltungsgerichtsbarkeit – neun Landesverwaltungsgerichte, ein Bundesverwaltungsgericht und ein Bundesfinanzgericht lösten mehr als 100 Sonderbehörden ab – zur wohl größten Verfassungsreform seit 1929 in Österreich, die ganz wesentlich auf die Beratungen und Vorschläge im Österreich-Konvent zurückging. Ebenso ist die 2013 beschlossene Gesetzesbeschwerde Frucht des Konvents.

Insgesamt gibt es damit bereits eine große Menge an einzelnen Verfassungs- und Staatsreformen, die als Ergebnis des Österreich-Konvents anzusehen sind. Damit relativiert sich die These vom Scheitern des Konvents immer mehr. Auf lange Sicht wird er insofern zum Erfolg, als seine Vorarbeiten ein fruchtbringendes Reservoir für in Einzelschritten vorgenommene Reformen bietet. In Summe wird dabei möglicherweise durch den Konvent als „Katalysator" für schrittweise Reformen mehr herauskommen, als ein kompromisshaft erzwungener „großer Wurf" zustande gebracht hätte.

Auswahlliteratur:

BLÜMEL, Barbara/Klaus POIER (Hg.): Schwerpunktthema: Allheilmittel Konventsmethode? Österreich-Konvent und europäischer Kontext, Österreichische Zeitschrift für Politikwissenschaft, 34. Jg. (2005), H. 4.

BRIX, Emil/Jürgen NAUTZ/Klaus POIER (Hg.): Die österreichische Verfassungsdiskussion und die Zivilgesellschaft, Wien 2006.

BUSSJÄGER, Peter: Zehn Jahre danach: Der Österreich-Konvent trägt späte Früchte, in: Die Presse, 24. Juni 2013.

GROTZ, Florian/Klaus POIER: Zwischen Gemeinschaftsprojekt, Tauschgeschäft und Symbolpolitik: die Initiativen zu Bundesstaatsreformen in Deutschland, Österreich und der Schweiz, in: Zeitschrift für Vergleichende Politikwissenschaft, 4. Jg. (2010), H. 2, 233–259.

GUSENBAUER, Alfred: Gesellschaftliche Vielfalt und politische Steuerungsfähigkeit. Zum Sinn einer Verfassungsreform, in: KHOL, Andreas et al. (Hg.): Österreichisches Jahrbuch für Politik 2003, Wien/München 2004, 261–270.

HÖSELE, Herwig: Zwischenbilanz und Perspektiven der Wenderegierung, in: Herwig HÖSELE et al. (Hg.): Steirisches Jahrbuch für Politik 2001, Graz 2002, 11–18.

HÖSELE, Herwig: Der Österreich-Konvent. Vorgeschichte, Aufgaben, Erwartungen, in: KHOL, Andreas et al. (Hg.): Österreichisches Jahrbuch für Politik 2003, Wien/München 2004, 233–245.

KHOL, Andreas/Christoph KONRATH: Bilanz des Österreich-Konvents und Fortsetzung der Verfassungsreform, in: KHOL, Andreas et al. (Hg.): Österreichisches Jahrbuch für Politik 2005, Wien/München 2006, 431–445.
KOHL, Andreas/Christoph KONRATH: Der Österreich-Konvent. Ein Beitrag zum Wandel von Verfassungspolitik in Österreich, in: KOPETZ, Hedwig/Joseph MARKO/Klaus POIER (Hg.): Soziokultureller Wandel im Verfassungsstaat. Phänomene politischer Transformation. Festschrift für Wolfgang Mantl zum 65. Geburtstag, Wien/Köln/Graz 2004, 559–588.
NEISSER, Heinrich: Die Konventsidee im Lichte soziokulturellen Wandels, in: KOPETZ, Hedwig/Joseph MARKO/Klaus POIER (Hg.): Soziokultureller Wandel im Verfassungsstaat. Phänomene politischer Transformation. Festschrift für Wolfgang Mantl zum 65. Geburtstag, Wien/Köln/Graz 2004, 103–116.
ÖHLINGER, Theo: Braucht Österreich eine neue Verfassung?, in: Journal für Rechtspolitik , 11. Jg. (2003), H. 1, 1–7.
POIER, Klaus: Der Österreich-Konvent: Charakteristika – Erwartungen – Erfolgsaussichten, in: HÖSELE, Herwig et al. (Hg.): Steirisches Jahrbuch für Politik 2003, Graz 2004, 45–61.
POIER, Klaus: Keine neue Verfassung im Jubeljahr. Licht und Schatten rund um den Österreich-Konvent, in: SPERL, Gerfried/Michael STEINER (Hg.): O Jubel, O Freud! Schatten und Schimären eines Jubiläumslandes, Was für Zeiten, Bd. 4, Wien/Graz 2005, 71–80.
RACK, Reinhard/Daniela FRAISS: Der Konvent zur Zukunft Europas – Wegbereiter für eine europäische Verfassung, in: HÖSELE, Herwig et al. (Hg.): Steirisches Jahrbuch für Politik 2002, Graz 2003, 195–203.

Hans Rauscher

Wie der Populismus zur Regierungspolitik wurde

Populismus ist die politische Kunst, den Leuten einzureden, es gäbe für alles eine einfache, schmerzlose Lösung; selbst dann, wenn sie – die Wähler, die Bürger – tief drinnen ganz genau wissen, dass das Ergebnis einer populistischen Politik ein mittlerer bis größerer Katzenjammer sein wird.

Es gibt den nationalistischen bis rassistischen Populismus, den sozio-ökonomischen Populismus (der „kleine Mann wird immer betrogen und von den Mächtigen ausgebeutet, aber *er* hat euch nie belogen"), den sozio-kulturellen Populismus („was die Intellektuellen produzieren, ist keine richtige Kunst") und den „Werte"-Populismus („nur eine bestimmte Lebensform ist die moralisch richtige"). Sie kommen meist alle zusammen in Mischformen vor.

Es gibt rechten Populismus und linken Populismus. Letzterer ist von der Aussage her weniger gewaltbereit und demokratiefeindlich als der rechte Populismus, kommt aber genauso wenig ohne abstrakte Sündenböcke aus (statt „die Ausländer" dann eben „die internationalen Finanzmärkte"). Während der rechte Populismus oft unstrukturiert ist und zu Einzelaktionen neigt („keine Sozialleistungen für Ausländer"), möchte der linke Populismus der Gesellschaft mit sanfter Gewalt ein ausformuliertes Konzept überstülpen. Das erfordert natürlich eine gewisse Organisation und die Errichtung eines Funktionärsapparats, der sich natürlicherweise nur aus den Vertretern des linken Populismus rekrutieren kann. Wenn „Verteilungsgerechtigkeit" hergestellt werden soll, und zwar eine möglichst perfekte, wie es etwa Attac will, dann wird man „Verteilungsgerechtigkeitskommissare" einsetzen müssen, die darüber wachen, dass alle gleich sind.

Der Populismus hat in Europa in den letzten 20 Jahren einen bemerkenswerten Siegeszug angetreten. Von der Peripherie – wie die Poujadisten im Frankreich der 1950er Jahre und der dänischen Anti-Steuerbewegung der 1960er und 1970er Jahre – sind sie ins Zentrum der Regierungen gelangt. Sie regieren entweder mit, wie die FPÖ zwischen 2000 und 2006 oder machen Regierungen von sich abhängig, wie der Antiislamist Geert Wilders bis vor kurzem in den Niederlanden. In manchen wichtigen Ländern gelangten sie überhaupt an die Spitze der Regierung, gleichzeitig sind aber die ersten Trümmer ihres segensreichen Wirkens bereits zu besichtigen.

Silvio Berlusconi vermochte den Italienern 20 Jahre lang einzureden, dass auch der kleine Mann an der großen Korruption partizipieren und es eine Formel für ein gutes Leben im alten Trott ohne Veränderungen geben könne. Die internationalen Finanzmärkte haben Italiens Fähigkeit zur Weiterverschuldung gestoppt und damit den Selbstbetrug zum Platzen gebracht. Doch nein: Berlusconi wurde zwar gestürzt, aber er fand immer noch genug Wähler. Rund 25 Prozent entschieden sich für einen Super-Populisten, den bizarren Beppe Grillo, der meint, man müsse das System der repräsentativen Demokratie zum vollkommenen Einsturz bringen.

Dann gibt es in Europa andere gefährliche Populisten wie Viktor Orbán in Ungarn, der mit Nationalismus und autoritärem Führergehabe eine Zweidrittel-Mehrheit erreichte. Gleichzeitig ruinierte er aber die Wirtschaft mit staatsdirigistischen Maßnahmen, sodass seine Popularität stark zurückging, aber er hat seine Macht durch Verfassungsänderungen so gefestigt, dass es schwer werden wird, ihn wieder loszuwerden.

Der Populismus liegt in der Benennung der Probleme manchmal halb richtig – die muslimische Einwanderung in Europa hat echte Probleme mit sich gebracht –, in der Rezeptur immer falsch. Das liegt daran, dass der Populismus zu einer echten Analyse nicht fähig ist, sondern unliebsame Erscheinungen des öffentlichen Lebens auf eine sehr einfache Ursache – „die Ausländer", „die Banken" – reduziert.

In Österreich ist der Populismus inzwischen ebenfalls an der Regierungsspitze institutionalisiert. Die Sozialdemokratie und der von ihr gestellte Kanzler geben vor, mit „Millionärssteuern" mehr „Verteilungsgerechtigkeit" herstellen zu wollen (und stoßen dabei auf kräftige Zustimmung der Wähler), suchen in Wahrheit aber nur nach Möglichkeiten, erstens die eher schwache Regierungsbilanz vergessen zu machen und zweitens, irgendwie die immens teuren Privilegien der Kernklientel – zum Beispiel Frühpension im geschützten Sektor – weiterfinanzieren zu können. Denn auch hier runzeln die internationalen Kreditgeber bereits die Stirn.
Der konservative Regierungspartner ÖVP hat sich auf „keine neuen Steuern" auf Eigentum und Besserverdienende festgelegt, glaubt aber, mit einer Verlagerung zur plebiszitären Demokratie einen publikumswirksamen Schlager, vor allem für die politikabgeneigten Jungen, gefunden zu haben. Volksbegehren mit genügend Unterschriften (zehn Prozent der jeweils Wahlberechtigten) sollen automatisch zu einem Referendum oder – in der aktuellen Fassung – zu einer Volksbefragung führen. Deren Ergebnis soll zwar nicht juristisch verbindlich sein, wird aber schwer ignoriert werden können, wenn sich eine beträchtliche Mehrheit für rechtswidrige Behandlung von Asylwerbern oder für die Senkung von Steuern ausspricht.
Sowohl die „Millionärssteuer" wie die „Direkte Demokratie" gelten als jeweilige Koalitionsbedingung für die Zeit nach den Wahlen. Da weder SPÖ noch ÖVP einen totalen Rückzieher bei so zentralen Forderungen machen können, wird bei beiden wohl irgendein vermurkster Kompromiss herauskommen, der weder wirtschaftspolitisch Sinn ergibt, noch die Sache einer höheren Politikbeteiligung der entfremdeten Bevölkerung voranbringen wird. Populismus, der nur in noch größerer Enttäuschung über die Politik und wohl auch die Demokratie selbst enden kann.
Der österreichische Regierungspopulismus ist sozusagen eine sekundäre Form des Phänomens. Es gibt als Urform den „primären" oder „natürlichen Populismus" – den begabten Volkshelden (die begabte Volksheldin) – sie verfügen über natürliche rhetorisch-polemische Fähigkeiten, über Charisma, Geistesgegenwart und

Skrupellosigkeit. Jörg Haider und Marine Le Pen wären Prototypen. Gemeinsam ist ihnen, dass sie relativ mühelos Heilserwartungen erwecken können, aber sobald sie zur Umsetzung gezwungen werden, kläglich versagen. Viele ihrer Anhänger nehmen ihnen dieses Versagen nicht besonders übel, teils, weil sie die Schuld auf übermächtige Kräfte des „Establishments" schieben, teils, weil ihnen der bloße, konsequenzenlose Protest genügt. Ein erfolgreicher Populist muss nicht unbedingt auch noch kompetent sein, eher ist das Gegenteil die Regel. Wenn ein Populist versagt, so ist das ja nur eine Bestätigung seiner Weltverschwörungstheorien von unüberwindlichen dunklen Kräften, die er so erfolgreich unter die Leute brachte.

Viele dieser „natürlichen Populisten" tragen Züge psychischer Instabilität. Jörg Haider mit seinem bipolaren „bin schon weg, bin wieder da", seinem Wechsel von manischer Aktivität und wochenlangem Brüten in der Verborgenheit ist ein Klassiker; Beppe Grillo ein anderer, in noch ausgeprägterer Form. Hugo Chavez mit seinen stundenlangen *Allo-presidente*-Monologen im TV ein anderer Klassiker des Populisten als Narziss.

Der zweite Typus, der „sekundäre Populist" ist meist ein biederer, ziemlich uncharismatischer Politiker der herkömmlichen Form, der den Aufstieg des „natürlichen Populisten" miterleben und -erleiden musste und daher aus eigenem Entschluss oder auf Rat seiner Spindoktoren beschlossen hat, diesen Erfolg zu kopieren.

Natürlich kann er das nicht wirklich. Sämtliche Regierungen und Kanzler, ganz besonders die sozialdemokratischen, übernahmen Haiders „Ausländer"-Feindlichkeit ab 1993 (Volksbegehren gegen „Überfremdung") und gossen sie in immer neue, „strengere" Gesetze. Genutzt hat es nicht viel. Nach Haiders Autodestruktion wanderten die ausländerfeindlichen früheren SP- und VP-Wähler eben zu Strache, der binnen kurzem die FPÖ wieder zur alten Bedeutung brachte.

Derartige Misserfolge hindern die sekundären Populisten aber nicht daran, es wieder und wieder zu versuchen. Die „Ausländer" sind als Thema nicht mehr so im Vordergrund, die Frage selbst ist aber nicht gelöst. Die SPÖ setzt auf „Verteilungsgerechtigkeit" und trifft in Umfragen auf große theoretische Zustimmung für „Reichensteuern“. Wenn breitere Bevölkerungskreise erkennen, was das in der Realität bedeuten könnte – angeblich sollen selbst genutzte Immobilien jetzt doch in die Vermögenssteuer eingerechnet werden –, wird diese Wunderwaffe möglicherweise eher ein Rohrkrepierer.

Faymann ist überhaupt eher ein „tertiärer“ als ein sekundärer Populist, weil er die Ausformung und Propagierung seiner populistischen Politik den hyper-populistischen Medien wie „Krone“ oder „Österreich“ überlässt, die von ihm und anderen Institutionen im SP-Einflussbereich mit Inseratengeldern aus Steuermitteln alimentiert werden. Er tut dies in realistischer Erkenntnis seiner Fähigkeiten als Selbstverkäufer.

Der sekundäre Populismus der ÖVP, beziehungsweise ihres Obmanns, Vizekanzler Michael Spindelegger, muss sich den Rückgriff auf Verteilungsgerechtigkeit versagen (obwohl in der Teilorganisation ÖAAB andere Tendenzen herrschen), versucht daher auf das Thema „mehr Partizipation, vor allem der Jungen in der Politik“ auszuweichen. Die Ausformulierung und Propagierung wurde an den jungen Staatssekretär für Integration, Sebastian Kurz, übertragen, der den Auftrag zur Formulierung verbesserter Instrumente der direkten Demokratie erhielt. Herausgekommen ist ein unüberlegtes, durch und durch populistisches Gebräu, das im Endeffekt zum Vehikel der Durchsetzung von finanz- und manipulationsstarken Interessen dienen könnte. Wenn ein Milliardär oder die „Krone“ genügend Unterschriften für ein pseudo-demokratisches Anliegen mobilisieren kann, dann müssen Parlament und Regierung schlimmstenfalls apportieren. Durch den Widerstand von vernünftigen Seniorpolitikern und vor allem von Bundespräsident Heinz Fischer wurde verhindert, dass dieser Hebel zur Umwandlung Österreichs von einer repräsentativen zu einer plebiszitären Demokratie nicht ohne Begutachtungsverfahren vor den Nationalratswahlen im September durchs Parlament gepeitscht wurde.

Populismus hat seine Stunde, wenn unangenehme Großveränderungen auftauchen. Haider konnte das Unbehagen über

Zuwanderung, EU-Beitritt und erstarrte großkoalitionäre Regierungsformen bei sich bündeln. Er konnte noch einigermaßen in Schach gehalten werden, weil traditionelle Politiker und Institutionen immer noch funktionierten. Die heutigen sekundären Populisten wissen keine Antwort auf die globalen Herausforderungen durch die Finanzkrise und die Frage, ob Europa nicht die Arbeit ausgeht. Daher versuchen sie ihre Ratlosigkeit an „das Volk" weiterzugeben und dieses mit emotionalen „Werte"-Themen zu beschäftigen. Aber wenn das Volk einmal über Pseudoprobleme wie Minarette abgestimmt hat, wird immer noch nicht geklärt sein, wie der – weltweit einzigartige – Sozialstaat in Europa aufrechterhalten werden kann.

Es wäre daher wohl vernünftig, den sekundären Populismus der Regierenden aufzugeben und wieder auf die traditionelle Weise nach Lösungen zu suchen. Einstweilen sieht es nicht danach aus.

Michael Fleischhacker

Mehr Politik, weniger Politik-Politik

Vor einigen Monaten wurde ich eingeladen, im Westen eine politische Diskussion mit einem Impulsstatement zu eröffnen. Der Titel, den man mir vorgegeben hatte, lautete: „Zur scheinbaren Ohnmacht der Politik – und was wir daraus lernen müssen!“ Damals zwar bereits ein freier Mensch, aber immer noch von den Mythen der österreichischen Medienbranche durchdrungen, hatte ich kurz daran gedacht, ihn durch einen kürzeren, knackigeren, schlagzeilenmäßigeren zu ersetzen. So etwas wie „Haut ab!“ oder „Wir brauchen Euch nicht mehr!“. Ich hatte mich aber entschieden, die ernsthafte Aufgabe, die der vorgegebene Titel dem denkenden politischen Gemüt stellt, nicht zu ignorieren, sondern mich ihr zu stellen. Diese Aufgabe besteht darin, drei Fragen zu beantworten, die in diesem auf den ersten Blick vielleicht etwas spröde wirkenden Titel stecken.

- Die erste lautet: Ist es eine tatsächliche oder ist eine scheinbare Ohnmacht, die gegenwärtig die Politik kennzeichnet?
- Die zweite Frage: Was meinen wir überhaupt, wenn wir von Politik reden?
- Und die dritte: Was lernen wir je nach Beantwortung der beiden ersten Fragen aus der gegenwärtigen Situation?

Beginnen wir mit der Beantwortung der zweiten Frage, nämlich wovon wir reden, wenn wir von „Politik“ reden. Es wäre würdig und recht, an dieser Stelle ausgedehnte Passagen aus Max Webers im Jahr 1920 gehaltenen, aber noch immer aktuellen Vortrag „Politik als Beruf“ samt Interpretationsvarianten vorzutragen. Den berühmten Satz vom geduldigen Bohren harter Bretter zum Beispiel oder seine ebenfalls noch immer gültige Beschreibung des sehr ambivalenten Verhältnisses zwischen Politik und Journalismus.

Aber das können Sie in der „Reclam-Bibliothek" nachlesen, wenn Sie es nicht ohnehin schon kennen. Wenn Sie es nicht kennen, tun Sie es bitte. Es zahlt sich aus.

Statt als Soziologe, der ich nicht bin, zu dilettieren, bleibe ich bei meinem Beruf und erzähle eine Geschichte. Ich war nicht dabei, aber ich glaube, dass sie stimmt und würde sie auch dann erzählen, wenn sie nur gut erfunden wäre.

Gabriele Fischer, die Chefredakteurin des Wirtschaftsmagazins „Brand eins", erhielt eines Tages einen Anruf von Steffen Seibert, dem Sprecher der deutschen Bundeskanzlerin Angela Merkel. Herr Seibert erklärte Frau Fischer, man würde es für angebracht halten, „Brand eins" eines der seltenen Interviews mit der Bundeskanzlerin zu gewähren. Offensichtlich dankbares Schluchzen erwartend, fragte Herr Seibert, der ehemalige ZDF-Moderator, was Frau Fischer denn davon halte. Nun, sagte Frau Fischer, sie könne noch nicht sagen, ob sie das Interview wolle oder nicht, aber sie würde sich melden. Nachdem drei Wochen vergangen waren, ohne dass Frau Fischer sich im Bundeskanzleramt gemeldet hatte, war es wieder an Herrn Seibert, bei „Brand eins" anzurufen. „Frau Fischer", sagte er, „wir wären noch immer an dem Interview der Kanzlerin in ‚Brand eins' interessiert, wie sieht es denn nun aus?" Nun ja, antwortete Frau Fischer, sie habe sich das gründlich überlegt und lehne dankend ab.

Man kann sich vorstellen, dass der Regierungssprecher von dieser Antwort eher überrascht war, und er fragte: „Heißt das, dass Sie, Frau Fischer, und ‚Brand eins' sich nicht mehr für Politik interessieren?" „Doch, doch", antwortete die Chefredakteurin, „wir interessieren uns sehr für Politik, aber wir interessieren uns überhaupt nicht mehr für Politik-Politik".

„Politik-Politik" versus „Politik", das L'art pour l'art einer Funktionärsparallelgesellschaft vor dem Hintergrund einer Situation, in der die Organisation des gesellschaftlichen Zusammenlebens, was Politik eigentlich sein sollte, immer schwieriger wird: Das scheint mir das Kernthema unserer Zeit zu sein.

Wir diskutieren ausufernd darüber, ob nicht schrecklicherweise die Politik ihr angestammtes Primat über die Wirtschaft verloren habe. Darauf kann man zynisch antworten, indem man feststellt, dass doch in der Politik nach wie vor ausreichend viele Primaten ihr Unwesen treiben. Oder man antwortet ernsthaft und stellt fest, dass die Politik – und das heißt, die politische Klasse – nicht den Primat über die Wirtschaft eingebüßt hat, sondern den Primat über die Politik.

Die Verdoppelungsform von „Politik-Politik“, die Frau Fischer geprägt hat, deutet zugleich auf ein Zuviel und ein Zuwenig von Politik hin: Zu viel Selbstbeschäftigung, zu wenig Konzentration auf das, was Politik eigentlich leisten soll.

Vor diesem Hintergrund erscheint auch die ewige Klage über die Politikverdrossenheit vor allem der jüngeren Generation in einem anderen Licht: Erstens müsste man sich eher um den Geisteszustand derjenigen Sorgen machen, die von dieser Art der Politik, nämlich der Politik-Politik, *nicht* verdrossen sind. Und zweitens zeigt sich bei näherem Hinsehen, dass die am stärksten Politikverdrossenen die Politiker selbst sind. Sonst hätten sie sich ja nicht auf ihre einsame Insel der Politik-Politik zurückgezogen.

Das führt zur zweiten Frage: Ist es eine tatsächliche oder eine scheinbare Ohnmacht, die gegenwärtig die Politik kennzeichnet? Die Antwort ist, wie so oft, ein beherztes: „Sowohl als auch.“

Dass sich Politiker immer weniger mit Politik und immer mehr mit Politik-Politik beschäftigen, ist eine unmittelbare Folge davon, dass ihnen die Kompetenz zur Beantwortung relevanter Fragen zur Gestaltung der gesellschaftlichen Rahmenbedingungen abgesprochen wird. Immer weniger Menschen, vor allem immer weniger junge Menschen trauen der politischen Klasse zu, die Probleme, die diese jungen Menschen, aber nicht nur die Jungen, für relevant halten, zu beantworten.

Hierin liegt die Ohnmacht der Politik.

Weil aber der politische Alltag nach den Regeln der Politik-Politik funktioniert, müssen wir zugleich festhalten, dass die Ohnmacht der Politik eine scheinbare ist. Wenn wir Macht als Gestaltungsfreiheit verstehen wollen und Geld als das wichtigste Mittel zur Ausübung dieser Macht, dann verfügt die politische Klasse in diesem Land nach wie vor über zu viel Macht:

Österreichs Politiker haben auf die eine oder andere Weise nach wie vor Zugriff auf 50 Prozent dessen, was in diesem Land von Unternehmerinnen und Unternehmern, von Arbeitnehmerinnen und Arbeitnehmern, erarbeitet und erwirtschaftet wird. Das ist einfach viel zu viel Macht für viel zu wenig Ideen.

Besonders problematisch ist die Situation in den Bundesländern. Man kann dafür nur den Begriff der politischen Operettenliga in Anschlag bringen: Große Ausstattung, durchaus begabte Stimmen, aber keine Relevanz. Außerdem problematisch ist, dass die Landespolitik zwar per Gesetz über ein Drittel aller in Österreich generierten Steuereinnahmen verfügt, dafür aber nicht bei Wahlen den Kopf hinhalten muss. Das verdirbt die Sitten und es ist eine gesetzlich unterstützte Beihilfe zur Flucht in die Politik-Politik. Landeswahlen sind zu so etwas wie der politischen Spielart der „Großen Chance“ geworden, dominiert von Possenreißern und Schlägereien.

Wenn es also so ist, dass wir es mit zwei Arten von Politik zu tun haben, von denen die eine, nämlich die Politik, sich in einer eher ohnmächtigen Phase befindet, während die zweite, die Politik-Politik, über zu viel Macht zur Absicherung ihres Insiderkartells verfügt, was bedeutet das für die Beantwortung der dritten Frage, die da lautet: Was lernen wir aus der gegenwärtigen Situation?

Ich weiß nicht, wer von den Leserinnen und Lesern die patriotisch-sadomasochistische Energie aufgebracht hat, sich seinerzeit die ORF-Serie „Braunschlag“ anzuschauen (wenn nicht: Sie ist auf DVD nachzusehen). Da gibt es regelmäßig die Szene, in welcher der leicht vertrottelte Bürgermeister Robert Palfrader und der nicht minder vertrottelte Wirt Nicholas Ofczarek im Zustand der Volltrunkenheit eine resümierende Lalldebatte über das soeben Geschehene führen.

„Und? Was lllernen wir daraus?“, fragt Ofczarek. „Niiiix“, antwortet Palfrader. Ungefähr so hat man sich heutzutage den Bildungsauftrag des ORF vorzustellen, aber das ist eine andere Geschichte, wiewohl sie mit der relevanten Unterscheidung zwischen Politik und Politik-Politik nicht wenig zu tun hat.

Was lllernen wir also aus der Situation, in der wir uns befinden und die eine immer größere Zahl von Bürgern für unbefriedigend

und auch den zeitgenössischen Umweltverhältnisse unangemessen hält? Und vor allem: Was sollen wir tun?
Wenn die eben skizzierte Analyse zutrifft, dann müssen wir unsere Politiker von der Insel der Seligen, die da Politik-Politik heißt, vertreiben und sie dazu zwingen, sich wieder mit Politik zu beschäftigen. Das heißt, mit der Gestaltung der Rahmenbedingungen für unser gesellschaftliches Zusammenleben.
Und wir müssen ihnen klar machen, dass wir sie temporär mit der Macht der Gestaltungsmöglichkeit ausstatten, damit sie *Rahmenbedingungen* schaffen, in denen wir uns als freie und selbstverantwortliche Akteure bewegen, die darüber mitentscheiden wollen und können, wie viele Ressourcen dem Staat und der Politik für welche Aufgaben zur Verfügung stehen.
Eine der schädlichsten Unarten, die sich im Paralleluniversum der Politik-Politik entwickelt hat, ist der ihr wohlmeinende Paternalismus: Die Vorstellung der Politiker, es sei ihre Aufgabe, die Bürger, die sie nicht als ihre Auftraggeber, sondern als ihre Untergebenen betrachten, zu versorgen, so als ob sie unmündig wären und nicht selbst wüssten, was für sie am besten ist.
Man behindert und besteuert Unternehmer und Unternehmen, um ihnen hinterher huldvoll Förderungen zukommen zu lassen, man besteuert Arbeitnehmer viel zu hoch, um ihnen hinterher die Gnade von 33 Karenzgeldvarianten angedeihen zu lassen, so als ob eine Frau und ein Mann nicht in der Lage wären, mithilfe der Grundrechnungsarten und des Geldes, das sie hätten, wenn es nicht der Staat einbehielte, festzustellen, wie sie ihre Kinderbetreuungszeiten am besten organisieren.
Der Höhepunkt des paternalistischen Spektakels ist die vollkommen absurde Tatsache des 13. und 14. Monatsgehaltes. Nach wie vor glaubt also der österreichische Staat, dass seine Bürger nicht dazu in der Lage sind, ein Jahreseinkommen selbständig zu verwalten. Würde nicht Vater Staat dafür sorgen, dass die Familie Wurzelbrunst im Juni/Juli und im Dezember ein Extragehalt bekommt, würden die Fremdenverkehrsindustrie und das Weihnachtsgeschäft im Handel kollabieren, weil der Durchschnittsösterreicher selbstverständlich zu dumm ist, sich sein Geld einzuteilen.

Was wir brauchen, ist eine Neubestimmung dessen, was wir Politik nennen wollen. Unmittelbar damit verbunden ist die Rückkehr der Entscheidungsmacht zum Bürger: Wir brauchen mehr Selbstbestimmung und weniger Paternalismus. Was in den Kommunen entschieden werden kann, soll dort entschieden werden, was übergreifend entschieden werden muss, soll übergreifend entschieden werden, und zwar genau ein Mal und nicht neun Mal. Da draußen ist etwas im Gange. Immer mehr Menschen wollen etwas Neues und dieses Neue ist ganz eng mit den neuen Möglichkeiten von Kommunikation und Transparenz verknüpft, die das Netz und die neuen Kommunikationstechnologien aufgemacht haben. Da draußen warten selbstbewusste, selbständige Menschen darauf, dass die Politik-Politik ihren Macht- und Ressourcenüberfluss abgibt.

Wenn das passiert, werden sie auch wieder bereit sein, für nachvollziehbare Aufgaben der Politik die angemessenen Ressourcen zur Verfügung zu stellen. So wie das Internet mit seinen Möglichkeiten der direkten Kommunikation die Musikbranche radikal umgekrempelt hat, weil es die Zwischenhändler weggefegt hat, krempelt es derzeit die Medienbranche um. Und die neue Kommunikationskultur wird, über diesen und auch andere, direktere Wege, eher früher als später auch die politischen Zwischenhändler und Rosstäuscher wegfegen.

Und das ist gut so.

Wolfgang Bachmayer

Ich gestehe, ein Optimist zu sein

„Die Zukunft war auch schon besser"
(Karl Valentin)

Ich bin Angehöriger einer Minderheit in Österreich. Jener kleinen Gruppe, die zwar vieles kritisch sieht, aber auch begriffen hat, dass sich nahezu alles in unserem Leben verbessert hat und wir die beneidenswerten Kinder einer goldenen Generation sind, wie sie es vorher noch nie gegeben hat. Mitglieder einer Gesellschaft, die seit mehr als sechzig Jahren in Frieden und ständig wachsendem Wohlstand leben, deren Lebenserwartung enorm gestiegen ist, die ein hohes Maß an Demokratie, Freiheit und Gleichberechtigung erreicht hat. Von den Zuwächsen sowohl bei den Einkommen als auch bei der Freizeit will ich gar nicht reden. Das möchte ich vor allem als Wiener sagen, denen neben manchen liebenswerten Eigenschaften das Raunzen (für Nicht-Wiener: Klagen, Nörgeln) ja scheinbar auch in die Wiege gelegt wurde.
Es stellt sich daher die Frage, wieso angesichts der positiven Entwicklungen bei uns in Europa und insbesondere in Österreich vieles so kritisch gesehen wird. Die Grundstimmung ist eher negativ, Skeptizismus, Pessimismus und negative Zukunftserwartungen herrschen vor. Das kann natürlich auch an der aktuellen Finanzkrise liegen, aber diese Erklärung greift in Österreich, das bisher von der Krise weitgehend verschont geblieben ist, zu kurz. Aber Umfragen belegen, dass nicht wenige Menschen in unserem Land der Meinung sind, in den letzten Jahren hätte sich vieles verschlechtert. Das ist mir angesichts der Faktenlage wirklich rätselhaft, von jenen Nostalgieromantikern, für die früher alles besser war, will ich ja gar nicht reden.
Was sind die Gründe für diesen in Österreich zweifellos vorhandenen Kulturpessimismus? Wieso steht unsere Mentalität in

einem solchen Gegensatz zu jener der US-Amerikaner, wo positives Denken, sich etwas (zu)trauen, Zuversicht und Optimismus sogar in schweren Krisen viel mehr spürbar sind? Natürlich geht mir manchmal auch schon der amerikanische *Think-positive*-Massenwahn gehörig auf die Nerven. Die von dort auch zu uns überschwappende Denk-dich-reich-denk-dich-schön-Motivations- und Optimismusindustrie mit einer Heerschar von Psychologen, Motivationstrainern, Mentalcoaches, Energetikern, Autoren von Glücks- sowie Erfolgsbüchern und sonstigen Gesundbetern, nicht zu reden von der pharmazeutischen und Lifestyle-Industrie, die mit dem Verkauf von Optimismus und guter Stimmung Milliarden verdient. Aber das ist einfach Kommerz, der aus dem neuen Leitbild einer positiven Psychologie entstanden ist, die sich von der ursprünglich problem- und krankheitsorientierten Betrachtungsweise entwickelt hat, hin zu positivem Denken und Willen, die Lebensumstände meistern zu können. Aber das betrifft mehr den individuellen, in der einzelnen Persönlichkeit liegenden Optimismus und weniger den soziologischen und gesellschaftspolitischen Zugang dazu, auf den ich mich in erster Linie beziehe, auch wenn beides nicht völlig getrennt zu betrachten ist.

Am besten drückt sich das im Obama-Wahlkampfslogan *Yes, we can* aus, der im österreichischen Wahlkampf ziemlich mühselig und wirkungslos mit „Unser Land gehört den Optimisten" kopiert wurde und damit erst richtig klar machte, wie unterschiedlich die nationalen Mentalitäten sind. In den USA charakterisiert der Slogan eine mehrheitlich veränderungsfreudige Gesellschaft, bei uns werden Veränderungen weitgehend mit Verschlechterungen gleichgesetzt. Das wurde im ORF-Kanzlerduell bei der letzten Wahl sehr deutlich, als Bundekanzler Werner Faymann wörtlich sagte: „Ich will keine Veränderungen, die Menschen sollen sich auskennen, was auf sie zukommt."

Die einzige Partei, die mit einem optimistischen und nicht oppositionell-negativen Konzept zu den Wahlen antrat, waren die Neos, die letztlich auch dafür mit dem überraschenden Einzug ins Parlament belohnt wurden. Das macht Hoffnung, dass es in unserem Land doch eine Gruppe von Menschen gibt, die mit positiven po-

litischen Konzepten anzusprechen sind. Leider wurde aber auch gleichzeitig am Beispiel des steirischen Wahlergebnisses deutlich, dass notwendige und gemeinsam getragene Reformen von den Wählern nicht akzeptiert werden. Das lag aber auch daran, dass wesentliche politische Vertreter diese Reformen zum Teil aus dem Blickwinkel der eigenen Kirchtürme nicht mitgetragen haben.
Damit bin ich schon bei meinem Erklärungsversuch, warum trotz deutlicher Verbesserung der Lebensumstände in den letzten zwanzig Jahren – was jedem Faktencheck sicher standhält – viele Menschen in unserem Land die letzten Jahre kritisch bis negativ betrachten und die vor uns liegende Zeit mit sorgenvoller Skepsis. Ich will da nicht als begeisterter Amateur in die Tiefen der österreichischen Seele eindringen, dazu sind andere berufen; Erwin Ringel hat das schon vor Jahren sehr zutreffend analysiert. Sicherlich sind da manche weiter zurückliegende Grundlagen für die geringe Verbreitung einer positiven, optimistischen Lebenshaltung in Österreich verborgen, aber ich wage, dazu mit einfacheren Erklärungsmodellen zu dilettieren.
Die Politik und die Medien haben in beträchtlichem Ausmaß dazu beigetragen, dass die Grundtönung in Österreich eher negativ als positiv ist. Das liegt aber nicht nur an der Wahlkampfrhetorik der letzten Monate, die das Vertrauen der Menschen in die politische Gestaltungskraft für eine weiterhin positive Zukunft verringert. Die Parteien und Politikerinnen und Politiker haben selbst dafür gesorgt, dass ein positiver Blick auf das Bisherige und ein hoffnungsvoller für das Kommende die Ausnahme ist. Einerseits durch ständige gegenseitige Kritik, Vorwürfe und Angriffe (nicht nur von Seiten der Opposition – das gilt auch für die Regierungsparteien selbst), andererseits durch Stillstand und mangelnde Entschlusskraft bei wesentlichen Fragen wie Bildung und andere Bereiche mit hohem Reformbedarf, dafür aber Beschwichtigungen, Halbwahrheiten und Wegreden bei Problemthemen wie Schulden, Pensionen oder Finanzkrise.
Auch haben die Politiker Werte und Begriffe wie Zukunft, Vertrauen, Optimismus, Zuversicht durch jahrzehntelange Verwendung zu wirkungslosen Worthülsen degradiert, die mehr mit

Schönrederei und Beschwichtigung zu tun haben und manchmal schon mehr nach Zynismus als nach echtem Optimismus klingen. Man braucht dazu nur ständig wiederkehrende Aussagen der letzten Jahre Revue passieren lassen. Wie häufig wurden allein in Zusammenhang mit der Finanzkrise und mit Rettungsschirmen von Optimismus und Zuversicht gesprochen, dass „der Brand gelöscht ist", „das Ende der Krise erreicht" und so weiter. Auch aktuelle Meldungen der letzten Tage fallen durch überreichliche Verwendung des Begriffs Optimismus auf: Optimismus bei den Koalitionsgesprächen in Deutschland und in Österreich. Im USA-Budgetstreit. Bei den Atomgesprächen mit dem Iran. Bei der Syrien-Flüchtlingskonferenz. Auch Bundespräsident Fischer äußerte sich in der Palästinenserfrage optimistisch. Wen wundert es angesichts dessen, dass die Menschen dem immer weniger Glauben schenken und die Grundeinstellung immer negativer wird?

Die Grube dazu gegraben haben sich die Parteien aber auch selbst durch jahrzehntelanges gegenseitiges Lizitieren von Wohltaten für die Bevölkerung. Das ging so lange gut, als auf Grund ständigen Wachstums (aber auch bei Steuern, Abgaben, Gebühren) dies noch finanziert werden konnte. Nun ist aber das letzte Ende der Fahnenstange erreicht, es kann nicht mehr weiter verteilt werden, sondern es muss wieder genommen werden. Das verstärkt nicht nur die ständig zunehmende Politikverdrossenheit, sondern auch den Zukunftspessimismus.

Gleiches trifft auch auf die Medien zu, ihre Berichterstattung verstärkt diese Effekte noch. Natürlich kommen die Medien heute ihrer Verpflichtung eines unabhängigen und objektiven Journalismus viel mehr nach als in früheren Jahren, wo der Verdacht von Hofberichterstattung manchmal berechtigt war. Aber das alte Schlagwort von *bad news is good news* ist aktueller denn je und ich beziehe das jetzt nicht auf die politische Berichterstattung. Insbesondere bei den auflagenstarken Boulevardmedien scheinen schlechte Nachrichten schon ein wichtiger Teil der Geschäftsgrundlage geworden zu sein.

Früher wurde der Überbringer schlechter Nachrichten geköpft, heute stellen frohe Botschaften fast schon ein Problem dar. Wenn

die Statistiken eine positive Meldung wie steigende Lebenserwartung verkünden, titeln manche Medien lieber mit drohender Überalterung. Nicht nur in Österreich, sondern auch weltweit geht die Armut prozentuell und absolut zurück. Trotzdem wird fast ausschließlich von zunehmender Armutsgefährdung berichtet. Viele weitere Beispiele weisen in die gleiche Richtung, ob es nun Gewalt in der Familie, belastete Lebensmittel oder Umweltverschmutzung ist. Die Medien schaffen und verstärken damit in der Gesellschaft negative Grundstimmungen, Ängste und Pessimismus. Andere Institutionen wie die Politik, die Zuversicht, Vertrauen und Zukunftsoptimismus vermitteln sollte, versagen. Noch mehr trifft das auf die Kirche zu, deren Grundlage ja der Glaube an ein besseres Leben diesseits und vor allem jenseits ist.
Auch wenn meine Aussagen sich größtenteils auf Österreich beziehen, Ähnliches gilt im Grunde für ganz Europa, mit einzelnen deutlichen Abstrichen sogar für die ganze Welt. Auch dort liegt der Fokus der öffentlichen Wahrnehmung mehr auf negativen Nachrichten, positive Entwicklungen finden wenig Beachtung. Ich höre schon die geharnischten Proteste derer, die eine solche Aussage als zumindest zynisch, wenn nicht als Provokation oder als schlichte Dummheit zurückweisen. Die Belehrungen der mit Statistiken und allerlei Studien bewaffneten Wissenschafterinnen und Wissenschafter, Vertreterinnen und Vertreter von NGOs, Menschenrechts- und Flüchtlingsorganisationen, Politikerinnen und Politiker wie Lobbyistinnen und Lobbyisten. Natürlich haben diese Recht, wenn sie auf die Millionen Fälle von Armut, Unterernährung, Krankheit, politischer, ethnischer und religiöser Verfolgung hinweisen und es kann nicht genug Anstrengungen geben, das weiter zu verbessern.
Aber auch diese Situation hat sich in den letzten 20 Jahren so deutlich verbessert wie nie zuvor. UNO, Weltbank und andere Organisationen berichten übereinstimmend, dass einige wichtige der bis 2015 definierten Millenniumsziele vorzeitig erreicht wurden: Es gibt trotz aller Krisen weniger Kriege und Kriegstote, die Halbierung der weltweiten Armut wurde erreicht, laut Weltklimarat wurde die Erdkugel wieder grüner, entgegen den apokalyptischen

Prognosen des Club of Rome sind nicht alle Energiequellen aufgebraucht, sondern es wurden umfangreiche neue Ressourcen gefunden, die angesichts neuer, ökologischer Energietechnologien noch lange Zeit halten. Die Welt ist in nahezu jeder Hinsicht besser geworden: Luft- und Wasserqualität, Ernährung, Gesundheit, Lebenserwartung, Einkommen, Sicherheit, Demokratie, Freiheit, Menschenrechte, Gleichberechtigung. Ich will aber auch nicht die Augen davor verschließen, dass sich manches in den letzten 20 Jahren auch zum Schlechteren gewendet hat wie der internationale Terrorismus.

Mir ist auch klar, dass es noch immer zu viel Elend und Unrecht gibt, das unsere Hilfe erfordert. Aber die ersten Schritte gehen in die richtige Richtung. Und das ist einer der vielen Gründe, warum ich im Grunde optimistisch und nicht pessimistisch bin. Zwar kein unverbesserlicher Optimist, aber jemand, der auch die positiven Dinge sieht und versucht, Nachteile auch als Chancen und Vorteile zu erkennen. Und manchmal halte ich es mit dem großen Karl Valentin: „Ein Optimist ist ein Mensch, der die Dinge nicht so tragisch nimmt, wie sie sind."

Egon Kapellari

„Uns nährt ... die Hoffnung"

(André Gide)

Zum 60. Geburtstag von Professor Herwig Hösele gratuliere ich in Respekt und Dankbarkeit für sein Wirken im Dienst der „Res publica". Als Koordinator im Referat für Wissenschaft und Forschung des Landes Steiermark ist er auch für den gemeinsam mit Joanneum Research und mit der Diözese Graz-Seckau alle zwei Jahre veranstalteten Pfingstdialog „Geist&Gegenwart" auf Schloss Seggau bei Leibnitz besonders verantwortlich.

Die aus Anlass seines 60. Geburtstags präsentierte Festschrift steht unter dem Leitwort „Über die Pflicht, ein Optimist zu sein". Das ist sympathisch unpathetisch. Schon gar, wenn es um ein im engeren oder weiteren Sinn politisches Handeln im öffentlichen Raum geht als Engagement in Politik, Wirtschaft, Wissenschaft und auch in Kultur als Kunst. Als Christ und Bischof spreche ich aber auch in diesem Kontext lieber, wenn auch möglichst ohne Pathos, von Hoffnung. Sie ist, schlicht gesagt, ein Lebensmittel, eine Bedingung für ein Leben, dem Elan und Inspiration auch unter widrigen Umständen nicht gänzlich fehlen.

Optimismus – oder tiefer wurzelnd Hoffnung – kann weitgehend auch einer naturgegebenen Anlage zu verdanken sein. Sie wird in der gesellschaftlichen Interaktion aber immer wieder zur Reflexion auf ihre Grundlage herausgefordert sein. Naive Hoffnung kann dann zur „docta spes" werden, um die sich beispielsweise der marxistische Philosoph Ernst Bloch so eindrucksvoll bemüht hat.

Die Frage nach dem, „was wir hoffen können", hat besonders auch Immanuel Kant bewegt. Hoffnung kann auch enttäuscht werden und wird in der Geschichte einzelner und ihrer Gemeinschaften auch oft enttäuscht. Und doch gibt es das „Immer wieder" eines Neubeginns. Rainer Maria Rilke hat diese Worte an den Beginn

eines seiner schönsten Gedichte gesetzt, das von enttäuschter, gescheiterter Liebe vieler Menschen redet und vom Mut anderer Menschen, im Wissen um dieses Scheitern dennoch das Experiment Liebe anzufangen: „Immer wieder."
Am Thema Hoffnung oder – nüchterner ausgedrückt – Optimismus kommen weder Kunst, Wirtschaft, Wissenschaft und Politik sprachlos vorbei, wie unterschiedlich auch die dortigen Auskünfte sein mögen, weil ja Hoffnung, wie schon gesagt, ein Lebensmittel ist.
Als Bischof mache ich im Kontext dieses Buches mit dem Titel „Über die Pflicht, ein Optimist zu sein" nur einige Anmerkungen zur christlichen Hoffnung. Der Apostel Paulus hat sie in eine Trias mit Glaube und Liebe eingefügt (1 Kor 13). Er hat dabei der Liebe den Primat zugewiesen. Diese drei Haltungen, auch „Göttliche Tugenden" genannt, haben in christlichem Verständnis Gott als Ursprung und Ziel, sind wesentlich mit dem Lebens- und Glaubensweg von Christen verbunden und erheben sich auf dem Fundament der so genannten Kardinaltugenden Klugheit, Gerechtigkeit, Tapferkeit und Maß. Papst Benedikt XVI. hat über die Hoffnung in seiner 2007 erschienenen Enzyklika „Spe salvi" (Auf Hoffnung hin gerettet) gesagt: „Wir brauchen die kleineren oder größeren Hoffnungen, die uns Tag um Tag auf dem Weg halten. Aber sie reichen nicht aus ohne die große Hoffnung, die alles andere überschreiten muss. Diese große Hoffnung kann nur Gott sein, der das Ganze umfasst und der uns geben und schenken kann, was wir allein nicht vermögen. Gerade das Beschenktwerden gehört zur Hoffnung. Gott ist das Fundament der Hoffnung. Nicht irgendein Gott, sondern der Gott, der ein menschliches Angesicht hat und der uns geliebt hat bis ans Ende: jeden Einzelnen und die Menschheit als ganze."
Soviel aus der Enzyklika des Papstes emeritus. Die darin zum Ausdruck kommende Überzeugung begegnet heute in Europa in der immer pluraler werdenden Gesellschaft dieses Kontinents vielerorts einer Gleichgültigkeit oder auch einem neuen Atheismus. Das ist eine Herausforderung an bewusste Christen, darin nicht nur eine Last, sondern auch eine positive Provokation zu erken-

nen. Papst Benedikt XVI. hat noch als Kardinal Joseph Ratzinger und als einer der bedeutendsten Theologen der heutigen Christenheit jenen Europäern, die sich vom Gott der Bibel entfernt haben, vorgeschlagen, sich auf ein Glaubensexperiment einzulassen und so zu leben, als ob Gott wirklich existierte. Joseph Ratzinger hat dabei ein Wort des protestantischen Naturrechtslehrers Hugo Grotius umdeutend in Anspruch genommen. Grotius hat im 17. Jahrhundert eine Naturrechtslehre entworfen, die auch dann gelten sollte, wenn es Gott nicht gäbe – also *etsi Deus non daretur.* Der Kardinal hingegen forderte Agnostiker und glaubende Zweifler dazu heraus, so zu leben, als ob es Gott gäbe – also *etsi Deus daretur.* Bewusste Christen sollten heute ihre nicht glaubenden Mitmenschen mit dieser Zumutung, im besten Sinn des Wortes Zumutung, einladend konfrontieren.

Der wahrscheinlich bedeutendste derzeit lebende Philosoph des deutschen Sprachraums, Jürgen Habermas, hat sich bekanntlich schon seit Jahren mit dem Thema Religion im Panorama der heutigen Zivilgesellschaft befasst und er hat immer wieder gefragt, was denn fehlt, wenn man dieses Thema und die damit verbundene Sprache und ihre Bilder aus dem Geistesleben unserer Epoche immer mehr verdrängt oder gar ausgeblendet. Habermas hat darüber auch mit Joseph Ratzinger in der Münchener Katholischen Akademie ein pionierhaftes Gespräch geführt, obwohl er nicht als religiös Glaubender verstanden werden will. „Ich bin zwar älter, aber nicht frömmer geworden", hat er vor einiger Zeit, Missverständnisse abwehrend, öffentlich gesagt. Von einem anderen Ansatz her hat der Schriftsteller Martin Walser die Rede vom Gott der Bibel wieder in den öffentlichen Diskurs gebracht, indem er beispielsweise sagte, dass er nicht an diesen Gott glauben könne, dass er ihm aber fehle.

Vor diesem epochalen Hintergrund lebt die Christenheit in Europa in Schwäche aber auch in Stärke. Sie lebt inmitten einer Zivilgesellschaft, deren Stabilität bedroht ist, in der es aber millionenfach Hoffnung gebende Lebenskeime gibt. Dazu gehören auch religiöse und zumal vom Christentum inspirierte Werte. Es gibt Ermüdungen und Immunschwächen im Christentum Europas. Es gibt aber auch unzählige Frischzellen in der Christenheit dieses Kontinents und zumal auch in der katholischen Kirche. Sie trägt und beseelt in Ländern wie Österreich in hohem Maße auch die ganze Zivilgesellschaft und ist trotz aller Schwächen und Fehler besonders auch eine Großmacht der Barmherzigkeit und eine starke Quelle zur Stärkung der Lebenskultur. Europa darf sich im globalen Kontext nicht aufgeben, und die Christenheit und damit unverwechselbar die katholische Christenheit in Europa darf sich im Kontext der Weltkirche nicht aufgeben.

Ferdinand Seibt, der 2003 verstorbene Professor für Geschichte an der Universität Bochum, wies in seinem 2002 erschienenen und vielbeachteten Werk „Die Begründung Europas. Ein Zwischenbericht über die letzten tausend Jahre" darauf hin, dass Europa „eine historische Einheit" sei, „die innerhalb ihres Bereiches mehr Selbstbezüge als Fremdbezüge kennt". Die europäische Kultur verheiße „eine rational intendierte Lebensbewältigung mit ihren eigenen Vorstellungen von Vergangenheit und Zukunft, mit ihrer Ordnung, Planung und Hoffnung, mit dem technischen Fortschrittsoptimismus und der klassischen Humanitätsidee" und – so der Historiker Seibt – mit einem „immer noch lebendigen Christentum". Eine solche religiöse und zumal christliche Hoffnung hat die Zivilgesellschaft in Europa seit Jahrhunderten positiv geprägt und tut dies auch heute.

Wer die humane und kulturelle Prägung Europas durch das Christentum verschweigen will, der übersieht so den wesentlichen Beitrag, den das Christentum für den Wertehaushalt europäischer Gesellschaften nach wie vor im großen Maße leistet. Europa hätte allen Grund, sein christliches Erbe nicht zu verschweigen und es nicht zu verdrängen. Viele Schätze auf dem Gebiet der Bildung, der Kunst, des Miteinanders in Staat und Gesellschaft, besonders die Sozialprinzipien der Solidarität und der Subsidiarität, entstammen direkt oder indirekt dem Wirken der Christen über Jahrhunderte. Die europäische Aufklärung war auch vom christlichen Menschenbild inspiriert, besonders von der persönlichen Freiheit und Verantwortung im Horizont der Schöpfung, der Gottebenbildlichkeit des Menschen und der darin tief eingewurzelten, unveräußerlichen Personenwürde. Daraus und aus dem Blick auf Mitte und Tiefe des christlichen Glaubens heraus, kann heute und morgen auch ein neues katholisches Selbstbewusstsein erwachsen, ohne Arroganz und ohne Illusion, aber im Wissen darum, dass die katholische Kirche, auch wenn sie in manchen Ländern schmäler wird, eine unkündbare Verantwortung auch für die Gesellschaft hat.

Europa wurde durch lange Zeit als Abendland bezeichnet. Gemeint war damit aber keine Müdigkeit am Ende einer Erfolgsgeschichte. Heute würde Europa aber in mancher Hinsicht ein wirkliches Abendland werden, wenn es sich kulturell jenen Phänomen ausliefern würde, die von Dekadenztheorien einer irreparablen Spätzeit zugeschrieben werden. Wache Europäer sollten diese Zeichen der Zeit erkennen und sich nicht einer Resignation ergeben, sondern „Allianzen der Hoffnung“ mit allen Kräften suchen, die Zukunft wollen und bereit sind, dafür einen großen Einsatz zu erbringen. Kirchlicherseits muss man für solche Allianzen offen sein und sie nach Kräften mittragen.

Johann Trummer

Aggiornamento aus dem Geist des Konzils

Ein Jubiläum und Überraschungen

Seit längerer Zeit sind Wortmeldungen aus der Kirche wie auch Stimmen von Menschen ohne Zugehörigkeit oder Naheverhältnis zur (katholischen) Kirche zu vernehmen, die sich fragen, was für die Gesellschaft verloren geht, für den Erhalt elementarer Werte wie Solidarität, Wahrhaftigkeit, Barmherzigkeit in der Gesellschaft, für Europa, für Frieden und Völkerverständigung (der Katalog der Erwartungen lässt sich um vieles erweitern), wenn die Kirche ihre Autorität und ihre Fähigkeit zum Gespräch durch Reformunwilligkeit und Menschenferne aufs Spiel setzt. Das zeige sich im Inhalt der Verkündigung, wenn Antworten auf längst brennende Fragen noch immer fehlen, wie auch im „geografischen" Aspekt der Präsenz vor Ort und in einer Reihe von weitgehend selbst verschuldeten Vertrauenskrisen.

Dabei fehlt es der Kirche keineswegs an verlässlichen Orientierungspunkten für heute und für morgen. Daran erinnert das 50-Jahr-Jubiläum des Zweiten Vatikanischen Konzils, das sich zum Ziel gesetzt hat: 1. die Vertiefung des geistlichen Lebens der Gläubigen, 2. „die dem Wechsel unterworfenen Einrichtungen den Notwendigkeiten unseres Zeitalters besser anzupassen" (aggiornamento), 3. Ökumene zu fördern.

Im Jahr 2013 kommen Überraschungen hinzu: der Amtsverzicht Benedikt XVI., ein Vorkonklave mit der offenen, bisher nie gehörten Sprache über die geistliche, aber auch die „ebenerdige" und strukturelle Reformbedürftigkeit der Kirche und des Vatikans, und die Worte und Gesten des neuen „Bischofs von Rom". Weitere Überraschungen können folgen.

In dieser Zeit kann die „Verkündigung" das überdimensional angewachsene Kapitel von Aussagen mit der Überschrift „Warnungen" reduzieren, um mehr Raum dem Zuspruch des Evangeliums und damit dem in Kirche und Gesellschaft notwendigen Optimismus zu geben, wie er der Bergpredigt, dem Kernstück des Evangeliums, als Gabe und gleichermaßen als Pflicht immanent ist.
An der Erneuerung der Kirche aus dem Geist des Konzils sind also nicht nur Katholiken interessiert, sondern ebenso Menschen außerhalb der Kirche, die in den letzten Jahrzehnten deren Weg mit Sorge verfolgt haben. Nicht zu ihr zu gehören oder von ihr wegzugehen, wie das die österreichische Kirche in den letzten Jahren zur Kenntnis nehmen musste, heißt noch lange nicht, sie gar nicht zu wollen, ihre Dienste wie auch die Präsenz der anderen Kirchen und Religionen in der Gesellschaft geringzuschätzen und die Aufkündigung der Zusammenarbeit mit dem Staat zu verlangen, wie es jüngst (April 2013) mit einem Volksbegehren versucht wurde. Im Gegenteil: „Der Staat muss sinnstiftende Gemeinschaften fördern, da er selber keinen Sinn stiften kann und – wenn er freiheitlich bleiben will – auch nicht darf. Nicht im Staat, sondern in den Religionen äußert sich die menschliche Sehnsucht nach Fülle. Religionen sind deshalb nicht nur zuzulassen, sondern zu fördern."[1)] (Ministerpräsident Winfried Kretschmann)
Die Erwartungshaltung gegenüber der katholischen Kirche und den Kirchen und Religionen insgesamt beschränkt sich keineswegs auf kulturelle Werte, die das Leben Europas nun einmal prägen, sondern nimmt zur Kenntnis, dass der Staat von Voraussetzungen lebt, die er selbst nicht garantieren kann (Ernst-Wolfgang Böckenförde). Das bedeutet aber nicht, dass die Kirche so weiter tun kann wie bisher, sondern sie und damit wir Katholiken müssen viel Mühe und Wahrhaftigkeit aufwenden, damit der Anspruch der Kirche und ihr Wesen einigermaßen kongruent sind. Nach Meinung des Präsidenten des Päpstlichen Kulturrates Kardinal Giancarlo Ravasi „realisiert [der neue Papst] die Zauber-

1) Vortrag am 13.12.2012 in der Katholischen Akademie in Berlin, in: Christ in der Gegenwart 15/2013, S. 165.

formel jeder Kommunikation, nämlich dass Subjekt und Botschaft übereinstimmen."[2]
Wie groß der Nachholbedarf ist, hat Kardinal Carlo Maria Martini von Mailand im August 2012, kurz vor seinem Tod, in einem viel beachteten Interview zusammengefasst: „Die Kirche ist zweihundert Jahre lang stehen geblieben. Warum bewegt sie sich nicht? Haben wir Angst statt Mut? Wo doch der Glaube ihr Fundament ist." Er nennt als Beispiel dafür: „Die Frage, ob Geschiedene zur Kommunion gehen dürfen, sollte umgedreht werden. Wie kann die Kirche den Menschen, deren Beziehung schwierig oder gescheitert ist, mit der Kraft der Sakramente zu Hilfe kommen?" So die Stimme des erfahrenen Seelsorgers Martini, der wie Kardinal Bergoglio dem Jesuitenorden angehörte.
Nicht weniger gering ist der Reformbedarf für die rechtliche Struktur der Kirche: „Der nächste Papst müsste sich aus der Umklammerung des Absolutismus lösen."[3] (Otto Friedrich)

Eine Frucht des Konzils: der „Katakombenpakt"

Einen Eindruck, wie das Konzil von Teilnehmern selbst – und in diesem Sinn authentisch – verstanden wurde, vermittelt der gegen Ende des Konzils am 16. November 1965 zunächst von 40 Bischöfen in den Katakomben unterzeichnete Katakombenpakt, dem sich in der Folge mehr als 500 Konzilsteilnehmer anschlossen. In einem 13-Punkte-Programm verpflichten sie sich „um ein dem Evangelium entsprechendes Leben in Armut [...] so zu leben, wie die Menschen um uns herum üblicherweise leben, im Hinblick auf Wohnung, Essen, Verkehrsmittel und allem, was sich daraus ergibt". Sie wollen nicht als Reiche erscheinen oder reich sein, „insbesondere in unserer Amtskleidung (teure Stoffe, auffallende Farben) und in unseren Amtsinsignien, die nicht aus kostbarem Metall – weder Gold noch Silber – gemacht sein dürfen". Sie lehnen Titel wie Eminenz, Exzellenz, Monsignore ab und

2) „Kathpress", 16.4.2013, S. 7.
3) „Die Furche", 21.2.2013, S. 1.

wollen als „Padre“ angesprochen werden. Sie wollen Reiche und Mächtige nicht bevorzugt behandeln, auch nicht der „Eitelkeit [...] schmeicheln oder ihr gar Vorschub [...] leisten, wenn es darum geht, für Spenden zu danken, um Spenden zu bitten oder aus irgend einem anderen Grund“.
Es folgen Selbstverpflichtungen für den pastoralen Dienst und der Aufruf an alle Mitarbeiterinnen und Mitarbeiter, „ihr Leben mit den Armgehaltenen (sic!) und Arbeitern zu teilen und so das Evangelium zu verkünden, [...] die Werke der ‚Wohltätigkeit‘ in soziale Werke umzuwandeln, die sich auf Gerechtigkeit und Liebe gründen und alle Frauen und Männer gleichermaßen im Blick haben [...]“. Die Bischöfe wollen alles tun, dass die Verantwortlichen in Regierung und im öffentlichen Dienst „Strukturen und gesellschaftliche Institutionen schaffen und wirksam werden lassen, die für Gerechtigkeit, Gleichheit, gesamtmenschliche harmonische Entwicklung jedes Menschen und aller Menschen notwendig sind“. Unter den ersten Unterzeichnern finden sich Dom Helder Camara, Oscar Romero, Aloisio Lorscheider, Franz König, dann auch Berater, unter ihnen Karl Rahner, Mario von Galli und Wolfgang Seibel und weitere, später ernannte Bischöfe wie Erwin Kräutler.

Zuruf im Konklave: „Vergiss die Armen nicht!“

Der Zuruf des brasilianischen Kurienkardinals Claudio Hummes an Kardinal Jorge Mario Bergoglio, als sich am 13. März 2013 das Ergebnis der Wahl abzeichnete, erinnert an den Katakombenpakt und war Anlass für den Gewählten, als neuer „Bischof von Rom“, wie er sich selbst bezeichnet, den Namen Franziskus anzunehmen. Franz von Assisi ist das Vorbild als *der* Arme (il poverello d'Assisi), mit seinem Charisma der Erneuerung der Kirche von innen her, in seiner Liebe zum Schöpfer wie zur Schöpfung, anerkannt als großes Vorbild auch außerhalb der Christenheit, so durch seine Begegnung mit dem Sultan von Ägypten. Die Bezeichnungen „Bischof von Rom“ und „Nachfolger des Apostels Petrus“, werden für das Verhältnis des Papstes zu den Bischöfen wie für die Ökumene die Schwellen leichter überschreitbar machen.

„Des Papstes neue Kleider" lautet die Überschrift des Leitartikels der „Herder Korrespondenz" vom April 2013. Der neue Bischof von Rom Franziskus hat in den ersten Tagen für viele Überraschungen gesorgt, auch durch seine Freiheit gegenüber den für die päpstliche Bekleidung tradierten Regeln. Sechsmal verwendet er in seiner ersten kurzen Ansprache an die am Petersplatz wartenden Menschen das Wort „Zärtlichkeit" bzw. „zärtlich" *(tenerezza, tenero)*, mit der er sie zu einem dem Evangelium gemäßen liebevollen Umgang mit dem Menschen und der ganzen Schöpfung einlädt. Er verzichtet auf die vielsprachigen Osterwünsche, stattdessen sprechen seine Gesten, so sein Umgang mit Kindern, die Umarmung von Kranken, die er herzlich erwidert. Bevor er den ersten Segen erteilt, bittet er das Volk, für ihn den Segen zu erflehen. Statt in die päpstliche Wohnung umzuziehen, bleibt er – bis auf weiteres oder überhaupt – im Gästehaus, feiert den täglichen Gottesdienst mit den Gästen und isst mit ihnen im Speisesaal. Es sind Zeichen, dass er bei den Menschen bleiben will, sich keinen Hofdienst dazwischen schalten lässt. Er verabschiedet mit einem Kuss die Präsidentin seines Heimatlandes, mit der er politische Differenzen hatte und hat – nichts Besonderes, doch fällt es auf, weil es der Papst tut. Das alles erinnert an ein Wort seines Ordensbruders Karl Rahner, dass es im Christ-Sein nicht um das Außerordentliche geht, sondern zuerst darum, dass das Christliche alltäglich und das Alltägliche christlich werden soll.
Weitere freundliche Überraschungen folgen: Am Gründonnerstag wäscht er „den Aposteln" die Füße, wie es die Liturgie vorsieht, aber nicht ausgewählten, honorigen Laien oder Angehörigen des alten römischen Adels, sondern jugendlichen Strafgefangenen, darunter auch zwei Frauen, eine davon eine Muslima aus Osteuropa. Ob jemals in Rom und an Europas Kathedralen daran -gedacht war, dass ein Bischof Frauen die Füße wäscht? Für Franziskus ist das, wie mittlerweile bekannt, nichts Neues. Hätte er lange gefragt, wäre die Antwort wahrscheinlich „Das gehört sich nicht!" gewesen, und vor allem habe Jesus den Aposteln, also nur Männern die Füße gewaschen. Ein Papst müsse doch altbewährte Regeln des päpstlichen Hofes einhalten. Wie so oft würde eine

Tradition einmal mehr zur verbindlichen theologischen Wahrheit umstilisiert. Aber Franziskus verfängt sich darin nicht.
Menschlichkeit und Spontaneität stehen über dem Protokoll. Das wird als befreiend verstanden. Es ist nicht notwendig, für die Aufgabe feudaler Gepflogenheiten viele Worte zu verschwenden, es genügen einige Gesten. So war es in Buenos Aires. Er verließ sein Palais, zog in eine einfache Wohnung, aber er machte das Palais nicht zu Geld (hat also keinen Käufer gesucht, „um das Geld den Armen zu geben"), sondern stellte es für die vornehmste christliche Aufgabe, für die Caritas zur Verfügung.
Auch Wortmeldungen aus der Zeit als Bischof von Buenos Aires lassen aufhorchen. Vor über 20 Jahren lernten sich Jorge Bergoglio und der Rektor des lateinamerikanischen Rabbinerseminars in Buenos Aires Abraham Skorka als Fußballfans kennen und wurden Freunde. Sie begannen theologische, politische und alltägliche Themen zu diskutieren. Im Dialog zur Rolle der Frau in der Religion, zu Sexualität und Homosexualität sagt der Bischof: „Die Religion hat ein Recht, ihre Meinung zu äußern, insofern sie im Dienst am Menschen steht. Wozu der geistliche Amtsträger kein Recht hat, ist, das Privatleben von irgendwem in irgendeine Richtung zu zwingen. Wenn Gott mit der Schöpfung also das Risiko einging, uns frei zu schaffen, wer bin ich, um mich einzumischen? Wir verurteilen die geistliche Bedrängung, die stattfindet, wenn ein Priester Anweisungen, Verhaltensweisen, Forderungen derart aufzwingt, dass sie dem anderen die Freiheit nehmen."[4)]

4) Zitiert nach dem Vorabdruck in „Die Welt", 2. Mai 2013, S. 8. Der Band „Papst Franziskus: Über Himmel und Erde. Jorge Bergoglio im Gespräch mit dem Rabbiner Abraham Skorka", erscheint im Riemann Verlag München [2013].

Ein tiefer Einschnitt in die kirchliche Tradition

AMTSVERZICHT DES PAPSTES

Der Rücktritt Benedikts XVI. war ein unerwarteter Einschnitt in einer vermeintlich festen, wenngleich keineswegs festgeschriebenen Tradition, eine „Entmystifizierung" des Amtes (Kardinal Rainer Maria Woelki). Der Amtsverzicht des Papstes wird beispielhaft bleiben. Er ist unter anderem ein Zeichen von Wahrhaftigkeit und Mut, vor den Problemen nicht die Augen zu verschließen, die Notwendigkeit tiefgreifender Veränderungen einzusehen, und wenn die eigenen Kräfte dafür nicht reichen, den Weg frei zu machen, auch wenn das ein ehemaliger Papstsekretär in Erinnerung an das lange Leiden von Johannes Paul II. mit dem Zuruf kommentierte: „Man steigt nicht vom Kreuz!"

Es kann nicht als leichtfertige Kirchenkritik abgetan werden, wenn vor wenigen Monaten die NZZ in Balkenlettern vom „Bandenkrieg der Kardinäle" schrieb oder die FAZ von „unheiligen Seilschaften" bis in die Umgebung des Papstes. (Es spricht einiges dafür, dass der „untreue Kammerdiener" Gabriele den Papst aus der Gefangenschaft machtbewusster Kreise befreien wollte.) Es ist Größe, Macht abgeben zu können. So hat Benedikt, ein traditionsbewusster Papst, gegen eine unveränderlich geltende Tradition ein neues Kapitel in der Geschichte der Kirche aufgeschlagen. Die Kirche lebt vom Vertrauen in die Verheißung, dass Christus alle Tage bis ans Ende der Welt bei ihr sein werde. Der Dogmatiker wie der Mystiker wissen, dass diese Anwesenheit eine Gnade ist und nicht berechtigt, sie wie einen „Besitz" zu verwalten oder gegen andere Kirchen auszuspielen.

VORKONKLAVE

Papst Benedikt übergab den Bericht der drei Kardinäle über die Missstände in Kirche und Vatikan dem neuen Papst. Dass die Zeit für eine offene Diskussion reif war, ergibt sich aus dem Wenigen, was aus dem Vorkonklave zu erfahren war. So die Wortmeldung von Kardinal Bergoglio, dessen Redemanuskript veröffentlicht wurde. Darin spricht er vom eigentlichen Da-

seinszweck der Kirche, das ist die Verkündigung des Evangeliums, und nennt alles beim Namen: Formen klerikaler Eitelkeit, „theologischer Narzissmus", „Nabelschau". Er spricht von einer Kirche, die davon ausgeht, dass Christus in ihr sei, die sich in Wahrheit aber von ihm entferne (sic!), und fordert einen radikalen Richtungswechsel.
Eine so deutliche, ernste Sprache hätte früher zu Maßregelungen des Autors geführt, wenn nicht zum Ausschluss, jetzt aber waren sie eine Besinnung zur rechten Zeit, am rechten Ort, das heißt in der Sixtinischen Kapelle, mit der bekannten Wirkung. Hatten sich in den letzten Jahrzehnten Vertreter der Kurie und auch Bischöfe, die „Rom" (also in der Praxis kurialen Behörden gegenüber) „gehorsam" waren, als Anwälte der „Weltkirche" deklariert und unter Hinweis auf das Wachstum der Kirche in der südlichen Hemisphäre Reformwünsche zum Beispiel aus dem unbedeutenden Österreich zurückgewiesen, so haben die Kardinäle nunmehr diesem Rom keinen „Kurialen", sondern einen Bischof vom „anderen Ende der Welt" gegeben. Sie haben sich nicht mehr als Helfer der Kurie oder als von ihr abhängig verstanden, sondern sie sind ihrer Aufgabe nachgekommen, Vertreter der Weltkirche zu sein. Sie haben sich mit den Missständen auseinandergesetzt und sie konkret genannt: Zentralisierung, unsaubere Geschäfte, unfähiger (krimineller?) Umgang mit Geld und Vermögen, sexueller Missbrauch, Seilschaften und Erpressbarkeit, eine Evangelisation, die von den Menschen entfernt ist, Vatileaks. Die Kardinäle haben in der weitaus überwiegenden Mehrheit erkannt, dass Reformbedarf besteht, und dementsprechend gewählt. Das bedeutet, dass „Rom", also die Kurie, nicht mehr das Interpretationsmonopol von „Weltkirche" für sich reklamieren kann. Die Kardinäle haben ins Steuerruder gegriffen.

PROBLEMSTAU UND AUFBEGEHREN DER BASIS

Die Kirche versteht sich als von Christus gegründet, aber dennoch ist sie auch „von dieser Welt" und kann sich als Institution nicht den Standards und den Messlatten menschlicher Einrichtungen entziehen. Sie hat „weltlichen" Besitz, hat mit Strukturen, Häusern, Geld, Rechtsordnungen zu tun. Das Konzil spricht vom „Volk Gottes", von der Würde und Eigenverantwortung der Getauften. Priester, Pfarrer von der Basis (das Rückgrat aller Seelsorge), die wie kaum jemand die Situation, die Fragen und Nöte der Menschen kennen, erklärten, dass sie sich bei einer Reihe von Lebensfragen der Menschen nicht mehr an die offiziellen Richtlinien halten können. Sie brachten das mit dem provozierenden und plakativen Schlagwort „Ungehorsam" in die Öffentlichkeit. Sie wollen damit erreichen, dass brennende Fragen nicht mehr mit der Begründung (oder mit dem Vorwand) von der Agenda-Liste genommen werden können, eine Diskussion darüber sei „aus weltkirchlicher Verantwortung" nicht möglich. Sie verweisen auf das Ausdünnen des Netzes der Seelsorge, die Belastung und Überlastung der Priester bei gleichzeitiger Überalterung des Klerus und damit auf Themen wie viri probati und Zölibat, Lebenspartnerschaften, die Stellung der Frau und die Probleme der Kirche mit der „neuen Choreographie der Geschlechter" (Rainer Bucher, Pastoraltheologe). In dieser Situation haben Disziplinierungsversuche nur wenig Erfolg oder greifen überhaupt nicht mehr. Wer sonst, wenn nicht die katholische Kirche, muss mit der Erfahrung leben lernen, dass „Autorität nicht aufbauen [kann], wer Angst hat, sie zu verlieren".[5)]

Die Liste der unbeantworteten Fragen hat sich seit Jahrzehnten kontinuierlich verlängert. Synoden und Dialogforen arbeiteten eifrig, mussten aber zur Kenntnis nehmen, dass viele Vorschläge als nicht erwünscht oder als inakzeptabel erklärt und nicht weiter behandelt wurden (werden konnten). Was jedoch die Menschen existenziell bewegt, lässt sich durch Appelle oder Androhung von Zensuren nicht mehr aus der Welt – und nicht mehr aus der katholischen Kirche – schaffen. Die Enttäuschung betroffener Menschen wurde dadurch verschärft, dass manche Vertreter der Hierarchie vor Ort oder in Rom einen offenen Dialog als mit der

5) S. O. (Stefan Orth) in einem Bericht über das Referat des katholischen Dogmatikers Hans-Joachim Sander (Salzburg) anlässlich einer Tagung des „Theologischen Forums Christentum und Islam" im März 2013, in: „Herder Korrespondenz" 5/2013, S. 227.

hierarchischen Verfassung oder mit weltkirchlichen Interessen unvereinbar erklärten. So manche Fragestellung wurde als „Zeitgeist“ oder „Christentum light“ abgetan, sodass auf der Seite der Fragenden, Drängenden und Leidtragenden der Grat zwischen Eskalation und Exodus aus der Kirche schmal wurde. Es ist bekannt, dass sich in dieser Situation nicht nur sogenannte „Fernstehende“, sondern auch Katholiken aus dem inneren Kreis zur Emigration entschlossen. Zu lange schon fühlten sich zu viele und eine immer größer werdende Zahl von Menschen mit ihren Problemen hingehalten. Seelsorger vor Ort konnten und können das aber nicht mehr vertreten (sofern sie sich nicht als Befehlsempfänger verstehen, die die Aufträge nach unten weiterzureichen haben). Der Preis für nicht ernst genommene oder nicht angenommene Fragen war und bleibt hoch.

Der Leiter der deutschsprachigen Abteilung von Radio Vatikan, P. Eberhard von Gemmingen SJ, hat während der Sedisvakanz den Ernst der Situation angesprochen: Der [kommende] Papst müsse sich mit der ganzen Kirche den Herausforderungen der Moderne stellen. Wenn Rom die kritischen Anfragen nicht kenne und/oder sich mit ihnen nicht auseinandersetze, und man den Eindruck hat, [die Kirche] „finde keine glaubwürdigen, vernünftigen Antworten, dann werden sich unabhängige Denker mehr und mehr von der katholischen Kirche abwenden. Die kritischen Anfragen betreffen die Rolle der Frau in der Kirche, die Einheit der verschiedenen christlichen Gemeinschaften, das Christentum und die anderen Religionen, veränderte moderne Lebensformen, Fragen der Sexual-moral und die kirchlich-religiöse Sprache.“[6)] Um sich aber damit auseinanderzusetzen, müssten die Strukturen des Zentralismus aufgebrochen werden und die regionalen Bischofskonferenzen wieder mehr an Selbständigkeit gewinnen.

Solche in Rom bisher nicht gewohnte Wortmeldungen und die Agenda des Vorkonklaves sind Zeichen dafür, dass der Ernst auf

6) In: Gerda Schaffelhofer, hg., „Du bist Petrus“, [Wien 2013], S. 53.

allen Ebenen der Kirche erkannt (in der öffentlichen Wahrnehmung weitgehend als ein Prozess von der Basis nach oben) und mit der Wahl des neuen Bischofs von Rom der Weg zur Veränderung eingeschlagen werden soll.

Neue Perspektiven und ein Aufbruch?

Vieles deutet darauf hin, dass ein Aufbruch zur Erneuerung möglich ist. So mancher Beobachter (und als Katholik Betroffener) kann das erhoffen, es steht ihm aber nicht zu, es im Indikativ anzukündigen. Deshalb – und nicht aus Skepsis – ist ein Fragezeichen angebracht.
Johannes Paul II. hatte einen maßgeblichen Anteil am Fall des Eisernen Vorhangs. Er gehört zu den Großen für ein neues Europa und für die Freiheit der Menschen, die Freiheit von Kirche und Religion. Der neue „Bischof von Rom", Papst Franziskus wird sich in den Dienst für das neue Miteinander von Nord und Süd, Arm und Reich (in der großen Welt wie in den einzelnen Staaten) stellen und auf diese Weise vieles bewegen können.
Es hat einen hohen Symbolwert, dass der letzte Papst des 20. Jahrhunderts vom Ort des größten Grauens der Menschheitsgeschichte, aus dem Umfeld von Auschwitz kam. Im Jahr 2013 erhält die katholische Kirche aus dem Süden, aus Lateinamerika einen Papst Franziskus, dessen Biografie von „Freude und Hoffnung, Trauer und Angst der Menschen unserer Zeit, besonders der Armen und Bedrängten" (Zweites Vatikanisches Konzil, Die Kirche in der Welt von heute) geprägt ist, konkretisiert in den Selbstverpflichtungen des „Katakombenpakts".
Das sind – vor wenigen Monaten in dieser Weise noch nicht vorstellbare – Perspektiven eines Aufbruchs, um fortzusetzen, was sich „das Heilige Konzil zum Ziel gesetzt" hat.
Die katholische Kirche erhält ihren Optimismus aus den geistlichen Wurzeln, allen voran aus dem Evangelium. Da sie aber doch auch von dieser Welt ist, sich das eingestehen muss und, wie es ihr Glaube sieht, aus der Menschwerdung des Gottessohnes zu bejahen hat, kann sie Karl R. Poppers Appell: „Es ist unsere Pflicht,

Optimist zu sein", in den Katalog ihrer Selbstverpflichtungen schreiben. Das wird hilfreich sein, um einen Grundkonsens mit jenen Menschen und gesellschaftlichen Kräften zu suchen, die sich ebenfalls aus demokratischer und humanistischer Überzeugung zu dieser Pflicht bekennen.
Darüber hinaus ist es im Sinne des im letzten Konzil definierten neuen Selbstverständnisses der katholischen Kirche möglich und verpflichtend, ohne Angst in den Dialog auch mit Unzufriedenen zu treten, mit Vertretern anderer religiöser oder weltanschaulicher Positionen, um – selbstlos! – zu einer gedeihlichen sozialen und politischen, religiösen und kirchlichen Entwicklung von Europa und der Welt beizutragen.

Hubert Feichtlbauer

Wirbelnde Wasser der Integration

Subsidiarität als Modell für Politik und Kirche

Der Nationalstaat ist für große Probleme zu klein und für kleine zu groß

Na gut, ganz gleich weit entfernt von Passau sind die Außengrenzen der EU in Nordwest und Nordost, Südwest und Südost ja nicht, aber ein bisschen ist die bayerische Dreiflüsse-Stadt von Donau, Inn und Ilz doch so etwas wie das Herz der Europäischen Union. Und vor allem lässt sich am Beispiel dieses Zusammenlaufens von Flüssen illustrieren, wie Integration verläuft: irgendwie, aber nur scheinbar gegeneinander. Wo der Inn in die Donau mündet, sieht es so aus, als flösse die blaue Donau in den dort viel mächtigeren grünen Inn. Wie bei ähnlichen Begegnungen breiter Gewässer meint man, der schwächere Fluss flösse ein Stück weit zurück, ehe sich die strömenden Wasser über allerlei Wirbel in die Richtung ihres Ziels gemeinsam auf den weiteren Weg begeben.
So ist es auch mit dem Zusammenwachsen der Völker und Staaten zu größeren Einheiten. Es verläuft nicht geradlinig in nur eine Richtung, gewissermaßen von unten nach oben, sondern dialektisch in einem scheinbaren Gegeneinander von unten nach oben, gleichzeitig von oben nach unten und dennoch auf ein gemeinsames Ziel zu. Der 2011 verstorbene Harvard-Soziologe Daniel Bell hat das schon vor vielen Jahren auf den Punkt gebracht: „Der traditionelle Nationalstaat ist für die großen Probleme zu klein und für die kleinen Probleme zu groß." Bundesstaaten mit mehreren Entscheidungsebenen bringen für Konsequenzen aus dieser Erkenntnis optimale Voraussetzungen mit. Das brauchen überzeugte Anhänger des Föderalismus überhaupt nicht kleinlaut zu verstecken. Aber begründen sollten sie es können.

Die institutionelle Integration Europas verlief im Dreischritt Europäische Gemeinschaft Kohle/Stahl = Montanunion (1952), Europäische Wirtschaftsgemeinschaft EWG und Europäische Atomgemeinschaft Euratom (1958) und schließlich Europäische Gemeinschaft EG (1967) beziehungsweise später Europäische Union EU (1993). Westeuropäische Staaten, die bis zu dieser Endstation nicht mitmachen wollten oder konnten, gründeten daneben 1960 die Europäische Freihandelsassoziation EFTA, die mit der schrittweisen Abwanderung ihrer Mitglieder in Richtung EG an Bedeutung verlor und seit 1995, als unter anderem auch Österreich den Umweg beendete und zur EU stieß, nur noch vier Mitglieder umfasst: die Schweiz, Liechtenstein, Norwegen (das eine Volksabstimmung von der EU fernhielt) und Island (das sich auch schon bei der EU angemeldet hat). Die organisatorische Verbindung zwischen EG beziehungsweise EU und Rest-EFTA stellt der 1993 verwirklichte Europäische Wirtschaftsraum EWR als „vertiefte Freihandelszone" dar.
Durchaus zeitgleich erfolgten Schritte der Dezentralisierung, Regionalisierung und in manchen Fällen auch Föderalisierung zunächst in Staaten, die einen Transformationsprozess von einem autoritären oder totalitären zu einem demokratischen Staatsgebilde vollzogen, wie dies in Griechenland, Portugal und Spanien der Fall war. Nach dem Wendejahr 1989 legten sich die Länder des ehemaligen kommunistischen Ostblocks demokratische und damit auch zumindest andeutungsweise dezentralisierte Strukturen zu. Wo frühere Nationalstaaten zu Zusammenschlüssen gezwungen gewesen waren, zerfielen sie wieder in die früheren Gebilde. Dies war beim einstigen Jugoslawien der Fall, aus dem nach kurzen, aber mörderischen Kriegen die heutigen Republiken Serbien, Slowenien, Kroatien, Montenegro, Mazedonien und Bosnien-Herzegowina (mit dem Problemfall der Sonderklasse Kosovo) hervorgingen. Wirklich gelungen ist nur die Aufspaltung der Tschecho-Slowakei, wo nach einem „Gedankenstrich-Krieg" 1992 die Tschechische und die Slowakische Föderative Republik getrennt und erfolgreich weitermachten.

Lockerere Strukturen auch in Staaten Westeuropas

Aber auch große Mitgliedstaaten der EU wie Frankreich und Italien, Spanien und Großbritannien besannen sich im Zug der Teilnahme an der Integration Europas auf den Vorteil überschaubarer, teilweise eigenverantwortlicher Teilgebilde. In Frankreich beendete Präsident François Mitterand 1982 das partielle Alleinregierungsrégime der Präfekten in jedem Département durch die Gründung von Regionen als selbständige Gebietskörperschaften. In Regionen und Départements gingen die Verwaltungsagenden von den weitgehend entmachteten Präfekten auf die Präsidenten der General und Regionalräte über.

In Italien sollte ein Verfassungsgesetz 2005 die Autonomie aller 20 Regionen weiter ausbauen und den Senat zu einer Art Bundesrat *(Senato Federale)* aufwerten. Diese beabsichtigte Reform *(devoluzione)* ist allerdings 2006 an einer Volksabstimmung gescheitert. Die fünf Regionen mit Sonderstatut – neben Trentino/Südtirol sind das noch Aostatal, Friaul/Julisch-Venezien, Sizilien und Sardinien – mussten demgegenüber erhebliche Einsparungen schlucken.

Auch Nachfolgeregierungen haben sich an diesem Vorhaben die Zähne ausgebissen – offiziell aufgegeben ist es nicht.

Der spanische „Staat der (17) autonomen Regionen" entstand 1978 im Zug eines umfassenden Verfassungspaktes, der die Allmacht des Zentralstaates ein wenig, aber nach Meinung vieler noch nicht genügend beschnitt. Die Bewohner des Baskenlandes in der spanisch-französischen Grenzregion verlangten nach dem Sturz des Franco-Régimes volle staatliche Unabhängigkeit und versuchten jahrelang, dieses Ziel auch mit terroristischen Methoden zu erreichen, ehe sich die ETA 2011 zu einem Waffenstillstand entschloss und mit der Baskischen Autonomen Gemeinschaft mit weitgehender demokratischer Selbstverwaltung zufrieden gab. Eine weitere „autonome historische Gemeinschaft" ist Katalonien (*Catalunya)* im Nordosten der Iberischen Halbinsel zwischen der Mittelmeerküste und den Pyrenäen mit der Hauptstadt Barcelona, die gleichfalls um weitere Selbstverwaltungsrechte kämpft.

Unblutig, aber scheinbar immer weniger aussichtsreich verlief nach dem EG-Beitritt die weitere Entwicklung in Belgien, wo seit dem 19. Jahrhundert die niederländischsprachigen Flamen in Flandern und die französischsprachigen Wallonen in Wallonien sowie im Großraum Brüssel um mehr Vorrechte rangen. Fünf staatliche Reformanläufe zwischen 1970 und 2003 brachten keinen funktionierenden Bundesstaat zustande. Eine Kurzzeitregierung löste die andere ab und die veritable Staatskrise von 2010/11 ist bis heute nicht dauerhaft gelöst, auch wenn 2012 wieder einmal eine Staatsreform beschlossen wurde.

Ethnische, sprachliche und sich anders definierende Minderheiten folgen in ihrem Autonomiestreben den Beispielen jener Länder, die solchen Wünschen schon Rechnung getragen und damit gute Erfahrungen gemacht haben. Auch in Österreich sind noch nach dem Beitritt des Landes zur Europäischen Union Nachbesserungen im Minderheitenrecht vorgenommen worden, von denen die Kärntner Ortstafelregelung 2011 der spektakulärste Fall war. Derzeit gibt es auf dem Territorium der Republik Österreich sechs gesetzlich anerkannte und damit in bestimmten Bereichen besonders geförderte Volksgruppen: Slowenen, burgenländische Kroaten, Ungarn, Roma/Sinti, Tschechen und Slowaken.

Ausgehend von dieser innerstaatlichen Volksgruppenpolitik und von seiner langjährigen Schutzfunktion für die deutschsprachige Volksgruppe in Südtirol, setzt sich Österreich seit Jahren auch für die Stärkung des Minderheitenschutzes auf internationaler Ebene, insbesondere im Rahmen der UNO und des Europarates, ein. 1992 nahm die Generalversammlung der Vereinten Nationen die von Österreich eingebrachte Erklärung über Minderheitenrechte an. Immer mehr setzt sich auch international die Erkenntnis durch, dass die Respektierung von Minderheiten einen wichtigen Beitrag zur Stabilisierung eines Staates leistet und damit auch die Integration solcher Staaten in größere Einheiten fördert, die ja stabile und verlässliche demokratische Strukturen voraussetzt.

Von dieser Erkenntnis ließ sich offenbar auch das Königreich Großbritannien und Nordirland leiten, wo die Regierung Blair in gesetzlicher Form *(Devolution Acts)* Schottland und Wales 1998

Regionalregierungen und Regionalparlamente zugestand. Einem Teil der Schotten ist das immer noch zu wenig, sodass das Wahlvolk von Schottland am 18. September 2014 darüber abstimmen wird, ob die Autonomie noch einmal verstärkt oder ein eigener Staat Schottland eingerichtet werden soll. Auch die Regierung in London empfindet eine solche Entwicklung offenbar nicht als Behinderung, sondern eher als Bereicherung des europäischen Integrationsprozesses. Drei Zuständigkeitsebenen (die nationale Ebene, darunter die Ebene halbautonomer Teilstaaten, darüber die europäische) erlauben eine sinnvollere Berücksichtigung des Subsidiaritätsprinzips bei der Verteilung von Aufgaben und Zuständigkeiten als nur eine oder zwei.

Die berühmten Gurkenkrümmungen

Dass die Wirklichkeit nicht immer dieser idealtypischen Form entspricht, wissen wir. Immer wieder überwältigt EU-Bürokraten die Versuchung, Angelegenheiten für ganz Europa einheitlich zu regeln, die für die einzelnen Mitgliedstaaten unterschiedlich wichtig sind. Das sollten sie besser bleiben lassen, weil die Abmessungen von Traktorsitzen oder die Beschaffenheit von Glühbirnen keine vorrangigen Integrationsziele sein können. Es wäre sehr wichtig, wenn nationale Regierungen sich solchem Übereifer energisch widersetzten. Wenn sie das zu wenig tun, verraten sie damit, dass sie eigentlich zugeben müssten, dass solche Regelungen in Brüssel nur ausgearbeitet werden, wenn Beamte der Mitgliedsländer sie beantragen. Auch Österreich hat die Reglung der Gurkenkrümmungen im Interesse einheitlicher Transportgefäße haben wollen, ehe diese tatsächlich verfügt und dann auch von Österreich heftig kritisiert wurde.
Im Übrigen kann auch eine sinnvolle Zusammenarbeit mehrerer, aber nicht aller EU-Staaten die gesamteuropäische Integration fördern. Die Kooperation Belgiens, der Niederlande und Luxemburgs gab es auch schon vor der Errichtung gesamteuropäischer Institutionen. 1960 ist Benelux zu einer Zollunion geworden, die sich inzwischen durch die EU längst überholt hat, aber die politische

Zusammenarbeit dieser drei Staaten hat noch immer Sinn. Auch der von Dänemark, Island, Norwegen und Schweden schon 1952 begründete und 1955 durch Finnland ergänzte Nordische Rat bietet noch heute politische Zusatzvorteile für die Mitgliedstaaten, die auch der gesamten EU zugute kommen.

Unter österreichischer Federführung (Erhard Busek!) schlossen sich noch im Wendejahr 1989 fünf Länder (Italien, Jugoslawien, Ungarn, die Tschechoslowakei und Österreich) zu vornehmlich wissenschaftlicher und kultureller Zusammenarbeit in der Pentagonale zusammen.

1991 wurde durch den Beitritt Polens eine Hexagonale daraus, aber die zunehmende allgemeine Knausrigkeit und der Zerfall Jugoslawiens förderten den Übergang dieser Kooperationsform in eine Zentraleuropäische Initiative, die keine größeren Ambitionen mehr zuließ. Österreich war aktiv an der 1990 in der Wachau gegründeten Schaffung der Arbeitsgemeinschaft Donauländer beteiligt, die sich besonders in Fragen der Umweltpolitik und des Klimaschutzes engagiert.

Der Vorteil einer europäischen Integration besteht nicht zuletzt darin, dass auch nur einzelne Teilgebiete eines Nationalstaates in bestimmten Bereichen mit Teilstaaten anderer Mitgliedsländer regional kooperieren können, ohne dass dies alte Grenzziehungen oder die gesamteuropäische Politik gefährden würde. Das beweisen die Arbeitsgemeinschaft der Alpenländer (Arge Alp) mit Geschäftsstelle in Innsbruck, an der einige Bundesländer, Provinzen, Regionen und Kantone Österreichs, Deutschlands, Italiens und der Schweiz beteiligt sind, sowie die 1978 in Venedig gegründete Arge Alpen-Adria, bei der vier österreichische Bundesländer, mehrere italienische Regionen und ungarische Verwaltungsbezirke (Komitate) sowie Slowenien und Kroatien mitmachen.

Für die Befassung mit spezifisch regionalen Themen gibt es bei der Europäischen Union einen Ausschuss mit beratender Funktion, den Kommission, Rat und Parlament der EU vor Entscheidungen anhören müssen. Der Ausschuss für Regionen beschäftigt sich unter anderem mit Wirtschafts- und Sozialpolitik, vor allem auch mit Fragen der Beschäftigung auf dem Arbeitsmarkt sowie

öffentlicher Gesundheit, mit Bildungspolitik, Energie, Umwelt und Klimawandel.
Bewiesen oder jedenfalls beweisbar ist, dass Integration und Dezentralisierung keine Gegensätze sind oder jedenfalls nicht sein müssen, sondern einander ergänzen, wenn dabei sinnvoll, maßvoll und in einem rechtsstaatlichen Rahmen vorgegangen wird. Je größer und kompakter staatliche und überstaatliche Gebilde werden, umso mehr wächst bei vielen Menschen das Bedürfnis nach Behauptung kleinerer Identitäten und überschaubarer teilautonomer Einheiten.

Auf keinen Fall Verzicht auf Föderalismusreform

In der „Neuen Zürcher Zeitung" vom 14. Juni 2013 (S. 37) empfahlen die Wirtschaftswissenschafter Reiner Eichenberger und David Stadelmann auch Griechenland als Ausweg aus der aktuellen Finanz- und Wirtschaftskrise eine Dezentralisierung der staatlichen Strukturen: „Illustrativ dafür ist die Schweiz. Sie ist ein wirtschaftlich und gesellschaftlich besonders erfolgreiches Land mit zufriedenen Einwohnern, weil sie besonders gute politische Institutionen hat, insbesondere kleinräumigen Föderalismus und direkte Demokratie. Auch den Deutschen, den US-Amerikanern oder den Skandinaviern geht es dank ihren relativ funktionsfähigen politischen Institutionen gut. In all diesen Fällen spielt Dezentralisierung und der mit ihr einhergehende offene politische Wettbewerb zwischen Gemeinden, Gliedstaaten und unabhängigen Ländern im selben Kultur- und Sprachraum eine entscheidende Rolle ..."
Deshalb hatte der langjährige sozialdemokratische EG-Kommissionspräsident Jacques Delors recht, der schon bei einem Treffen mit den Ministerpräsidenten der Bundesrepublik Deutschland im Mai 1988 erklärte, die Europäische Gemeinschaft wolle den Teilstaaten eines Bundesstaates keine Kompetenzen wegnehmen und man sollte von der Idee der Konfrontation zwischen EG und föderativen Gliedstaaten zur Idee einer Komplementarität, also wechselseitiger Ergänzung, übergehen. So könnte, schrieb vor Jahren auch schon der ehemalige österreichische Föderalismusminister

Heinrich Neisser, ein richtig verstandener Föderalismus sogar „Motor für einen Einigungsprozess" auf europäischer Ebene werden. Auf keinen Fall macht die hier beschriebene Entwicklung eine gründliche Erneuerung des Föderalismus überflüssig. Wenn eine neue, nämlich die europäische Entscheidungseinheit, zu den vorhandenen dazukommt, muss am besten eine umfassende, tiefgreifende Bewertung der neuen und der schon vorhandenen Ebenen gewagt werden. Pure Besitzstandverteidigung, wie sie von einzelnen „Landesfürsten" immer wieder praktiziert wird, wirkt hier kontraproduktiv. Alle müssten prinzipiell loslassen – aber im Bewusstsein, bei einer Neuverteilung wieder zum Zug zu kommen. Ein solcher Staat könnte sogar zum Vorbild werden. Zum Beispiel für die katholische Kirche. Bei der geht es jetzt freilich nicht um eine Abgabe regionaler Befugnisse an eine höhere Zentrale, sondern um das Gegenteil: um einen Verzicht des Papstes auf seinen Alleinregierungsanspruch zugunsten stärkerer Kollegialität mit seinen Brüdern im Bischofsamt.

Kirche liebt die Theorie der Subsidiarität

Das Subsidiaritätsprinzip, das der Arbeitsteilung in demokratischen Staaten und auch dem ordnungspolitischen Konzept der Sozialen Marktwirtschaft zugrunde liegt, ist ja kirchlichen, wenn auch nicht katholischen, sondern reformatorischen Ursprungs. Denn 1571 entschied die calvinistische Synode in Emden (Ostfriesland), dass das calvinistische Kirchenrecht in Abgrenzung zum bisherigen zentralistischen katholischen Recht nach dem Grundsatz orientiert sein sollte, dass die jeweils niedrigere Ebene so viel wie möglich und die jeweils nächsthöhere nur das, was sie besser beurteilen kann, entscheiden sollte. In seinen Grundzügen kann man diesen Gedanken bis Aristoteles zurückverfolgen. In der zweiten Hälfte des 19. Jahrhunderts bemächtigte sich die katholische Staatslehre dieses Prinzips, was bereits 1891 in dem päpstlichen Rundschreiben „Rerum novarum" von Leo XIII. zum Ausdruck kam und 40 Jahre später in der Enzyklika „Quadragesimo anno" von Pius XI. als eine der Säulen der katholischen Gesellschaftslehre verankert wurde. Ihr Kernsatz lautet: „Wie dasjenige, was der Einzelmensch aus eigener Initiative [...] leisten kann, ihm nicht entzogen und der Gesellschaftstätigkeit zugewiesen werden darf, so verstößt es gegen die Gerechtigkeit, das, was die kleineren und untergeordneten Gemeinwesen leisten [...] können, für die weitere und übergeordnete Gemeinschaft in Anspruch zu nehmen" (QA 79).

Formuliert hat diese Textpassage der deutsche Jesuit Gustav Gundlach, der ausdrücklich dazu schrieb, ein solches Prinzip könne weder christlich noch unchristlich, sondern nur richtig oder falsch sein und stelle kein Offenbarungsgut dar. „Wahrhaft lichtvolle Worte" nannte diese Sätze Papst Pius XII., der Nachfolger von Pius XI., in einer Ansprache vor dem versammelten Kardinalskollegium am 20. Februar 1946. „Sie gelten für alle Stufen des gesellschaftlichen Lebens. Sie gelten auch für das Leben der Kirche, unbeschadet ihrer hierarchischen Struktur."

Dann und wann hat ein späterer Papst auch daran wieder erinnert. Umgesetzt hat die katholische Kirche diesen Grundsatz nie. Es hätte die hierarchische Struktur natürlich „beschadet". Völlig unverträglich ist das Subsidiaritätsprinzip mit den canones 331 bis 333 des Codex Iuris Canonici, die dem Papst kraft seines Amtes höchste gesetzgeberische, vollziehende und Recht sprechende Gewalt ohne Berufungsmöglichkeit zusprechen. Dagegen haben sich seit Jahrzehnten Stimmen des Widerspruchs in höchsten kirchlichen Kreisen erhoben. Kardinäle und Bischöfe, Kirchenvolksvertreter und Laienfunktionäre fordern seit langem eine Dezentralisierung kirchlicher Machtbefugnisse.

Am 24. November 1991 erschien in der Hamburger Wochenzeitschrift „Die Zeit" ein Diskurs zwischen den beiden Kardinälen Franz König (Wien) und Joseph Ratzinger (Kurie) über dieses Thema. Ratzinger widersprach als damaliger Präfekt der Glaubenskongregation dem Vorwurf des überbordenden vatikanischen Zentralismus nicht, sah dessen Beschreibung nur in manchen Punkten als übertrieben an, räumte aber gleichzeitig ein, dass selbst das Dogma, „weil es in Menschensprache gefasst ist, eine Auslegungsweite hat" und dass nicht nur Papstworte zählten:

„Warum kann nicht auch ein Laie für die Kirche sprechen? [...] Laien können überzeugender wirken als Kleriker."
Der langjährige Vorsitzender der US-amerikanischen Bischofskonferenz, Kardinal John Quinn von San Francisco, schrieb ein Buch „The Reform of the Papacy", in dem er die Anwendung des Subsidiaritätsprinzips auch auf die kirchlichen Strukturen eine „dogmatische Notwendigkeit" nannte und unter vielen Zeugen ähnlicher Auffassungen auch Kardinal König und den Innsbrucker Bischof Reinhold Stecher anführte. Papst Johannes Paul II. nahm das Buch persönlich entgegen, ließ sich mit Kardinal Quinn sogar fotografieren – und kam nie mehr darauf zurück.
Kardinal Godfried Danneels, Erzbischof von Brüssel-Mecheln bis 2010, empfahl dem Papst, sich mit einem Gremium von sechs oder sieben Personen zu umgeben, die nach ein paar Jahren wieder ausgetauscht werden sollten, um nicht mit der Vatikanbürokratie zu verwachsen, und zusammen mit diesen die Kirchenregierung kollegial zu führen. Viel Beifall in der Öffentlichkeit, keine Reaktion von oben. Als ich ihm bei einer persönlichen Begegnung einmal für diesen Vorschlag dankte, erwiderte er, ein wenig gequält lächelnd: „Sie glauben gar nicht, was mir das für Scherereien eingetragen hat."

Hoffnung auf den neuen Bischof von Rom

Das könnte jetzt anders werden. Papst Franziskus hat vom ersten Tag an signalisiert, dass er als „Bischof von Rom" die Kollegialität mit den Bischöfen aus aller Welt ernster nehmen will als seine Vorgänger. Dazu müsste nicht einmal das geltende Kirchenrecht geändert werden. Gemäß canon 333, 2 hat der Papst „das Recht, entsprechend den Erfordernissen der Kirche darüber zu bestimmen, ob er dieses Amt persönlich oder im kollegialen Verbund ausübt".
Der „kollegiale Verbund": Das wär's! Der Papst kann sich so oft und so viel beraten, wie er will. Er könnte die nach Vaticanum II eingeführten Bischofssynoden aus ihrem Kopfnickerdasein erlösen und zu einem echten Diskursorgan machen. Afrikanische

Bischofssynoden könnten in Afrika, asiatische in Asien, amerikanische in Nord- und in Südamerika abgehalten werden – das ist oft schon (erfolglos) gefordert worden. Er könnte die nationalen Bischofskonferenzen aufwerten, übernationale regionale Konferenzen einführen und alle diese Organe auch mit bestimmten Vollmachten (zum Beispiel in Liturgie- oder Eherechtsfragen) ausstatten. Die Ermöglichung von Reformexperimenten in Fragen, die die Substanz des Glaubens und der Moral unangetastet lassen, könnte dem Streit um „heiße Eisen" manch giftige Spitze nehmen. Mit einem Wort: Er könnte von den Beispielen der Politik lernen, wie man Schritte in Richtung „Einheit in versöhnter Vielfalt" setzt und globale Integration bei gleichzeitiger Dezentralisierung betreibt. Er könnte. Er darf. Viele hoffen: Er wird.

Christian Lagger

Hoffnung? – Was sonst!

Über den Anfang der Elisabethinen in Graz

Herwig Hösele wird mit dem Titel „Über die Pflicht, ein Optimist zu sein" geehrt. Das ist eine Steilvorlage in doppelter Hinsicht. Erstens bezogen auf die Pflicht und zweitens bezogen auf den Optimismus. Beides sind Begriffe, die in der Denkgeschichte je unterschiedlich ausführlich vor allem seit dem 18. Jahrhundert diskutiert worden sind.

Pflicht, Optimismus und Hoffnung

Immanuel Kant (1724–1804) gilt als Metaphysiker der Pflicht, dessen Ethik sich ganz auf das Pflichtdenken hin zentralisiert. „Pflicht ist die Notwendigkeit einer Handlung aus Achtung fürs Gesetz [...], mithin die Maxime, einem solchen Gesetze selbst mit Abbruch aller meiner Neigungen Folge zu leisten [...] Handle nur nach derjenigen Maxime, durch die du zugleich wollen kannst, dass sie ein allgemeines Gesetz werde." (Kant, Grundlegung der Metaphysik der Sitten). Der Pflicht-Begriff wurde in weiterer Folge verkürzt und losgelöst von den anthropologischen Zusammenhängen im Denken des großen Philosophen zu einer preußischen Tugend hochstilisiert. Pflicht wurde im Nationalsozialismus zu einem Ideologumenon der Unterwerfung und Knechtschaft, wo sie im Denken Kants doch der Goldglanz wahrer Freiheit war. Dieser Missbrauch von Pflicht war wohl einer der Hauptgründe, warum Pflicht nach dem Zweiten Weltkrieg zu einer Währung ohne Wert mutierte. Die „Dialektik der Aufklärung" (Adorno/Horkheimer, erste Auflage 1944!) schüttet das Kind mit dem Bade aus, indem Aufklärung sich selbst destruiert. In den 1968ern wurde die Pflicht zu Grabe getragen. Den „Minima Moralia" von Theodor Wiesengrund Adorno (1903–1969) war Pflicht keine Erwähnung mehr wert und im sogenannten postmodernen Denken lässt sich ein einheitliches Pflichtverständnis nicht mehr rekonstruieren. Pflicht als Leitbegriff sittlichen Handelns im Sinne des Gemeinwohls schien in Politik, Gesellschaft und Wirtschaft in Deckung gegangen zu sein. Der Orientierungsrahmen eines *Anything goes!* (Feyerabend) und der Schlagworte wie „Geiz ist geil" und „Gewinn ist alles" gab in einem sogenannten neoliberalen Kontext andere Handlungsmaximen vor. Soziologen und Sozialethiker sprechen heute von der Generation Z als einer Gesellschaft von „Ego-Taktikern" und „Selbstoptimierern".

Nach Wirtschaftskrise, Finanzkrise, Eurokrise, Bankenkrise usw. und dem Deutlichwerden der auch massiv menschlichen Ursachen dieser Gefährdungen unserer europäisch-amerikanischen Wohlstandsgesellschaften und deren sozialen Zusammenhalts scheint ein neues Bewusstsein für gemeinwohlorientierte Normen und pflichtgemäßes Handeln zu wachsen. Selbstverpflichtungskataloge für Politiker, Banker und Manager sind in Mode. Namen und Fakten ließen sich hier zur Genüge auch in Bezug auf Österreich anführen. Also: Pflicht wird wieder zum Thema. Dies auch, weil die Bindungskräfte unserer Gesellschaft schwächer werden. Und Pflicht hat in der deutschen Sprache schon von seiner alt- und mittelhochdeutschen Sprachwurzel her viel mit Gemeinschaft und dem Verbindenden zu tun. Im Wortstamm sind Begriffe wie Gemeinsamkeit, Gemeinschaft, Sorge und Obhut enthalten. Die juristischen Dimensionen des Pflichtbegriffes seien hier nur angedeutet. Eine rechtsstaatliche und demokratische Gemeinschaft ohne „Rechte und Pflichten" kann es nicht geben. Auch Gemeinwohl nicht.

Was haben nun die Überlegungen zur Pflicht mit Optimismus zu tun? Optimismus wird heute allgemein als eine Haltung dem Leben gegenüber verstanden, dessen Gegenhaltung der Pessimismus ist. Im europäischen philosophischen Denken sprach der Universalgelehrte Gottfried Wilhelm Leibniz (1646–1716) von

der „besten aller möglichen Welten“ (Optimum = Wurzel von Optimismus) trotz der Übel in der Welt. Diese These wird mit äußerst konziser fast mathematisch exakter Logik von Leibniz dargelegt. Die Welt sei gut im Hinblick auf das Wohlgeordnetsein des Ganzen. Selbst das einzelne Übel sei Teil eines guten Ganzen. Das gute oder schlechte Einzelschicksal sei nicht der Maßstab, im Letzten ist auch alles Übel im Guten aufgehoben. Dieser Weltoptimismus, der auch mit der damaligen Entfaltung der Naturwissenschaften und der empiristischen Weltbetrachtung zusammenhing, wurde durch das fürchterliche Erdbeben von Lissabon 1755 mit tausenden Toten merklich erschüttert. Arthur Schopenhauer (1788–1860) interpretierte die Welt als die schlechteste aller möglichen Welten, als Ort gequälter und von Angst getriebener Existenzen. Dies war eine ausgesprochen pessimistische Weltsicht, der Gegenentwurf zum Optimismus, der in weiterer Folge bis Jean Paul Sartre seine philosophischen Auswirkungen zeigte.
Die oben benannten Krisen und die Vorgänge weltweiten Terrors seit 9/11 scheinen eher dem Konzept des Pessimismus Recht zu geben. Wer aber aufmerksam die Titel der Neuerscheinungen von Büchern im Bereich von Lebensbewältigungsstrategien bis hin zur Managementliteratur liest, wird die Übermacht eher optimistischer Ausrichtungen nicht leugnen können. Die Kraft positiven Denkens wird darin beharrlich beschworen. Ein Lächeln scheint eher zukunftsfähig zu sein, als die ins Gesicht eingeschriebenen Sorgenfurchen. Und um Zukunft geht es und um Gestaltung der Zukunft – einer hoffentlich menschenwürdigen und guten Zukunft. Das Konzept des Optimismus prägt sich heute bis in die Interpretation von Management als Lösungshandlungskunst aus. Der Pessismismus ist problem- der Optimismus lösungsorientiert. Auch die Trendforschung scheint ähnliche Muster zu zeigen. Für die einen wird die Welt eigentlich besser, allen Unheilspropheten zum Trotz. Und dieses Besserwerden wird mit Fakten und Daten belegt. Für die anderen gibt es Grund zu großer Sorge auf Basis der Fakten- und Datenlage. Das wird deutlich an der Interpretation der Weltklimaentwicklung und der Wirtschaftsentwicklung. In diesen Feldern wird die Scheidung der Welttrendgeister besonders

evident. Pessimismus oder Optimismus? Und was heißt hier noch einmal die Pflicht, ein Optimist zu sein? Ganz allgemein könnte man angelehnt an Kants Pflichtbegriff sagen, im Sinne einer Maxime für alle, sei Optimismus besser als Pessimismus.
Aber: Optimismus birgt die Gefahr in sich, im Blick auf die Welt unerfreuliche Realität zu ignorieren, zu verdrängen oder umzudeuten. Und Pessimismus kann angesichts der als schwer und bedrückend empfundenen Wirklichkeit zu Handlungsblockaden führen. Beide Tendenzen können extrem genommen Zukunftsunfähigkeit bewirken.
Ein altes katholisches Prinzip wird mit dem Lateinischen *et-et* benannt, was mit „sowohl als auch“ übersetzt werden kann. Gut wäre, den analytischen Realitätssinn – auch im Blick auf Unerfreuliches – des Pessimismus und die zukunftsorientierte Tatenfreude des Optimismus zu vereinen.
Der christliche Begriff der Hoffnung scheint beides in sich zu bergen. Hoffnung zählt in der christlichen Denktradition neben der Liebe und dem Glauben zu den drei sogenannten göttlichen Tugenden. „Göttlich“ werden diese Tugenden genannt, weil der Mensch diese in ihrer Gottbezogenheit nicht aus sich selbst heraus erzeugen kann. Sie sind Geschenk und Gabe und nicht verfügbar. Die Dreiheit von Glaube, Hoffnung und Liebe ist christlich konstitutiv. Glaube ohne Liebe und Hoffnung, Hoffnung ohne Glaube und Liebe und Liebe ohne Glaube und Hoffnung kann es nicht geben.
Charles Péguy (1873–1914) widmet sich in einer kleinen tiefsinnigen Schrift „Das Tor zum Geheimnis der Hoffnung“ (1911; frz. Original: *Le Porche du Mystère de la deuxième Vertu*; übersetzt von Hans Urs von Balthasar) der Hoffnung. Darin bezeichnet er die Hoffnung als „kleines Mägdlein“, das zwischen den beiden großen Schwestern Glaube und Liebe, gleichsam an deren Händen, geht. Das Vorhandensein von Glaube und Liebe unter den Menschen wundere Gott – so Péguy – nicht: „Aber die Hoffnung, sagt Gott, das verwundert mich wirklich. Mich selber. Das ist wirklich erstaunlich. Dass diese armen Kinder sehen, wie das alles zugeht, und dass sie glauben, morgen gehe es besser. Dass sie sehen,

wie das alles heute geschieht, und dass sie glauben morgen früh gehe es besser. Das ist verwunderlich, und dass ist entschieden das größte Wunder unserer Gnade [...].Was mich wundert, sagt Gott, das ist die Hoffnung." Hier ist eine zentrale Grunddimension christlicher Hoffnung zum Ausdruck gebracht. Hoffnung ist nicht blind, blauäugig oder rosa Wolken malend. Hoffnung sieht die Realität wie sie ist, ungeschminkt und bleibt doch, was sie ist, Hoffnung. Es gibt eine Art von christlichem Realismus, der sich aus dem Glauben nährt. Er weiß um das Beschädigtsein und nicht Perfektsein von Schöpfung, Welt und Mensch (Erbsünde) und engagiert sich trotzdem in dieser Welt für eine menschenwürdigere Zukunft (Liebe). Christen engagieren sich in Gesellschaft, Kultur, Politik, Wirtschaft und Kunst (siehe Geschichte des Christentums). Weltflucht war nie Kernprogramm, sondern zeitweilige oder institutionelle Ausnahme, aber nie ohne Weltbezug (auch kontemplative Orden engagieren sich für Welt in Form von Gebet). Christliche Hoffnung wurzelt auch in der Überzeugung, dass die Schöpfung im Letzten gut ist, weil von Gott geschaffen und weil Gott selbst in Jesus Christus Mensch dieser Welt geworden ist. Der Mensch ist dazu berufen, die Welt zu behüten und zu gestalten (= die Urbedeutung von „Macht euch die Erde untertan" (Gen 1, 28)). Weltengagement im Sinne der Hoffnung wird aber der Versuchung zur absoluten Perfektion im Erzeugen eines idealen Zustandes von Gesellschaft und Welt widerstehen. Glaube, Hoffnung und Liebe motivieren zu einem Handeln im Horizont des eschatologischen Vorbehaltes. Das heißt die Weltvollendung ist nicht Sache des Menschen. Wo Menschen dies versucht haben, waren menschliche Katastrophen die Folge. Ein Blick auf die Geschichte des Kommunismus und Nationalsozialismus im 20. Jahrhundert mag zur Illustration genügen.

Hoffnung in dem beschriebenen Sinn ist Motor eines realistischen Weltengagements und vermag, dem zur resignativen Tatenlosigkeit stimulierenden Pessimismus in eine optimistisch-aktive Perspektive hinein zu verhelfen. „Die Hoffnung sieht, was noch nicht ist, und was sein wird. Sie liebt, was nicht ist, und was sein wird." (Péguy)

Hoffen und Tun – Der Anfang der Elisabethinen in Graz (1690–1693)

Der Anfang der Elisabethinen in Graz ist in den historischen Vorgängen der Jahre zwischen 1690 und 1693 wohl so etwas wie die Konkretion beispielhaft gelebter Hoffnung.

Die Namensgeberin des Konvents der Elisabethinen und des dazugehörigen Krankenhauses, ist die heilige Elisabeth (1207–1231). Sie war die Tochter des ungarischen Königs Andreas II. (†1235) und seiner Frau Gertrud von Meranien (†1213). Schon im vierten Lebensjahr wurde sie als Braut des damals einflussreichen zukünftigen Landgrafen von Thüringen auf die Wartburg in Eisenach gebracht, um in die gräfliche Familie hineinerzogen zu werden. Elisabeth heiratete 1221 Ludwig IV., den Landgrafen von Thüringen. Sie wurde Mutter dreier Kinder. Ihr Mann verstarb bei einem Kreuzzug in Otranto 1227. Elisabeth verließ die Wartburg und verzichtete auf höfische Rechte. Als Gründerin eines Krankenhauses im franziskanischen Geiste in Marburg an der Lahn und durch ihre Fürsorge für die Armen und Kranken wurde sie über die Grenzen Deutschlands hinaus bekannt. Elisabeth von Thüringen starb 1231 im Alter von 24 Jahren, wurde schon 1235 in Perugia durch Papst Gregor IX. heilig gesprochen und ist bis heute über Jahrhunderte hinweg eine der populärsten Heiligen aller christlichen Kirchen. Sie ist nicht nur die Patronin des Ordens der Elisabethinen, sondern weltweit auch der Caritas.

Die Gründung der „Hospitalschwestern der hl. Elisabeth vom Dritten Orden des hl. Franziskus" im Jahre 1626 in Aachen geht zurück auf die Initiative von Mutter Apollonia Radermecher (1571–1626), die schon seit 1622 im Aachener Armenspital als Spitalsmeisterin diente.

Aus Düren bei Aachen, einer Expositur des Aachener Konvents machten sich 1689 vier Elisabethinen auf den Weg nach Graz. Es waren dies: Maria Elisabeth Vettweißing, Maria Anna Vettweißing, Maria Clara Haß und Maria Josepha de Rupe. Nach einer Pilgerschaft, die über ein Jahr dauerte, kamen sie am 19. 10. 1690 um 22 Uhr in Graz an. Diese Informationen sind der Aufzeichnung

einer der Fundatorinnen des Grazer Konventes entnommen. Die Elisabethinen wurden von der späteren Stifterin Maria Theresia Gräfin Leslie (eine Geborene von Liechtenstein) gebeten, nach Graz zu kommen. Die Gräfin – nach dem Tod ihres Mannes General Leslie hieß sie in zweiter Ehe von Wagensperg – hatte bei einem Besuch in Aachen das segensreiche Wirken der Schwestern gesehen und war begeistert. Sie bat die Schwestern, in Graz ein Krankenhaus für Frauen zu gründen, denn damals hat es ein solches nicht gegeben (wohl aber ein Krankenhaus für Männer, das von den Barmherzigen Brüdern betrieben wurde).
Es hat mehrere Jahre bis zum Aufbruch zur Reise nach Graz gebraucht. Auch mussten sich erst Schwestern bereit erklären, dies zu tun. Viele Überlegungen und Gebete wurden getätigt, bevor die Entscheidung der oben genannten Schwestern für die Reise nach Graz getroffen wurde. Es war kein Begeisterungsstrohfeuer, sondern ein lange gewachsener gründlicher Entschluss. Dieser Entschluss wurde allerdings auch von vielen Mitschwestern, geistlichen und weltlichen Herren in der Heimatstadt in Frage gestellt, und es wurde versucht, die Schwestern zum Bleiben zu überreden. Dazu kam, dass kurz nachdem sich die Schwestern auf die Reise gemacht hatten, ihnen schon per Brief ausgerichtet wurde, dass sie wieder umkehren sollten, da man sie nun doch nicht in Graz benötigen würde. Es gäbe schon zu viel Frauengemeinschaften: Die Karmelitinnen, die Klarissen, die Dominikanerinnen und die Ursulinen. Die Schwestern ließen sich nicht stoppen und strebten ihrem Ziel entgegen, in Graz einen Konvent für die Krankenbetreuung zu errichten. Auch der Versuch, den Schwestern einen anderen Ort, nämlich Iglau, schmackhaft zu machen, blieb erfolglos. Sie blieben auf ihrem Weg in die Steiermark. Die damalige Chronistin schrieb (in der Abschrift von 1885): „Gott ist allein bekannt, was wir deßwegen haben leiden müssen, weilen wir aber wohl wussten, daß Gott des Herrn gemeiner Brauch sei, daß, wann er ein sonderbares gutes Werk richten will, solches anfangs mit vielen Widerstand und Verfolgungen lasst angefochten werden, daß er doch hernach zum guten Fort- und Ausgang bringet, deßwegen haben wir uns durch alles, was wir überstehen müssen, nicht ab-

schrecken lassen, sondern eine die andere zur Beständigkeit aufgemuntert, alle aber Gott und die gebenedeyteste Mutter Gottes inständig gebeten, wann es sein heiliger Wille wäre, er verhelfen wolle, dass dieses heilige Werk doch seinen Fortgang erreichte."
Die Schwestern ließen sich auch durch erfahrenen Widerstand nicht die Hoffnung rauben, dass ihr Vorhaben in Graz für die notleidenden Menschen gut und vor Gott wohlgefällig sei. Die folgenden Zeilen verdeutlichen dies: „... wir uns einer schweren Verantwortung bey Gott, indem wir empfunden, daß er uns durch innerliche Einsprechung zur Fortsetzung des Werkes beständig angetrieben hat, also nach langer Unterredung beschlossen lieber in Gottes Namen fortzureißen mit festem Vertrauen auf Gott, daß, weilen unser Reiß nicht aus Leichtsinnigkeit, noch Fürwitz, sondern allein aus Liebe zu Gott und des Nächsten angefangen worden, seine göttliche Güte werde uns nit verlassen, antworten uns alsobald, wir wären schon auf der Reiße, und hoffen, Gott werde alles zum Besten schicken."
In Graz angekommen, bezogen die nunmehr drei Elisabethinen – Sr. Maria Elisabeth Vettweißing war mittlerweile verstorben – ein kleines Haus am Mühlgang – heute Ecke Prankergasse – und wollten ihr Werk der Zuwendung zu den Kranken beginnen. Die ersten drei Jahre 1690 bis 1693 waren von Mühsal und Plage geprägt. Erstens war es die Eingewöhnung in eine neue völlig fremde soziale, kulturelle, aber auch klimatische Umgebung: „Nun laß ich einen jeden Menschen betrachten, wie uns in dieser Fremde muß ums Herz gewesen sein, ehe wir uns gewöhnen können in das fremde Land, und des Landsbrauch, in die Leut, in das Essen und Trinken, in die scharfe steyermärkische Luft, welches alles weit anders ist, als wirs in unsern Lande gehabt haben." Die Situation mit der Gräfin bezogen auf die in Aussicht gestellte Stiftungssumme eskalierte zusehends. Staatsrechtliche Rahmenbedingen erforderten nämlich für die Erlaubnis, ein Kloster zu gründen, eine bestimmte Stiftungssumme (30.000 Gulden). Die Stifterin hatte mehrmals auch schriftlich eine Summe von 40.000 Gulden in Aussicht gestellt, wollte aber, als die Schwestern in Graz angekommen waren, nichts mehr davon gewusst haben. Die ersten drei Elisa-

bethinen in Graz waren zunächst völlig auf sich allein gestellt. Die Gräfin ließ sie als Neuankömmlinge auch bei den öffentlichen Stellen allein vorsprechen. Ob es der Bürgermeister oder der Bischof war: Sie mussten sich allein ohne vermittelnde Hilfestellung durchschlagen. Obwohl der Stifterin die Ankunft in Graz lange vorher angekündigt war, wurde seitens der Amtswege nichts für eine neue Klostergründung in Graz vorbereitet. So musste auch mit dem Erzbischof von Salzburg und dem Hof zu Wien korrespondiert werden. Die Schwestern waren dabei völlig überfordert. Vor allem deshalb, weil auch der Bischof und letztlich der Erzbischof von Salzburg eine Ablehnung des Vorhabens kundtaten. Die Stifterin wollte gar nichts mehr investieren und verfolgte als einziges Ziel die rasche Rückkehr der Schwestern nach Aachen. Den Schwestern wurde das Leben sehr schwer gemacht: So wurden auch die gespendeten Sessel und Tische der Schwestern von Mitarbeitern der Gräfin aus dem Haus der Schwestern entfernt. Die ersten Elisabethinen waren Klausur gewohnt. In Graz wurden sie angehalten, ihre Mahlzeit in einem Gasthaus der Vorstadt mit dem damals üblichen rauen sozialen Ambiente einzunehmen. Die Schwestern aber bemühten sich, ihrem Auftrag treu zu bleiben und die Hoffnung auf einen guten Ausgang ihrer Bemühungen nicht aufzugeben. Doch gab es auch Phasen der Resignation und tiefer Einsamkeit. Aber gerade in diesen Zuständen wurde ihnen die Erfahrung neuer Hoffnung zu teil: „Nun aber vernehmet, wie Gott so wunderbarlich ist, daß man vermeint, es sey schon alles aus und keine Hoffnung mehr, sehet da ist oft erst die größte Hilf vorhanden, wir haben schon eingepackt gehabt, und uns auf die Abreise fertig gemacht, wollten auch uns mit Nächsten von Graz beurlauben." Es gab in diesen schweren Jahren immer wieder Begegnungen mit wohlgesinnten Frauen aus dem Adel, die auch mit Geldgaben weiterhelfen wollten und Trost spendeten. Aber die Hilfestellungen fanden durch Todesfälle oft ein jähes Ende.

Die entscheidende Wende damals kam für die Schwestern vom Dominikanerpater Raimund Fizing, der sich für die Elisabethinen engagierte und dabei äußerst klug vorging. Auf seine Frage, ob die Schwestern von jemandem Unterstützung hätten, da sie

doch schon lange in Graz seien, schilderten sie ihre bedrängte Situation, aber gaben damit auch ein ergreifendes Zeugnis ihrer Hoffnung: „Gott es also haben wollen, er fragt uns, ob wir Niemand hätten, der uns an die Hand stunde? Wir antworteten: gar keinen Menschen, worüber er sich hoch verwunderte, daß wir schon drey Jahre zu Graz wären und sogar Niemand hätten, der an die Hand thät stehen, freylich waren Bekannte, so lange es uns wohl gangen, aber in der Noth war Niemand, der uns Hilf und Beystand geleistet hätte, Gott hat es also haben wollen, damit wir desto mehr leiden sollen, theils zur Abbüssung unserer Sünden, theils aber daß dieses vorhabende Werk unseres Klosters durch viel Trübseligkeiten aufwachsen, und hernach einen längeren Bestand haben sollte, wie ein Eichbaum durch starken Wind angefochten dadurch seine Wurzeln nur tiefer in die Erde befestiget, daß er hernach desto länger stehet, damit man auch hieraus die wunderliche Allmacht Gottes desto mehr erkennen thäte, die auch die allerverzweifeltsten Sachen als wie damals unser Stiftung war, endlich zu einem glückseligen Ausgang bringen könnte."
Pater Fizing empfahl den zwei verbliebenen Elisabethinen – Sr. Clara Hassin war 1692 verstorben – eine Novene zur schmerzhaften Muttergottes zu beten. Er selbst verfasste ein Schreiben an den Erzbischof von Köln, der wiederum eines an den Salzburger Erzbischof verfasste. Die Stimmung wendete sich, auch der Beichtvater der Gräfin unterstütze nunmehr die Klostergründung der Elisabethinen. Der private und öffentliche Druck auf die Stifterin nahm deutlich zu und so konnte endlich die Stiftungssumme zur Verfügung gestellt und am 22. Mai 1693 der Stiftungsbrief unterzeichnet werden. Die Elisabethinen begannen ihr Werk der Krankenfürsorge mit sechs Krankenbetten, einer Apotheke, einem Wundarzt und Pflegehelferinnen. Schon 1694 konnte mit dem Bau eines eigenen Klostergebäudes begonnen werden. Die Anzahl der Ordensfrauen wuchs rasch und so wurden von Graz aus die Konvente in Wien (1709) und Klagenfurt (1710) und von Wien her Linz (1745) gegründet. In Graz haben seit den schwierigen Anfangsjahren 319 Schwestern am Werk weitergebaut. Heute führen die Elisabethinen am Konventsgelände ein modernes Akutkran-

kenhaus mit fast 400 Mitarbeitern und eine Einrichtung für Betreutes Wohnen. Die Elisabethinen in Graz nehmen das Erbe des Anfangs als Auftrag für die Zukunft in der Zuwendung zu den kranken und leidenden Menschen, die sich ihnen anvertrauen. Sie tun dies in der Haltung gläubiger Hoffnung, die schon das Handeln der ersten Elisabethinen in Graz prägte: „Gott hat auch gedachte Widerwärtigkeiten über uns kommen lassen, um uns zu probieren und demüthigen, dass wir erkennen sollen ein Werk Gottes und nicht unseres zu sein, indem er letztlich einen guten Ausgang gemacht, welchen wir handgreiflich Gott dem Höchsten zuschreiben müssen, der uns Geduld, Gnad und Verharrung geben, und alle Mittel verschafft, dass dieses Werk zu guten End gebracht worden." Nüchtern werden Widerwärtigkeiten benannt und schwierige Zeiten nicht schöngeredet, aber auch die Dankbarkeit über den guten Ausgang wird zum Ausdruck gebracht. Dies ist die Haltung der Hoffnung, die die Angewiesenheit auf Hilfe anderer Menschen und auf die gute Fügung Gottes offen bekennt. Abschließend seien vier Aspekte des konkreten Hoffens und Tuns der Elisabethinen des Anfangs benannt und skizziert, die auch als elisabethinisch-franziskanische Grundhaltungen des Konvents in Graz bezeichnet werden können:

- Mit Bedingungen, die gegeben sind, versöhnt leben lernen und die Möglichkeiten, die sich daraus ergeben, gut nutzen. Die ersten Elisabethinen haben sich mehrfach auf Bedingungen und vorgegebene Wirklichkeiten einstellen müssen und haben versucht, das Beste daraus zu machen.
- Mut haben zu Neuem und bisher Unkonventionellem und zwar im Blick auf die Herausforderungen der Zeit und die wirklichen Bedürfnisse der Menschen („schau hin und handle"). Keine Luftschlösser bauen, sondern pragmatisch und realitätsnahe das Notwendige umsetzen: Die kranken und pflegebedürftigen und sozial schwachen Frauen in Graz haben damals Herberge, Hilfe und Zuwendung gebraucht. Dafür haben sich die Elisabethinen eingesetzt und Strukturen geschaffen, um gut helfen zu können. Der kranke und hilfesuchende Mensch ist bleiben-

der Orientierungspunkt des Tuns der Elisabethinen. Rasche und unkomplizierte Hilfe zeichnet sie aus (heute: Akutkrankenhaus und Betreutes Wohnen).

- Kontinuität und Zähigkeit in der Umsetzung dessen, wofür die gutüberlegte Entscheidung getroffen wurde. Die ersten Elisabethinen und ihre Nachfolgerinnen bleiben ihrer errungenen Entscheidung und Überzeugung, nach Graz zu gehen und dort trotz aller anfänglichen massiven Widerstände zu bleiben, um Menschen in Krankheit und Not zu helfen, treu und das 323 Jahre lang – bis heute. Dafür stehen die Elisabethinen, dafür kämpfen und beten sie.
- Auf Gott vertrauen und gelassen sein, denn wie ein altes Sprichwort sagt: „Dem, der tut, was an ihm liegt, wird Gott die Gnade nicht verweigern". Und offen und dankbar zu sein für die Hilfe und den Rat von Mitmenschen. Die Elisabethinen sind wahre Franziskanerinnen im Wissen, dass gute Werke, die Unterstützung vieler brauchen. Keiner kann alles allein. Dies schafft ein Klima der Solidarität und der Kooperation. Das Krankenhaus der Elisabethinen ist ein verlässlicher Kooperationspartner vieler Institutionen im Gesundheitswesen der Steiermark.

Die am Beispiel der Elisabethinen des Anfangs in Graz dargestellte gelebte Hoffnung ist die Alternative zur Spannung von Optimismus und Pessimismus. Sie ermöglicht erst ein unverkrampftes Engagement für eine menschenwürdige Zukunft in Gesellschaft, Kultur, Wirtschaft und Wissenschaft im Horizont von Geist und Gegenwart. Ein solches unverdrossenes und umsetzungsfreudiges Engagement durfte ich beim Jubilar Herwig Hösele in den unzähligen verschiedenen Begegnungen mit ihm als substanzielles Merkmal seiner Persönlichkeit dankbar wahrnehmen. Er ist damit den franziskanisch gesinnten Elisabethinen zu Graz nicht unähnlich.

Horst Pirker

Qualitätsjournalismus und die digitale Herausforderung

Herwig Hösele habe ich vor Jahrzehnten im Vorstand des Verbandes Österreichischer Zeitungen kennengelernt, in dem das Gewicht einzelner Wortmeldungen meist mit der Größe des vertretenen Mediums korrelierte. Bei Herwig Hösele war das anders. Es war sein differenzierender intellektueller Zugang, immer ein wenig schräg, abgebildet auch in seinen Gesichtszügen, der das Gewicht seiner Wortmeldungen bestimmt hat. Und sein Wort wog schwer. Das war in Wien und wir beide standen für die Steiermark, obwohl ich ja ein gebürtiger Kärntner bin. Und als Kärntner war man in diesen Jahren gewohnt, sich in Wien für die Politik wenigstens rechtfertigen oder gar schämen zu müssen. Da tat es manchmal gut, auch in und mit einer zweiten Assoziation zu leben, nämlich der zur Steiermark im Allgemeinen und zu Herwig Hösele und dem politischen Anspruch, für den er stand und steht, im Besonderen.

Herwig Hösele hat ja nicht nur „seine" Zeitung, „Die Steirische", repräsentiert, sondern ist immer auch ein gutes Stück weit für den jeweiligen Landeshauptmann gestanden, auch und insbesondere als dieser Landeshauptmann eine Frau, Waltraud Klasnic, war. Manche haben ihn als „Josefinischen Beamten" gesehen, andere als „durchscheinend" auf den jeweiligen Amtsträger interpretiert. Ich denke, beide Zugänge greifen zu kurz oder überhaupt daneben. Die Beziehung von Herwig Hösele zu „seinen" Landeshauptleuten (das schließt inzwischen auch Stellvertreter ein) war hochgradig persönlich, also nicht abstrakt, wie beim zitierten „Josefinischen Beamten" und eben gerade nicht „durchscheinend", weil das eine Einbahn suggeriert und es doch in Wahrheit eine subtile, aber dennoch starke Wechselwirkung war.

Wir sind irgendwann, noch bevor dieses Wort von Facebook einer zusätzlichen Abwertung unterzogen wurde, Freunde geworden, obwohl wir die Freundschaft beide nicht notwendig hatten. Die unnötigen Freundschaften sind oft besonders wertvoll. Vielleicht hat uns dabei geholfen, dass wir beide sonst nicht nur Freunde hatten. Eigentlich wollte ich zu diesem Anlass etwas zum Thema „Staat und Privat“ schreiben und habe das auch getan. Kurz vor dem Ziel bin ich dann allerdings doch draufgekommen, dass es das Publizistische ist, das Herwig und mich verbunden hat und noch immer verbindet und deshalb diese kleine Erörterung, die ein paar jüngere Entwicklungen der Publizistik kurz anleuchtet.

Qualitätsjournalismus vor dem Hintergrund der Digitalisierung

Die Annäherung an dieses Thema bedient sich zunächst des Mittels der Dekonstruktion, also der Zerlegung des Titels in seine konstituierenden Bestandteile: Journalismus bezeichnet allgemein die kontinuierliche und periodische publizistische Arbeit von *Journalisten*, insbesondere bei Printmedien, in Hörfunk und Fernsehen und im sogenannten Internet, mit dem Ziel, *Öffentlichkeit* herzustellen. Die Frage, ob Aktualität, Faktizität, Professionalität und Relevanz noch immer als weitere begriffsbestimmende Merkmale des Journalismus gelten können, sei für diese Betrachtung einmal hintangestellt.
Qualität steht einerseits, wertneutral, einfach für die Summe von Eigenschaften, andererseits kommt Qualität auch wertend vor. In unserem Beispiel, dem Qualitätsjournalismus, soll damit ein zwar abstrakter aber immerhin höherer Anspruch vermittelt werden, sind also in der wertenden Verwendung des Begriffs Qualität.
Digitalisierung schließlich, steht in diesem Kontext hier für die Überführung aller Darstellungsformen (Text, Ton, Bild) in den binären Code von 0 und 1 und damit der Lösung der Inhalte von der zuvor festen Verbindung mit einer bestimmten Plattform. Was so trocken-sperrig klingt, ist mittendrin, nicht nur den Journalismus, sondern die Welt zu verändern.

Nach dieser kurzen und stark vereinfachenden Begriffsklärung, beginnen wir mit einer vertiefenden Verknüpfung.
Qualität im Kontext von journalistischer Arbeit wird noch immer überwiegend so verstanden, als ob es sich um einen absoluten Begriff handelte. Tatsächlich ist es aber so, dass Qualität immer von der jeweiligen Anspruchsgruppe abhängt, also in diesem Sinn immer relativ ist. Auch in Bezug auf journalistische Inhalte definiert sich Qualität über die Frage, ob die Bedürfnisse der Anspruchsgruppe, im konkreten Fall also der Audience, das sind die Leser, Hörer, Seher und/oder User, erfüllt oder besser (?) übererfüllt werden.
Deshalb ist die Frage, ob es sich etwa bei der FAZ um eine Qualitätszeitung handelt, nur aus der Wechselwirkung mit ihrer Leserschaft zu beantworten und nicht einfach dadurch, dass sich die Inhalte und die dahinterliegenden Prozesse, weitgehend unstrittig, auf hohem Niveau bewegen. Analoges gilt, am vielleicht anderen Ende des Spektrums, für die Bild-Zeitung. Vor diesem Hintergrund lässt sich also durchaus vertreten, dass FAZ und Bild-Zeitung Qualitätszeitungen sind, die Qualitätsjournalismus für ihre jeweiligen Anspruchsgruppen anbieten, wenngleich auf unterschiedlichem intellektuellem Niveau. Oder, verallgemeinernd, Qualität ist vermutlich, wenn schon nicht auf jedem Niveau, so doch jedenfalls auf unterschiedlichen Niveaus möglich.
Höchst relevant – in Kontext von Qualität – ist die Frage, ob Qualität von der Finanzierung oder Finanzierbarkeit abhängig ist, zumal ja mit der Digitalisierung auch eine Kultur, dass inhaltliche Angebote grundsätzlich unentgeltlich sind, sein sollten oder sogar sein müssen, Einzug gehalten hat. Diese Frage ist grundsätzlich ganz klar mit ja zu beantworten: finanzielle Ressourcen und Qualität hängen zusammen.
Allerdings ist dieser Zusammenhang einerseits nicht so streng wie oft behauptet: so wie – das profane Beispiel sei verziehen – Geld bekanntermaßen nicht Fußball spielt – also überlegene finanzielle Ressourcen noch kein überlegenes Spiel bedeuten, so machen großzügig bemessene finanzielle Ressourcen noch lange keine dem Einsatz entsprechende Qualität im Journalismus und

umgekehrt können knappe finanzielle Möglichkeiten durchaus überproportionale journalistische Qualität erlauben, gelegentlich auch begünstigen.
Unabhängig davon sind gerade im Kontext der Digitalisierung neue Formen und Spielarten des Journalismus (zum Beispiel Blogs) entstanden, darunter auch solche, die überhaupt ohne Erwerbsabsicht zu hochwertigen inhaltlichen Angeboten führen oder zumindest die finanziellen Ansprüche der Höhe nach oder zeitlich hintanstellen.
Und noch eine weitere Perspektive: Engagement, Kreativität und/oder Intelligenz können finanzielle Ressourcen jedenfalls bis zu einem gewissen, gar nicht so niedrigen Grad ersetzen, was dem Zusammenhang von finanziellen Ressourcen und Qualität zwar nicht entgegensteht, ihn aber doch ergänzt.
Das führt mich zu einem kleinen Exkurs, der vielleicht sogar weniger vom Thema wegführt, als es vielmehr – aus einem anderen Blickwinkel – bereichert: Die Rekrutierung von Journalisten war und ist wohl auch heute noch hochgradig assoziativ. „Assoziativ" hält hier den Platz als freundliches Gegenüber zu systematisch und/oder strukturiert. Irgendwer hat da jemanden gekannt und für den Journalismus begeistern oder zumindest gewinnen können. Die Digitalisierung, die unter anderem auch die Barrieren für mediales Schaffen signifikant gesenkt, wenn nicht ganz entfernt hat, fördert naturgemäß eine Vielzahl publizistischer und journalistischer Begabungen ans Tageslicht, die unter den Bedingungen assoziativer Rekrutierung im Verborgenen geblieben wären. Ein Beitrag zu journalistischer Qualität unabsehbaren Ausmaßes und ohne den sonst so dominanten finanziellen Trigger.
Qualität im Journalismus, und vermutlich nicht nur diese Qualität, hat ja auch deutliche Anklänge an einen ökonomischen Zirkel: Finanzielle Ressourcen erleichtern einen hohen qualitativen Anspruch; die Erfüllung hoher qualitativer Ansprüche erleichtert das Erschließen finanzieller Ressourcen. Aber auch dieser allgemeine Zirkelschluss ist zwar tendenziell zutreffend, trotzdem ebenso wenig zwingend, wie die schon erwähnte Logik im Einzelnen, dass mehr Geld mehr Qualität bedeutet.

Was bedeutet Digitalisierung jetzt eigentlich abseits der technischen Erklärungen für den Journalismus an sich?
Zunächst einmal wird durch die Digitalisierung die Desintegration angestoßen, also die Lösung der (journalistischen) Inhalte von der festen Verbindung mit einer spezifischen Plattform. Inhalte einer Zeitung waren früher untrennbar mit Papier verbunden, wie Inhalte aus dem Hörfunk mit einem Tonträger oder Inhalte des Fernsehens mit einem haptisch erfahrbaren Film.
Jetzt, auf einmal, lösen sich die Inhalte von ihrer festen Verbindung mit ihrer traditionellen Plattform und werden mobil. Ein und derselbe Inhalt kann – mit oder ohne Adaption – mit Hilfe ganz unterschiedlicher Übertragungswege auf ebenso vielfältige Plattformen gespielt werden.
Das treibt implizit auch die Auflösung der Grenzen zwischen den vormals klar abgegrenzten Mediengattungen, die sich unversehens in einer völlig neuen Form des Wettbewerbs finden, als „Opfer“ dieser besonderen Form von Konvergenz.
Digitalisierung bedeutet aber auch, dass die Kosten der Vervielfältigung gegen Null tendieren, was höchst tragweitig ist. Schon an sich tragen Medien die Tendenz zum sogenannten natürlichen Monopol in sich, weil auch bei den klassischen Medien die Kosten des „Originals“ hoch, oft extrem hoch sind, während die Kosten der folgenden Kopien ganz im Sinne der betriebswirtschaftlichen Erfahrungskurve massiv nach unten tendieren. Die *economies of scale* in der Vervielfältigung von Medien begünstigen also schon traditionell Monopole oder wenigstens Oligopole. Das verschärft sich angesichts der Digitalisierung noch einmal dramatisch, weil die Kosten der Vervielfältigung in der digitalen Welt eben überhaupt gegen null tendieren.
Monetarisierung ist ein Schlüsselwort vor dem Hintergrund der Digitalisierung und der damit einhergehenden Gratis-Kultur. Immer wieder werden Versuche unternommen, Inhalte zum Beispiel über Bezahlschranken zu monetarisieren. In aller Regel führt das zu einem Zusammenbruch des vorher über Jahre oder inzwischen auch schon Jahrzehnte mühsam aufgebauten Traffics und der damit verbundenen, ohnedies bescheidenen Werbeerlöse.

Insbesondere mainstreamige Inhalte, so die Lehre daraus, dürften kaum monetarisierbar sein, und zwar auch dann nicht, wenn sie in hoher Qualität daherkommen. Zu zahlreich sind die alternativen Quellen, diesen Grundnutzen unentgeltlich zu beziehen.
Tatsächlich dürfte sich die Monetarisierbarkeit von Inhalten entlang unterschiedlicher Linien bewegen: Da ist einmal die gerade erwähnte aufsteigende Linie von unspezifischen, also mainstreamigen Inhalten über spezifische Inhalte bis hin zu überhaupt alleinstellenden Inhalten; da ist andererseits die Abhängigkeit von Zielgruppen: Natürlich lassen sich zum Beispiel einkommensstarke Zielgruppen leichter und hochwertiger monetarisieren, als die Menschen, die gerade zufällig in der nächstliegenden U-Bahn-Station warten. Und schließlich führt eine dritte Linie (nicht der eben erwähnten U-Bahn) entlang der Relevanz des inhaltlichen Angebots: Diese führt, um im Bild zu bleiben, über die Stationen lästig, gleichgültig, *nice to have* bis hin zum *must have* (existenziell). Klar, dass sich Inhalte oder (Medien-)Produkte, die man haben muss, zum Beispiel, um beruflich zu bestehen, besser monetarisieren lassen, als Inhalte und Produkte, die einem einfach gleichgültig oder gar lästig sind. Die Audience, wenn man sie unmittelbar oder wenigstens mittelbar (über Werbung) monetarisieren will, muss bereit sein, zumindest mit ihrer Aufmerksamkeit zu zahlen, besser natürlich noch mit ihrem eigenen Geld.
Was sich vielleicht wie ein einfaches strategisches Kalkül anhört oder liest, ist so einfach dann doch erst recht nicht: eine attraktive, gut monetarisierbare Audience ist nämlich nicht einfach der journalistischen Erschließung vorbehalten, sondern lässt sich inzwischen auch etwa über die Daten und Algorithmen medienfremder Anbieter, Stichwort „Big Data", erreichen. Die Zeit, in der man hochwertige Leser, Hörer, Seher und User nur über klassische hochwertige journalistische Inhalte erreichen konnte, läuft mit Sicherheit ab; genau genommen, ist sie schon abgelaufen.
Die meistzitierte Alternative zur zugegeben schwierigen Monetarisierung, insbesondere mainstreamiger Inhalte, ist das viel leichtere Sparen. Sparen ist auf den ersten Blick – und vielen genügt der erste Blick – die einfache und schnell wirksame Antithese

zum behaupteten Zusammenhang zwischen finanziellen Ressourcen und Qualität. Redaktionen fädeln, weil es billiger ist, leicht zugängliche Informationen und Unterhaltung auf, statt um einen alleinstellenden Nutzen für die eigene Audience um einen Differenzierungsnutzen zu kämpfen, der von den Lesern, Hörern, Sehern und Usern dann auch als Qualität erlebt wird.
Im Kontext der Digitalisierung taucht übrigens auch ein Begriff auf, der schon einmal, in den 1930er Jahren, gemeinsam mit der Entwicklung eines neuen Mediums, nämlich bei der Einführung des Fernsehens, Konjunktur hatte: Demokratisierung. Was damals in Berlin mit den ersten Fernsehstuben an einschlägigen Hoffnungen entstanden ist, wurde in der Folge herb enttäuscht. Die Eintrittsbarrieren medialen Schaffens wurden nur um eine Variante reicher: Zu den millionenschweren Druckmaschinen gesellten sich ebenso millionenschwere Fernsehstudios und Sendeanlagen. Von Demokratisierung der Medien konnte noch keine Rede sein.
Das ist jetzt, vor dem Hintergrund der Digitalisierung, anders: Ein Smartphone um die berühmten null Euro und eine Idee reichen, um – im Sinne technischer Reichweite – Milliarden von Menschen zu informieren, zu unterhalten oder zu umwerben. Wer etwa einen sogenannten *Shitstorm* in und aus einem sozialen Netzwerk wie Facebook und/oder Twitter erlebt hat, der ahnt, was mit der Demokratisierung von Medien schon in den 1930er Jahren gemeint gewesen sein könnte und was heute, Jahrzehnte später, jedenfalls in der Realität angekommen ist.
Damit schließt sich auch der Kreis zwischen Medien und Politik, der für den Jubilar Herwig Hösele nicht nur prägend war und ist, sondern den er, zumindest in unseren Breiten, mitgeprägt hat, und zwar in einer Weise, für die man sich nicht schämen muss.

Klaus Schweighofer

Optimismus steht dem Journalismus gut

Seit Jahren haben die Print-Untergangs-Propheten Hochsaison. Ganz besonders den Journalisten der Tageszeitungen ist es nahezu Leidenschaft geworden, den Rückgang der klassischen Medien, ihrer eigenen Lebensader, zu beschreiben. Selbst auf einschlägigen Kongressen wird die Branche tot geredet. Während jede elektronische Auffälligkeit geradezu hymnisch bejubelt wird.
Doch was ist dran am Untergang der Zeitung? Was ist dran am Ende des Print-Journalismus? Was hat es mit der Abkehr der Jungen von Nachrichten auf sich? Was ändert sich in der journalistischen Arbeit? Und warum ist es gerade in diesem Zusammenhang die Pflicht, ein Optimist zu bleiben?

Der Untergang der Zeitung?

Seit Ende der 1990er Jahre wird der Zeitung der Untergang prophezeit. Tatsächlich gehen in der westlichen Welt die Auflage- und Leserzahlen zurück. In den USA wendet sich der Werbemarkt von der Zeitung ab – mit rund 50 Prozent Rückgang in den letzten zehn Jahren. Österreich bleibt dabei freilich bis auf weiteres eine Insel der Seligen. Mit rund 70 Prozent täglicher Reichweite gelingt nicht nur ein europaweit fast einzigartiger Wert. Man schafft es auch noch, diesen über die vergangenen zehn Jahre nahezu gleich hoch zu halten. Natürlich positiv beeinflusst durch Gratiszeitungen. Doch Papier zieht in der Alpenrepublik weiterhin die Massen an. Kein anderes Medium kann in Österreich die knapp vier Millionen Nutzer wie etwa der Gratiszeitungsring von Styria und Moserholding erreichen. Kein Medium in Österreich schafft es, täglich knapp drei Millionen Nutzer zu binden, so wie die Krone.

Und niemand außer der Kleinen Zeitung erreicht täglich jeden zweiten Steirer und Kärntner – nahezu 800.000 Leser im Süden Österreichs also! Zum Vergleich: Das stärkste digitale Angebot, orf.at, holt im Heimmarkt der „Kleinen" pro Tag gerade mal magere vier Prozent (ca. 70.000 tägliche User) an den Schirm. Nach wie vor sind die Zeitungen also Infoquelle Nummer eins – mit Abstand! Und die Werbewirtschaft weiß das. Die Werbe-Volumina in der Tageszeitung sind nach wie vor stabil.

Die neue Medienwelt

Eine neue Welt will trotzdem ans Licht. Eine Welt, die digital geprägt ist. Geprägt von neuen Gewohnheiten der nächsten Generationen. Bei diesen neuen Nutzern verdient das Mobiltelefon die Bezeichnung Handy tatsächlich – sie geben es kaum mehr aus der Hand. Alle neun Minuten holen sich die Jungen via Smartphone ihr persönliches Update. Es lässt sie kaum mehr aus. Auch nicht, wenn sie über andere Plattformen Informationen konsumieren. Wenn sie fernsehen. Oder auch Zeitung lesen. Ein Widerspruch?

Die Jungen und ihre Nachrichten

Mitnichten. Denn das, was die heute Zehn- bis Zwanzigjährigen im Netz tun, hat nur am Rande mit Information beziehungsweise Nachrichten zu tun. Sicher zu wenig jedenfalls mit klassischen Medieninhalten. Sie sind auf Facebook, What's app, Youtube. Oder sie spielen. Angry Birds etwa. Um Nachrichten zu konsumieren, werden Smartphone, Laptop oder Tablet von den Nutzern der Zukunft nur selten verwendet. Nachrichten? Keine Zeit dafür. Oder: Wenn etwas Wichtiges passiert, krieg ich die Nachricht ohnehin aus dem Netz. Das sind Antworten, die Marktforscher von der jüngsten Generation zu hören bekommen. Kein Wunder, da doch neben den Herausforderungen des Alltags mit Freunden, Schule, Familie kaum mehr Freizeit bleibt. Und die bietet viele andere Optionen. Heute mehr denn je. Die Jungen glauben, das, was sie wissen wollen, auch ohne Journalismus zu kriegen. Und sie übersehen dabei, dass es viele Informationen gibt, von denen sie gar nie annähmen, dass sie für sie relevant sein könnten. Und sie übersehen auch, dass Infos aus Twitter, Facebook und Co nur „Zerrbilder der Wirklichkeit" sind, wie Birgit Svensson jüngst in der Wiener Zeitung schreibt. Ohne Klarheit über Authentizität oder Wahrheit.

Tatsächlich sinkt also der Anteil der Nachrichten-Konsumenten in der jungen Zielgruppe. Und daran kann keine noch so cool gemachte digitale Plattform etwas ändern. Unglaublich aber wahr: Nahezu alle Zeitungen erreichen mit ihren Papierausgaben nach wie vor mehr Junge als übers Netz.

Es gibt keinen digitalen Journalismus

Es dürfte also weniger um neue Techniken gehen. Vielmehr ist entscheidend, die Jungen zu interessieren. Die für sie relevanten Inhalte herauszufiltern. Und sie entsprechend zu transportieren. Ihnen klar zu machen, dass es Interessantes gibt, von dem sie nichts wissen. Das sie aber brauchen können. All das also, was Journalismus seit jeher liefert.

Es geht dabei auch nicht darum, anders als bisher zu schreiben. Auch die sogenannten *Digital Natives* sprechen deutsch. Den digitalen Journalismus, der anders tickt als jener für Print, gibt es nicht. Es gibt nur eine Unterscheidung: jene des guten vom schlechten Journalismus. So war es seit eh und je. Und wenn digital arbeitende Schreiber anders ticken, dann hat das mehr damit zu tun, dass ihre Nachrichten auf die Minute messbar sind. In der Wirkung, in der Zahl der User, die darauf zugreifen.

Der Leser als Kunde

Der Journalist muss seine Informationen also verkaufen. So wie es jeder tut, der Aufmerksamkeit erregen möchte. Amazon-Gründer Jeff Bezos, der jüngst die renommierte Washington Post gekauft hat, postuliert in seinem ersten Interview, dass er das Geschäft nach den gleichen Prinzipien wie bei Amazon anlegen wolle:

geduldig, innovativ, aber insbesondere mit vollem Fokus auf den Kunden. Der Leser als Kunde! Eine neue Zeitrechnung für den Journalismus hat begonnen.
Die Zukunft der Zeitung wird also nur bedingt durch Technik entschieden werden. Es ist noch immer das Produkt, die interessante, relevante, Nutzen stiftende Nachricht, die das Spiel entscheidet. Am Ende also die Menschen, die Journalisten, die begeistern, interessieren, fesseln. „Es geht vielleicht um eine neue Art von Journalismus, die sich weniger daran orientiert, was den Kollegen gefällt, sondern daran, was für unsere Leser interessant ist", hat es erst jüngst Die Presse-Chefredakteur Rainer Nowak in seiner Dankesrede anlässlich der Auszeichnung mit dem Kurt-Vorhofer-Preis zum Ausdruck gebracht.
Und es geht vor allem darum, die Jungen weiter für journalistisch aufbereitete Nachrichten zu interessieren. Mehr Bemühen um sie ist angesagt. Amazon-Mann Bezos hat seine Washington-Post-Journalisten eindringlich vor dem *Woolworthing* gewarnt. Die jahrzehntelang dominierende US-Kaufhauskette hatte sich zu lange auf die überwältigende Masse an älteren Kunden verlassen und übersehen, junge Käufer zu generieren. Am Ende stand die Insolvenz im Jahr 2008.

Handeln ist Pflicht

Es ist eine alarmierende Tatsache, dass die Jungen zu wenig Interesse für Nachrichten in Zeitung, Onlineportalen oder im TV haben. Sie eröffnet gleichzeitig aber die Chance, etwas zu unternehmen. Mit einem neuen Zugang zum Journalismus. Der darüber nachdenken muss, womit er seine Leser, Hörer und Seher zu welchem Zeitpunkt erreichen möchte. Es wird nicht mehr ausreichen, bloß Agenturmeldungen und Printinhalte ins Netz zu verschieben. Und es wird nicht ausreichen, in der Auswahl und Bewertung der Themen den altbewährten Mustern zu vertrauen. Es wird darum gehen, die nächsten Leser-, User-, Hörer- und Seher-Generationen zu überzeugen, dass Journalisten mehr sind als nur Nachrichten-Vermittler. Sie wählen aus, selektieren vor, erklären, bewerten und kommentieren. Das sind Mehrwerte, die sich gerade in einer Zeit der zunehmenden Orientierungslosigkeit steigender Nachfrage erfreuen.

Optimismus steht uns gut

Am Ende geht es nicht um die Frage nach Papier oder digital. Es geht darum, ob Journalismus interessant bleibt. Dann sind sogar steigende Mitarbeiterzahlen in Redaktionen möglich, ja sogar geboten. Wie etwa beim kleinen Donaukurier in Ingolstadt, der nicht nur die verkaufte Auflage steigern kann, sondern damit einher gehend auch die Redaktion ausbaut. Das Erfolgsgeheimnis? „Wir schreiben das, was die Leser von uns erwarten", sagt Chefredakteur Gerd Schneider im SZ-Interview. Und er hat den Anteil an Eigen-Stories massiv erhöht. Mit dem Effekt, dass für die Zeitung auch online zu bezahlen ist – ab der elften pro Monat abgerufenen Story. Ähnlich klingt das Erfolgsrezept der Zeit, die unter Chefredakteur Giovanni di Lorenzo eben erst im ersten Halbjahr 2013 die höchste Auflage seit der Gründung im Jahr 1946 erreicht hat. Der Fokus auf Junge – man hat den höchsten Anteil an Studenten-Abos – sowie die ständige inhaltliche Innovation – zum Beispiel neue Ressorts wie „Glaube und Zweifeln" – sind die Treibstoffe für den journalistischen Erfolg.

Der Inhalt, die journalistische Qualität, die Kundenorientierung sind es also, die das Schicksal der klassischen Medien bestimmen. „Nicht das Internet bedroht den Journalismus im 21. Jahrhundert, sondern der Pessimismus", schließt Thorsten Schmitz seinen Artikel in der Süddeutschen Zeitung über Erfolgszeitungen in Zeiten der großen Print-Depression. Selten zuvor hat eine Branche sich selbst so nach unten gejammert. Es ist Zeit zur Kehrtwende. Optimismus steht den Zeitungen gut. Optimismus steht uns allen einfach gut!

Bernd Schilcher

Leben wir in der „besten aller möglichen Bildungswelten“?

Manche Optimisten glauben das tatsächlich. Jedenfalls seit Leibniz in seiner „Theodizee“ behauptet hatte, dass Gott infolge seiner Allmacht nur „die beste aller möglichen Welten schaffen konnte.“ Das ausweglose „Optimum“ sozusagen, im Großen wie im Kleinen. Vergessen sind heute freilich die massiven Einwände gegen diese General-Apotheose des rührigen Universalgelehrten, die sofort nach dem Erscheinen seines Werkes erhoben wurden. So haben ihn vor allem die Jesuiten verspottet als einen theologisch dilettierenden Mathematiker und naiven Apologeten einer Welt, wie sie ist. Nicht nur das Leben, auch der christliche Glaube seien ungleich komplizierter als der barocke Weltmann offenbar anzunehmen bereit war. Sie erfanden sogar eine neue Wortschöpfung und nannten Leibniz despektierlich einen „Optimisten“. Darunter verstanden sie jemanden, für den die Wirklichkeit schon im Prinzip stets optimal war. Und Voltaire, der den Leibniz'schen Optimismus durch seine Geliebte, Émelie du Chatelet, kennengelernt hatte, parodierte dessen Theodizee in seinem Werk „Candide oder der Optimismus“ so nachhaltig und wirkungsvoll, dass der bekannte französische Dramatiker und Filmemacher Marcel Pagnol noch in den 1970er Jahren spotten konnte: „Für den Optimisten ist das Leben kein Problem, sondern bereits die Lösung.“
Ich glaube kaum, dass Sir Karl Popper, dessen Ausspruch „Es ist unsere Pflicht, Optimist zu sein“ zu Herwig Höseles Wahlspruch wurde, diese Leibniz'sche Variante des Optimismus aber im Sinne hatte. Obwohl Popper im Gegenteil sagt, dass das ganze Leben aus „Probleme-Lösen“ besteht. Eine Welt, die so, wie sie ist, immer auch schon optimal ist, bedarf dagegen – siehe Pagnol – keiner Lösungen, weil sie ja offensichtlich auch keine Probleme macht.

Eine solche Fiktion der Problemlosigkeit der Welt, eines Landes oder eines Politik-Segments kommt gegenwärtig ganz besonders jenen politischen Parteien entgegen, deren Stern entweder erst aufgehen muss, oder der bereits im Sinken begriffen ist, die also beide Male um jeden Prozentpunkt der Wählergunst heftig buhlen müssen.

Letzteres ist in vor allem der Fall bei ÖVP und SPÖ in Österreich. Noch im November 1986 kamen die zwei Parteien auf eine satte Mehrheit von 84,41 Prozent. Dann ging's bergab. Im Oktober 1999 brachten die beiden nur noch exakt 60 Prozent auf die Waage, und bei den letzten Nationalratswahlen 2008 sank die koalitionäre Mehrheit auf schwächliche 55,24 Prozent, Tendenz fallend. Nun ist aber die Zusammenarbeit von Schwarz und Rot der „Normalfall" aller österreichischen Regierungen seit 1945. Und selbst wenn einmal die ÖVP und dann die SPÖ allein regierten, wenn es jeweils eine Legislaturperiode eine SPÖ-FPÖ-Regierung und einmal eine schwarz-blaue Koalition gab – der SP/VP-Proporz hat dieses Land seit beinahe 70 Jahren (sic!) fest im Griff. Die beiden haben sich das Land politisch vollständig aufgeteilt. In schwarze und rote Kammern, Verbände, Gewerkschaften, Bundesländer und „sonstige" Einflussbereiche.

Sind Vorstandsfunktionen in der ÖIAG und ihren „angeschlossenen" Betrieben zu besetzen, so gibt es sofort schwarze und rote Listen, die meist noch rasch vor den Wahlen „abgearbeitet" werden. Inklusive ORF, Finanzmarktaufsicht, Presserat und ähnliche, scheinbar unauffällige Einrichtungen. Dazu kommen alle leitenden Positionen bei der Polizei, beim Bundesheer, bei der Post (Telekom), bei den ÖBB, im Finanzbereich etc.

Nach diesem Verfahren wurde soeben auch eine ganze Reihe von neuen Verwaltungsgerichten besetzt. Vor allem in den Bundesländern. Zuerst gab es zwei „Regierungslisten" mit rot-schwarzen Protektionskindern, von denen viele noch nie eine BH von innen gesehen oder auch nur einen Bescheid ausgefertigt hatten, und dann eine Liste mit Bewerbern, die sich die künftigen Chefs der Gerichte gewünscht hatten, „weil sie auch Leute zum Arbeiten" brauchten.

Das Schlimme dabei ist, dass solche Vorgänge für viele längst zur poltischen „Normalität" gehören. So wie die schwarz-roten Postenbesetzungen in den 5.860 österreichischen Schulen, die bei uns bekanntlich sogar verfassungsrechtlich abgesichert sind – ein weltweites Unikum. Alles das wird so wenig bemerkt wie die rein politischen Besetzungen der Vorstände in den Landesspitälern und Seniorenheimen, den ORF-Landesstudios, Wohnbaugenossenschaften, der Leiterinnen in den Krippen und Gemeindekindergärten, den Verkehrs-Holdings in allen größeren Städten, bis hin zu bedeutenderen Straßenmeistereien.
Natürlich gibt es immer noch SP- und VP-Sportvereine und ebensolche Verbände (Union schwarz, ASKÖ rot), schwarze und rote Naturschützer, Alpenvereine, Seniorenorganisationen, Familienbünde, Gendergruppierungen, Hausfrauenvereinigungen und Behindertenvertretungen.
Mit einem Wort, ganz Österreich ist mit einem dichten Netz von „Einflussbereichen" der Roten und der Schwarzen überzogen – samt einigen, meist vorübergehenden – grünen oder blauen „Einsprengelungen".
Dazu kommen schließlich die alteingesessenen Klientele der beiden Parteien. Die Beamten, Bauern und Betriebe der kleinen und mittleren Wirtschaft sowie Teile der Freiberufler bei der ÖVP, nebst schwarzen und katholischen Familienverbänden, Lehrervertretern, Frauen- und Seniorenorganisationen sowie Resten einer Partei-Jugend. Auf der anderen Seite: Arbeitnehmer und Gewerkschaften, Pensionisten, Feministinnen, Berufs- und Kultur-Linke sowie Manager und leitende Angestellte in staatsnahen Betrieben. Gemeinsam ist allen diesen Gruppen eine erzkonservative Grundhaltung. Die Ansichten der VP-nahen Beamten und ihrer Personalvertreter haben sich Jahrzehnte hindurch ebenso wenig geändert wie die der roten Gewerkschafter, Pensionistenorganisationen und Linksintellektuellen.
Schaut man sich die Plakate der beiden Parteien im jüngsten Wahlkampf an, so überkommt einen pure Nostalgie. „Wir kämpfen um jeden Arbeitsplatz", heißt es da und für „leistbares Wohnen". Das hatten wir wortgleich bereits vor 50 Jahren. Die anderen wollen

„die Wirtschaft entfesseln" und die Steuern senken. Ebenfalls nichts Neues. Schließlich sperren sich die katholischen Familienverbände seit fast 100 Jahren gegen gemeinsame Ganztagsschulen und die Restlinken gegen eine Studienplatzfinanzierung und Studiengebühren. Alles wie gehabt.

Dafür gibt es kein einziges Wort zu den Fragen, die das Volk und die Wählerinnen wirklich bewegen. Das entspricht dem Befund des Bischofs von Rom, den dieser schon im Vorkonklave geäußert hatte. „Ja," sagte Franziskus damals, „der Herr ist unter uns. Aber haben wir uns mittlerweile nicht unendlich weit von ihm entfernt?" So weit wie unsere Regierungsparteien vom Volk? So, dass sie keine Ahnung mehr haben, was dort wichtig ist.

Wie sollen beispielsweise junge Menschen Beruf und Familie verbinden, wenn es in manchen Bundesländern nicht einmal für acht Prozent der Null- bis Dreijährigen Krippenplätze gibt, und in ganz Österreich viel zu wenige Ganztagskindergärten und Ganztagsschulen? Kein Wunder, dass bei uns trotz hoher Kindergelder immer weniger Kinder zur Welt kommen. Wer verantwortet diese gigantischen Fehlinvestitionen?

Wie sollen sich der Staat und die Arbeitnehmer mit einem Medianeinkommen von unter 1.800 Euro monatlich Pflegeheime leisten können, die 4.000 Euro und mehr im Monat kosten? Was ist mit der vom Sozialminister schon so oft versprochenen Pflegeversicherung?

Wie ist es möglich, dass 28 Prozent der 15-Jährigen nicht lesen können und 79.000 Jugendliche unter 24 keinen Schulabschluss und/oder keine Weiterbildung und keinen Job haben? Wieso tun Faymann und Spindelegger nichts gegen diesen Skandal?

Wie lange kann ein Pensionssystem tatsächlich noch finanziert werden, bei dem sich der zahlende Nachwuchs seit 1963 genau halbiert hat und die durchschnittlichen Pensionsjahre im selben Zeitraum von sieben auf 22 Jahre gestiegen sind? Wer redet hier endlich Tacheles?

Vor genau 50 Jahren hat Österreich in Spanien und im ehemaligen Jugoslawien begonnen, Gastarbeiter anzuwerben. Was ist hier schief gelaufen, dass wir erst heute mit 27 Prozent Migrationsanteil anfangen, nachhaltigere Integrationsmaßnahmen zu setzen, und was tut die Regierung, um diesen Prozess zu beschleunigen und zu verbessern?

Was läuft da ganz fundamental falsch, wenn immer mehr Absolventen der Pflichtschulen nicht mehr richtig lesen, schreiben und rechnen können, sodass Unternehmer immer mehr Nachhilfe zahlen müssen, damit angehende Lehrlinge überhaupt die Berufsschule besuchen können? Wieso sagen Kanzler und Vizekanzler keinen Ton zu diesem bildungspolitischen Bauchfleck?

Österreich ist in der OECD das Land, das am viertmeisten Geld für seine Schüler und Schülerinnen ausgibt. Wie ist es möglich, dass die PISA-Leistungen unserer Kinder oft nicht einmal mehr mittelmäßig sind? Und was macht die Regierung dagegen?

Soeben hat die Statistik Austria festgestellt, dass von den rund 280.000 Studierenden an Österreichs Universitäten ziemlich genau 100.000 so gut wie keine Prüfungen ablegen. Diese Studierenden „probieren" es ganz einfach, meist schon neben einem Beruf, da diese Versuche in Österreich ja kostenlos sind. Viele inskribieren auch nur deshalb, weil sie dadurch in den Genuss von Begünstigungen und Sozialleistungen kommen. Wieso beseitigt die Regierung diesen Unsinn nicht?

Vor kurzem hat eine Schweizer Studie herausgefunden, dass Schulsysteme, die Schüler und Schülerinnen möglichst spät – also am besten erst mit 15 Jahren – trennen, den Einfluss der sozialen und wirtschaftlichen Herkunft am stärksten zurückdrängen können. So gelingt das den PISA-Siegern Finnland und Shanghai mit ihrem System der gemeinsamen Schulen genau doppelt so gut, höhere Bildung nicht einfach zu vererben wie in Deutschland und Österreich, den beiden Ländern, die immer noch zum frühesten Zeitpunkt separieren.

1919 ist in Österreich nach 145 Jahren Ganztagsschule die Halbtagsschule eingeführt worden. Das war vor allem ein Wunsch der Bildungsbürger und der Bauern. Um schon mittags nach Hause gehen zu können, hat man vor allem die Naturwissenschaften, aber auch Wirtschaft, Recht, Musik, Sport, Theater, Tanz und Handwerksunterricht stark gekürzt oder überhaupt beseitigt. Die

Bauern hielten derartiges nicht für nötig und die Bildungsbürger wollten ihren Kindern solche „Kompetenzen" und „Skills" lieber selber oder durch „Fachleute" beibringen.

Der Preis für diesen Aderlass ist hoch: Unsere Pflichtschulabsolventen haben nicht die geringste Ahnung von Wirtschaft oder gar Finanzwirtschaft, sie werden immer dicker, weil sie so gut wie keinen Schulsport betreiben; Musiker, Sängerinnen und Tänzerinnen müssen aus allen möglichen Ostländern importiert werden, weil wir keinen Nachwuchs mehr haben, und bei den international bedeutenden MINT-Fächern hinken wir abgeschlagen hinten nach. Schließlich dominiert die bloße Hirnarbeit alle anderen Fähigkeiten, weil es in den Pflichtschulen kein Handwerk und kaum Möglichkeiten gibt, seine sozialen Fähigkeiten zu üben.

Kein Wunder, dass im Gegensatz dazu die „verschränkte" Ganztagsschule in mehr als zwei Dritteln aller OECD-Länder Standard ist. Sie beginnt in der Regel um 8.30 Uhr und dauert meist bis 16 Uhr. Dabei wechseln sich herkömmlicher Unterricht mit Sport, Projekten, Betriebsbesuchen, Handwerk, selbständigem Lernen, gemeinsamen Mahlzeiten und Freizeit sowie Theateraufführungen ab. Es gibt keine Hausaufgaben mehr, die Nachhilfe und das Lernen mit den Eltern entfällt nahezu zur Gänze. Warum Österreich dieses Erfolgsmodell der gemeinsamen Ganztagsschule nicht einführt, ist unerfindlich. Hier verschläft die Regierung die Zukunft unserer Jugend.

Dasselbe gilt für den Unterricht. Statt so früh wie möglich die Stärken und Begabungen jedes Kindes festzustellen und individuell zu fördern, wird der frontale Einheitsunterricht Maria Theresias unvermindert weitergeführt. In den Gymnasien bis zu 85 Prozent. 1774 war er bei durchschnittlich 120 Kindern pro Klasse unvermeidlich – heute ist diese Form unverzeihlich. Wie ein Maturant sagte: „Wir haben acht Jahre lang Antworten auf Fragen bekommen, die keiner von uns gestellt hat." Und die Koalition schläft weiter.

Oder sie lässt sich von der Lehrergewerkschaft vorführen. So wie bei den gegenwärtigen Verhandlungen zum Lehrerdienstrecht. 33 Verhandlungen ohne die Spur einer Einigung. Ein erster Grund

für diese weltweit wohl einzigartige Blamage, die sogar noch den hektischen Golan-Abzug übertrifft, ist die nationale wie internationale Ahnungslosigkeit der Regierungsvertreterinnen. Ein führender Gewerkschafter berichtet, dass ihn eine der drei Ministerinnen etwa zur Mitte der Verhandlungen gefragt habe, was denn eigentlich eine Pflichtschule sei? Es sieht so aus, als würden ein paar ausgefuchste Bauernvertreter mit einer Ägyptologin und einer Ordinaria für Sanskrit über den Milchpreis verhandeln.
Noch schlechter ist es nur noch um die Kenntnis der koalitionären Spitzenpolitiker vom internationalen Stand der Bildungspolitik bestellt. Hier werden in aller Regel nur Uralt-Stereotypen heruntergeleiert von der Qualität „Ganztagsschulen sind Zwangstagschulen", „Lasst doch die Kinder Kinder sein, der Ernst des Lebens fängt mit sechs Jahren früh genug an" (zur Elementarpädagogik), „Unsere Kinder werden nicht mit Tschuschen und Proleten in eine Schule gehen" (zur gemeinsamen Schule) und: „Mit uns gibt es keine Beschränkung des freien Zugangs zu den Hochschulen und keine Studiengebühren". Basta. In irgendeinen der sicher über 50 OECD-Berichte oder auch nur in eine einzige PISA-, PIRLS- oder TIMMS-Studie hat mit wenigen Ausnahmen wohl kein Regierungsmitglied auch nur einen Blick geworfen. Das gilt auch für viele Landeshauptleute – obwohl sich dort im Augenblick ja noch deutlich mehr bewegt als im Bund.
Andernfalls müsste bekannt sein, dass bereits in 19 von 35 OECD-Ländern sämtliche Lehrerinnen verpflichtet sind, alle ihre Tätigkeiten ganztägig an den Schulen auszuüben. Die baulichen Veränderungen dafür sind natürlich notwendig, aber beileibe nicht so aufwendig, wie das meist aus durchsichtigen Gründen dargestellt wird. Das gegenwärtige Gefeilsche um zwei Stunden mehr Unterricht, macht Lehrerinnen erneut zu Tag- und Stundenlöhnern, eine höchst unwürdige Diskussion, wie Töchterle mit Recht bekrittelt hat.
Kein Zweifel natürlich, dass Support-Personal notwendig ist. Freilich nach vernünftigen und nachvollziehbaren Berechnungen und nicht aufgrund von populistischen oder rein taktischen Zurufen. Warum geschieht das alles nicht?

Ich glaube, das hat neben der erwähnten Ahnungslosigkeit der Politiker zwei weitere Ursachen: eine pragmatische und dann die schon erwähnte ideologisch-philosophische.
Kern der gesamten österreichischen Politik ist seit vielen Jahrzehnten eine reine Interessen- und Klientelvertretung. Jede Partei versucht, für ihren Klüngel das Beste herauszuholen. Je kleiner diese Kundschaft wird, und je stärker die alten Kernschichten wegschmelzen, weil sie immer weniger in die längst völlig veränderten gesellschaftlichen Rahmenbedingungen passen, desto ängstlicher reagieren ÖVP und SPÖ. So sagte mir ein VP-Spitzenpolitiker: „Wir haben eine Umfrage, nach der wir fünf Prozent unserer Wählerschaft verlieren, wenn wir für die Einführung der gemeinsamen Schule eintreten. Also lassen wir es." Auf die Idee, dass die Partei zehn Prozent neue Wähler durch den Paradigmenwechsel gewinnen könnte, ist die ÖVP erst gar nicht gekommen. Noch viel weniger hat man daran gedacht, dass Politik zumindest auch bedeutet, etwas zu wollen, weil man es als richtig erkannt hat, und daran zu gehen, zuerst die Partei und dann die Wähler davon zu überzeugen, was man für nötig hält. Aber dazu müsste man freilich wieder einen Überblick haben und sich auskennen.
Dasselbe gilt natürlich auch für den roten Teil der Koalition. Wenn man weiß, dass 100.000 der 280.000 Studenten nicht ernsthaft studieren, dann müssten einem wohl schon erste Bedenken am „freien Zugang" zu den Hochschulen kommen. Ganz abgesehen davon, dass ein solcher bei den immer wichtigeren FH-Studien nie bestanden hat. Und gerade dort klappt es sehr gut.
Dazu kommt, dass Österreich zu den OECD-Staaten mit den geringsten privaten Zuzahlungen zum Hochschulstudium gehört. In China decken die privaten Haushalte 85 Prozent der Studienkosten, in Korea, Japan, Großbritannien und den USA sind es zwischen 62 und 79 Prozent und in Russland immerhin noch 38 Prozent. Dagegen beträgt der private Anteil in Österreich und Deutschland 11; der OECD-Durchschnitt liegt bei 30 Prozent.
Da in Österreich aber nur knapp 19 Prozent der 25- bis 64-Jährigen einen tertiären Abschluss haben, während es in Japan 44, in den USA 41, in GB 37 und in Deutschland immer noch 26 Prozent sind,

gibt es bei uns die meisten Steuerzahler, die selber keinen tertiären Abschluss besitzen und auch keine realistische Chance für ihre Kinder sehen, die aber ihr Geld für die wenigen *happy academics* spenden müssen. Das ist ziemlich ungerecht – vor allem für eine Partei, welche die Gerechtigkeit auf ihre Fahnen geschrieben hat. Daher gilt auch hier: Statt um jeden Restlinken zu zittern, den man bei einem längst fälligen Paradigmenwechsel in der Hochschulpolitik verlieren könnte, sollte man auch an den Unis lieber die Chancen bei neuen Wählerschichten suchen, die einen weniger verengten Ideologieblick haben als die herkömmliche SP-Klientel. Was aber tun die wackeren zwei? Sie machen die Schoten dicht und stilisieren damit den Reform-Stillstand und die Bildungsblockade zu Anwendungsfällen des Leibniz-Optimismus. Wozu sollte man Schule (so die ÖVP) und Hochschule (so die SPÖ) von Grund auf erneuern, wenn beides ohnehin ganz gut funktioniert und wir damit in den Genuss des „besten – oder zumindest zweitbesten – aller möglichen Bildungssysteme" kommen?
Das ist natürlich reine Realitätsverweigerung. Die steht immer am Anfang vom Ende. Knapp vor Konkurseröffnung entwickeln die Gescheiterten regelmäßig die kühnsten Vorstellungen über den Status und vor allem die Zukunft ihrer Firma, die sie dann den Gläubigern und Banken regelmäßig voller Enthusiasmus vortragen. Siehe „Daily". Oft wird noch eine Entschuldigung vorangestellt. Man habe bisher noch nicht den vollen „Zugriff" aufs Geschäftsmodell gehabt, aber das werde sich künftig ganz bestimmt ändern. Also spricht jetzt auch der Vizekanzler: „Das war in den letzten Jahren vielleicht noch zu wenig Reform. Aber mit mir als künftigen Kanzler gehen wir großen Zeiten der Veränderung entgegen." Die Frage ist, ob das Volk bei Wahlen gutgläubiger ist als Gläubiger und Banken in einem Insolvenzverfahren.
Sir Karl Popper würde vermutlich im Ehrengrab rotieren, wenn er diese Form des angewandten Leibniz-Optimismus mit ansehen müsste. Seine Vorstellung ist immer die ganz andere, die prometheische gewesen: Das Feuer vom Sonnenwagen des Helios holen, weil es die Menschen brauchen. Ohne Rücksicht darauf, ob es den Göttern genehm ist und ohne Angst vor den Folgen.

Bekanntlich hat Popper die Lehrerbildungsanstalt in Wien absolviert und immerhin fünf Jahre hindurch den Beruf eines Hauptschullehrers ausgeübt. In der Zeit seines Studiums engagierte er sich im berühmten liberal-sozialen Reform-Verein „Freie Schule" und ist in verschiedenen Publikationen entschieden für die Gesamtschule, die Förderung jedes einzelnen Talents, die Trennung von Schule und Kirche und die Verbindung von Theorie und Praxis im Unterricht eingetreten. 1924 hat er daher eine Tischlerlehre mit Gesellenbrief abgeschlossen. Wichtig waren ihm auch Sport, Spiel und Musik. Er selbst studierte am Wiener Konservatorium Kirchenmusik. Standesdünkel, wie er sie bei einer Reihe von Gymnasiallehrern erlebt hatte, lehnte er entschieden ab.
Poppers Optimismus ist ein tätiger und eingreifender. Von „prästabilierten", gottgewollten Harmonien à la Leibniz hält er nichts. Die heutige, reine Klientel- und Interessenpolitik wäre ihm ein Gräuel gewesen, nicht zuletzt, weil er sie, wie kürzlich auch Francis Fukuyama, für das Ende der Demokratie gehalten hätte.
„Meine neue, optimistische Interpretation der Darwinschen Theorie der Entwicklung betont die Aktivität des Lebens", schreibt Popper 1982 unter dem Titel „Erkenntnis und Gestaltung der Wirklichkeit: Die Suche nach einer besseren Welt". Und weiter: „Alle Organismen sind vollbeschäftigt als Problemlöser. Ihr erstes Problem ist, zu überleben. Aber es gibt unzählige weitere Probleme, die in den verschiedensten Situationen auftreten. Eines der wichtigsten Probleme ist die Suche nach besseren Lebensbedingungen: nach größerer Freiheit, nach einer besseren Welt."
Von alledem ist in der Politik der Koalition nichts zu sehen. Sie ist schwach und feige geworden. Ganz besonders dort, wo sie am meisten gefordert wäre, nämlich bei der Bildung. Sie drückt sich, versteckt sich und belügt sich dann am Ende selber, wenn sie ihre Blockaden und den Stillstand aller Reformen als Folge von angeblich ohnehin optimalen, sozusagen „gottgegebenen" Zuständen zu verkaufen sucht, die im Grunde keiner Korrektur durch den Menschen bedürfen. Eine solche Regierung sollte eigentlich ganz rasch den Adler aus unserem Wappen entfernen und durch den Vogelstrauß ersetzen.

Hans Winkler

Österreichische Vergangenheitsbewältigung

Die Rolle der USA

An einem Tag in der ersten Hälfte des Jahres 2003 – genau weiß ich das Datum nicht mehr – wurde ich, damals Leiter des Völkerrechtsbüros im Außenministerium und unter anderem mit der Frage der Durchführung des Washingtoner Abkommens vom Jänner 2001 über Entschädigungen an Opfer des Nationalsozialismus befasst, für mich ziemlich überraschend zum Präsidenten des Bundesrats gerufen. Überraschend deshalb, weil es eigentlich nie vorkam, dass ein Bundesbeamter außerhalb der Sitzungszeiten zu einem Präsidenten des Bundesrats gerufen wurde. Der sportlich wirkende Mann im schwarzen Rollkragenpulli – sein Markenzeichen, wie ich seither weiß –, der mich freundlich empfing, überraschte mich dann sogleich noch einmal, indem er mich nicht etwa zu einem Verhandlungsgegenstand des Bundesrates, sondern vielmehr zum Stand der Umsetzung des Abkommens von Washington, insbesondere zum Stand der Erzielung der sogenannten „Rechtssicherheit", befragte.

Herwig Hösele, Präsident des Bundesrats in der ersten Hälfte des Jahres 2003, hat mich mit seinem Interesse damals ziemlich überrascht. Heute, wo ich ihn besser kenne, weiß ich, dass ich nicht überrascht hätte sein müssen. Es war Herwig Hösele immer schon ein persönliches Anliegen, dass sein Heimatland mit seiner eigenen Vergangenheit, auch den dunklen Seiten, ehrlich und anständig umgeht und den Opfern jene Gerechtigkeit und auch Aufmerksamkeit zukommt, die sie verdienen. Dieses Engagement, gepaart mit profunden historischen Kenntnissen, lassen Herwig Hösele als ideale Wahl für die Funktion des Generalsekretärs des

Zukunftsfonds erscheinen. Nach mehrjähriger Zusammenarbeit mit ihm kann ich das nur mit voller Überzeugung bestätigen. Herwig Hösele ist dieser bescheidene Beitrag in Dankbarkeit für die hervorragende Arbeit im Zukunftsfonds von einem Mitstreiter im Kuratorium zum 60. Geburtstag herzlich gewidmet.

Einleitung

Mitte der 1990er Jahre lebte eine Diskussion über ein Thema wieder auf, das man zu jenem Zeitpunkt eigentlich längst für erledigt gehalten hatte. Ausgehend von den Vereinigten Staaten, zunächst nicht als Staat, sondern von privaten Organisationen und Anwälten, die sich schon seit Jahrzehnten mit dem Schicksal von Opfern des Holocausts und ihren Ansprüchen beschäftigten, wurde die gesamte Frage unter dem Titel *Restitution and Compensation* dieser Opfer wieder aufgerollt.
Dieser Beitrag soll die Rolle der Vereinigten Staaten in dieser Hinsicht nicht erst seit etwa 1997, darlegen, sondern die Politik der offiziellen Vereinigten Staaten und privater Personen und Organisationen im Hinblick auf eine gerechtere Behandlung der Opfer des nationalsozialistischen Regimes für erlittene materielle Schäden seit Anbeginn skizzieren.
Wenn von den Vereinigten Staaten die Rede ist oder amerikanische Bemühungen angesprochen werden, so meine ich damit drei verschiedene Ebenen mit unterschiedlicher Rechtsqualität. Zum einen sind die Vereinigten Staaten als Staat gemeint. Ihre Aktionen hatten und haben völkerrechtliche Relevanz für die staatlichen Stellen Österreichs. Auf einer anderen Ebene bewegen sich die Interventionen von in den Vereinigten Staaten angesiedelten Organisationen, insbesondere die großen jüdischen Organisationen, wie der World Jewish Congress oder die Conference on Jewish Material Claims against Germany (and Austria), kurz *Claims Conference* genannt. Auch österreichkritische US-Medien spielten und spielen im gewissen Sinne auch noch heute immer wieder eine Rolle. Schließlich waren ab 1997 für Österreich amerikanische Klagsanwälte von Bedeutung, die unter Zuhilfenahme von Besonderheiten

des amerikanischen Rechts, insbesondere des Instituts der *Class Action,* einen nicht zu unterschätzenden Einfluss ausübten.

„Anschluss" und Moskauer Erklärung

Korrekterweise muss die Geschichte schon mit dem Einmarsch deutscher Truppen in Österreich am 12. März 1938 beginnen. Dieser und der nachfolgende „Anschluss" waren eine völkerrechtswidrige Aktion, die dem Deutschen Reich zurechenbar war. Darüber, dass Österreich das „Opfer", das Objekt, einer Aggression des Hitlerregimes war, gibt es – jedenfalls in völkerrechtlicher Hinsicht – kaum Kontroversen, auch wenn die Frage der „Opfereigenschaft" Österreichs die Gemüter immer wieder bewegt hat. Die Opfertheorie hat sich nach Ende des Zweiten Weltkriegs und der Wiederherstellung der Republik Österreich quasi verselbständigt und wurde zu einem Symbol für ein bestimmtes Verhalten des Staates und seiner Organe nach 1945.

Der „Anschluss" wurde von der internationalen Staatengemeinschaft wenn auch nicht ausdrücklich, so durch konkludente Handlungen zunächst anerkannt. Sieht man vom oft zitierten Fall Mexikos ab, das als einziges Land gegenüber dem Generalsekretär des Völkerbundes gegen die „Unterdrückung Österreichs als unabhängiger Staat" schriftlich protestierte, so ließen es die anderen Mächte bei verbalen Protesten gegenüber der deutschen Regierung bewenden, gaben aber nachfolgend durch ihre Handlungsweise zu erkennen, dass sie sich mit der Eingliederung Österreichs abgefunden hatten. Auch die Vereinigten Staaten, die am ehesten zögerten, sich mit der neuen Situation abzufinden, erklärten nicht nur gezwungen zu sein, die faktische Lage des Unterganges Österreichs als unabhängiger Staat zur Kenntnis nehmen zu müssen, sondern handelten auch dementsprechend, zum Beispiel, indem sie die ehemals österreichischen Staatsbürger nunmehr als deutsche Staatsangehörige betrachteten.

Die Haltung der maßgebenden Staaten, die die Eingliederung Österreichs ins Deutsche Reich zunächst zumindest zur Kenntnis genommen hatten, änderte sich aber schon bald. Dies wohl in erster Linie aus politischen und weniger aus rechtlichen Überlegungen, weil mit fortschreitendem und zunehmend erfolgreichem Kriegsverlauf die Beschäftigung mit der Neuordnung Europas nach Beendigung des Krieges dringlicher wurde und die Wiederherstellung eines von Deutschland unabhängigen Österreich im Interesse der zukünftigen Sieger lag. Schließlich erwartete man sich vom Versprechen, Österreich wieder herzustellen, auch eine propagandistische und psychologische Wirkung auf die österreichische Bevölkerung, die man für einen möglichst massiven Widerstand gegen die Nazis gewinnen wollte. Gerade in den USA hat aber sicher auch die Erkenntnis eine Rolle gespielt, dass es im Sinne der Gerechtigkeit in den internationalen Beziehungen nicht hingenommen werden konnte, die Vernichtung der Existenz eines unabhängigen Staates durch einen rechtswidrigen Akt eines anderen Staates einfach anzuerkennen.

Diese geänderte Haltung kam in einer Reihe von Äußerungen von Staatsmännern der Alliierten zum Ausdruck. Schon 1940 verwendete der britische Premierminister den berühmten Satz: *Austria is one of the countries for whom we have drawn the sword and for whom our victory will provide liberation.* In einem Statement des US Secretary of State vom 27. Juli 1942 hieß es: *This Government has never taken the position that Austria was legally absorbed into the German Reich.*

Ein Wendepunkt war die Moskauer Deklaration, in der die Vereinigten Staaten, die Sowjetunion und Großbritannien erklärten, dass sie die „Besetzung" (so in der amtlichen deutschen Übersetzung; im Original heißt es bezeichnenderweise *annexation*) Österreichs durch Deutschland am 15. (sic!) März 1938 als null und nichtig betrachten. Sie erklärten ferner, dass sie wünschten, „ein freies und unabhängiges Österreich wiederhergestellt" zu sehen. Die Moskauer Erklärung enthält aber auch die auf Grund eines ausdrücklichen Begehrens der Sowjetunion aufgenommene Erinnerung an Österreich, „dass es für seine Teilnahme an der Seite Hitler-Deutschlands eine Verantwortung trägt, der es nicht entrinnen kann, und dass anlässlich der endgültigen Abrechnung die Bedachtnahme darauf, wie viel es selbst zu seiner Befreiung beigetragen haben wird, unvermeidlich sein wird".

Ende des Krieges und Staatsvertragsverhandlungen

Der Staat, der 1945 wiedererstand, war kein neuer Staat, sondern eine Fortsetzung des Staates, der 1938 widerrechtlich besetzt worden war, wenn auch nicht an die Verfassung des Jahres 1938 angeknüpft wurde, sondern an die Verfassung von Hans Kelsen von 1920 in der geänderten Fassung des Jahres 1929. In diesem Sinne hat sich auch letztlich die Okkupationstheorie gegenüber der Annexionstheorie, die einen völligen staatlichen Neubeginn bedeutet hätte, durchgesetzt. Die Frage des Status des wiedererstandenen Österreichs spielte auch für die Frage der Verantwortlichkeit für Restitutionen und Entschädigungen eine wichtige Rolle.

Die offizielle amerikanische Haltung zu Österreich, die für den besetzten und zerstörten Staat natürlich von entscheidender Bedeutung war, findet sich zusammengefasst in einer Presseerklärung des State Department vom 10. November 1946. Dort heißt es unter anderem: *While, as a practical matter, the United States was obliged in its efforts to protect American interests to take certain administrative measures based upon the situation created by the Anschluss, this Government consistently avoided any step which might be considered to constitute de jure recognition of the Annexation of Austria by Germany [...] President Roosevelt referred repeatedly to the seizure of Austria, and described the Austrians as the first of a series of peoples enslaved by Hitler in his march of conquest.*

Eine logische Konsequenz der Rechtsansicht, dass Österreich widerrechtlich besetzt und nicht selbst handlungsfähig war, ist die Zuerkennung des Status eines *liberated and not an enemy country* an Österreich. Dementsprechend betrachteten die Vereinigten Staaten Österreich auch als ein Land, mit dem sie nie im Kriegszustand waren. Anlässlich der Ratifizierung des Staatsvertrags im amerikanischen Senat wurde daher auch ausdrücklich darauf hingewiesen, *that the Treaty before the Senate is not a Peace Treaty. This nation was never in war with Austria. This Treaty is, rather, the Austrian State Treaty which restores Austria to the status of independence it occupied before the Anschluss.*

Eine der logischen, für Österreich aber enorm wichtigen Konsequenzen der Anerkennung als *liberated country* war der Verzicht auf Reparationen für Kriegsschäden. Schon bei der Potsdamer Konferenz, als diese Frage erörtert wurde, traten die USA der Meinung der Sowjetunion entgegen, dass auch von Österreich Entschädigungen verlangt werden sollten. Schließlich setzte sich die Auffassung der USA durch und in das – geheime – Protokoll der Konferenz wurde der Vermerk aufgenommen: *It was agreed that reparations should not be exacted from Austria.*

Die Festlegung des Verzichts auf Reparationen gegen Österreich fand schließlich seinen Niederschlag in Artikel 21 des Staatsvertrages: „Von Österreich werden keine Reparationen verlangt, die sich aus dem Bestehen eines Kriegszustandes in Europa nach dem 1. September 1939 ergeben."

Buchstäblich am Tag des Endes des Krieges am 8. Mai 1945 hatte sich Österreich bereits mit der Frage des Umgangs mit dem von den Nazis gestohlenen Eigentum und der Entschädigung von Opfern auseinanderzusetzen. Die Frage wurde auch sogleich von den Alliierten – und hier insbesondere von den Vereinigten Staaten – aufgeworfen und zieht sich dann wie ein roter Faden durch die gesamten Staatsvertragsverhandlungen bis 1955 hindurch. Ausgangspunkt war die Moskauer Deklaration und die dort getroffene Feststellung, dass Österreich als „Opfer" einer Aggression nicht für die abscheulichen Verbrechen Hitlers und seiner Schergen, auch nicht für die vermögensrechtlichen Schäden, in einem rechtlichen Sinne verantwortlich war.

Von Anfang an zeigte sich allerdings, dass die Alliierten – auch im Hinblick auf den wichtigen zweiten Satz der Moskauer Deklaration – durchaus von einer moralischen Mitverantwortung Österreichs ausgingen. Die österreichische Regierung aber versuchte, zunächst jedenfalls, immer wieder jeder über eine unbestreitbare rechtliche Verpflichtung hinausgehende Verantwortung auszuweichen.

Die Verhandlungen auch über die Frage der „Wiedergutmachung" (wie der Ausdruck zu jener Zeit lautete; er ist aus naheliegenden Gründen abzulehnen, wird aber gelegentlich auch heute noch verwendet) waren langwierig, schwierig und manchmal auch sehr emotional.

Der Verlauf der Verhandlungen über Entschädigungen und die Geschichte der von Österreich beschlossenen einschlägigen Gesetzgebung (vor allem die sieben Rückstellungsgesetze) können hier nicht im Detail wiedergegeben werden. Es sei insbesondere auf die Veröffentlichungen der Österreichischen Historikerkommission von 2004, vor allem auf die Bände 1 und 3, verwiesen. Vor allem die USA drängten immer wieder darauf, dass die Ansprüche der jüdischen Opfer (von den rund 135.000 geflüchteten und vertriebenen Juden lebten die meisten in Israel, den USA und Großbritannien; viele der Nachkommen der 65.000 ermordeten österreichischen Juden lebten in den USA) auf Entschädigung und Rückstellung der geraubten und noch vorhandenen Vermögenschaften entsprechend berücksichtigt wurden. Angesichts des ständigen Zögerns und Hinhaltens der österreichischen Regierungen setzten die USA durchaus auch Zwangsmittel ein, wie zum Beispiel die Drohung, ERP-(Marshall Fund)-Mittel einzubehalten, um die österreichischen Regierungsstellen zu Zugeständnissen zu bewegen.

Letztlich kam auf völkerrechtlicher Ebene eine Lösung zustande, die für alle Beteiligten hinsichtlich des Umfangs und der Höhe der zu leistenden Entschädigungen und Rückstellungen einigermaßen akzeptabel war. Die Alliierten bestätigten dann auch in einem völkerrechtlich verbindlichen Protokoll nach Unterzeichnung des Staatsvertrags, dass Österreich alle Verpflichtungen auf Grund des Staatsvertrags (das heißt insbesondere aus Artikel 26 des Staatsvertrags, dem eine Schlüsselrolle bei der Beurteilung der österreichischen Verpflichtungen zu Restitution und Entschädigung zukommt) erfüllt hatte. Dieses Protokoll spielte dann auch in den Restitutionsverhandlungen des Jahres 2000 eine nicht unerhebliche Rolle. Österreich erhielt also quasi rechtliche „Absolution", wohl nicht zuletzt auch aus geostrategischen Überlegungen mitten im Kalten Krieg.

Verhandlungen mit der Claims Conference

Nach Abschluss des Staatsvertrags und nachdem die Alliierten Österreich völkerrechtlich verbindlich bescheinigt hatten, alle Verpflichtungen vor allem aus dessen Artikel 26 erfüllt zu haben, ließen das offizielle Interesse der Regierung der Vereinigten Staaten und die direkten Interventionen zugunsten der Opfer merkbar nach. Die USA unterstützen allerdings mit wechselnder Intensität die Verhandlungen, die schon seit 1953 mit der Claims Conference geführt wurden – angeführt vom legendären Nahum Goldmann, ursprünglich Vorsitzender der Jewish Agency und später Präsident der Claims Conference – hauptsächlich zur Frage der Verteilung der Gelder aus erblosem jüdischem Vermögen und der Einführung verbesserter gesetzlicher Bestimmungen im Bereich der Sozialversicherung und der Wiedererlangung der österreichischen Staatsbürgerschaft für im Ausland lebende Opfer.
Diese Verhandlungen, die, wie sich aus den Dokumenten ergibt, in vieler Hinsicht nicht gerade ein Ruhmesblatt für Österreich darstellen, endeten letztlich in dem Sinne erfolgreich, als im Jahre 1961 eine Übereinkunft erzielt werden konnte und Nahum Goldmann eine sogenannte „Entfertigungserklärung" im Dezember 1961 unterzeichnete, in der es unter anderem hieß: „Das Komitee werde keine Schritte gegenüber der österreichischen Bundesregierung setzen, um weitere gesetzgeberische Maßnahmen zugunsten von in Österreich durch das NS-Regime verfolgten jüdischen Opfern zu verlangen."
Mit der Entfertigungserklärung schien für Politiker, aber auch für die Opferverbände das Thema „Wiedergutmachung" beendet zu sein. Diese Entfertigungserklärung von 1961 wurde geradezu zum Dogma österreichischer Politik gegenüber immer wieder von Opferorganisationen vorgebrachten Forderungen nach Verbesserung vor allem von sozialen Leistungen für die vom Nazi-Regime vertriebenen Opfer und ihre Nachkommen. Noch 1996 (!) beantwortete die Koalitionsregierung SPÖ-ÖVP eine diesbezügliche Anfrage der Grünen betreffend „in der NS-Zeit von Österreichern oder in Österreich damals lebenden Personen gestohlenes, ent-

wendetes, arisiertes und unter Zwang unter dem tatsächlichen Wert von den Opfern erworbenes Vermögen beziehungsweise den materiellen Schaden der NS-Opfer insgesamt" unter anderem mit dem Hinweis auf die Entfertigungserklärung von Nahum Goldmann aus dem Jahr 1961.

Die Mauerbach-Affäre

Zwischen 1961 und 1986, dem Beginn der „Waldheim-Affäre", gab es zwar immer wieder Versuche, eine Verbesserung vor allem des 1961 erzielten Übereinkommens zu erreichen, es gab auch einige gesetzliche und administrative Maßnahmen, viel geschah auf diesem Gebiet allerdings nicht. Österreich präsentierte sich als verlässlicher Partner in der Weltgemeinschaft, wurde als „Insel der Seligen" angesehen, spielte mit Außenminister und später Bundeskanzler Kreisky etwa in Nahost eine aktive außenpolitische Rolle und etablierte sich mit dem Bau des Vienna International Center als Sitz internationaler Organisationen.

Eine erste Erschütterung erlebte dieses internationale Erfolgsmodell mit der sogenannten „Mauerbach-Affäre", die von dem in den USA erscheinenden Kunstmagazin Artnews in einem Artikel unter dem Titel *Legacy of Shame* von Andrew Dekker ausging und aus ziemlich heiterem Himmel über Österreich hereinbrach.

Dabei handelte es sich um jenen Restbestand an Kunstobjekten, der von den Alliierten im Jahr 1955 mit der Auflage, die rechtmäßigen Eigentümerinnen und Eigentümer zu suchen und Rückstellungen zu tätigen, an die Republik Österreich übertragen wurde. Österreich kam dieser Verpflichtung zunächst mit dem ersten Kunst- und Kulturgutbereinigungsgesetz aus dem Jahr 1969 nach, mangels geeigneter Veröffentlichung dieses Gesetzes (es wurde nur in der Wiener Zeitung kundgemacht) war das Echo aber sehr gering. 1986 wurde dann ein zweites Gesetz erlassen und weltweit kundgemacht, die tatsächlichen Rückstellungen hielten sich aber immer noch in sehr engen Grenzen. Erst 1995 schloss die Republik Österreich das Thema ab, indem sie den „Mauerbach-Bestand" an den Bundesverband der Israeliti-

schen Kultusgemeinden Österreichs übereignete. In Erfüllung des entsprechenden gesetzlichen Auftrags ließ dann der Verband den Bestand im Rahmen einer Auktion von Christie's im Museum für Angewandte Kunst (MAK) im Oktober 1996 zugunsten bedürftiger NS-Opfer versteigern.
Letztlich war Mauerbach zwar ein Warnsignal, hatte aber keine nachhaltige Wirkung was die Aufarbeitung der noch offenen Entschädigungsfragen betraf, weil sowohl das offizielle Österreich als auch die Mehrheit der Bevölkerung nach wir vor der Auffassung waren, dass Österreich alles, was in der Entschädigungsfrage zu tun war, nach 1945 auch tatsächlich bereits getan hatte.

Die Waldheim-Affäre

Im März 1986 eröffnete Hubertus Czernin mit dem Artikel „Waldheim und die SA" eine wöchentliche Artikelserie im Nachrichtenmagazin Profil zu Waldheims Kriegsvergangenheit. Wenige Tage später wurde diese Meldung von John Tagliabue in der New York Times aufgegriffen, und praktisch zeitgleich veröffentlichte der World Jewish Congress (WJC) in den USA erstmals Dokumente zu denselben Sachverhalten und erhob schwere Vorwürfe gegen Waldheim, auch die der Begehung von Kriegsverbrechen. In den folgenden Monaten bekräftigte der WJC diese Vorwürfe mit insgesamt 30 Pressemitteilungen.
Eine von Österreich eingerichtete Historikerkommission mit internationaler Beteiligung legte im Februar 1988 ihren Bericht vor, in dem es unter anderem hieß, Waldheim sei kein Kriegsverbrecher, aber „ein gut informierter, an zentraler Stelle positionierter Mann" gewesen.
Im März 1986 beantragte der WJC beim US-Justizministerium, Waldheim in die sogenannte *Watchlist* für mutmaßliche Kriegsverbrecher aufzunehmen. Im April hatte der US-Senat eine Untersuchung der Kriegsverbrechervorwürfe gegen Waldheim verlangt. In der Folge legte das Office of Special Investigations (OSI) seinen Abschlussbericht zu Waldheims Kriegsvergangenheit vor, worauf US-Justizminister Edwin Meese die Aufnahme von Präsident

Waldheim in die Watchlist anordnete. Dies verbot den US-Behörden, ihm ein Einreisevisum als Privatperson auszustellen.
Im Juni 1991 gab Waldheim dann in einer TV-Ansprache seinen Verzicht auf die Wiederkandidatur bekannt. Im Jahr darauf endete seine Ära, und Thomas Klestil wurde als neuer Bundespräsident angelobt.
Die Diskussion über die Waldheim-Affäre wurde überaus emotional geführt. Es ist aber unbestreitbar, dass die Auseinandersetzung der Beginn einer zunächst durchaus schmerzhaften, aber längst fälligen Aufarbeitung der NS-Vergangenheit war. Waldheim selbst betonte in einem Interview kurz vor seinem Tod: „Es war notwendig, ja unverzichtbar, dass wir Österreicher uns von der reinen Opferrolle verabschiedet haben. Sie war zwar Grundlage unseres inneren Friedens nach 1945, des Wiederaufbaus und unserer Nachkriegs-Identität, aber doch nur Teil der Wirklichkeit."
Die Waldheim-Affäre hatte aber auch eine internationale Auswirkung, die sich nachhaltig auf das Image Österreichs auswirkte und ebenfalls dazu beitrug, dass eine ernsthafte Auseinandersetzung mit der Vergangenheit des Landes einsetzte.
Die im Gefolge dieser Entscheidung begonnene Debatte über die Rolle Österreichs im Krieg und den von den Nazis begangenen Verbrechen war emotional und kontroversiell, hatte aber letztlich einen reinigenden Effekt. Die Frage einer moralischen Mitverantwortung Österreichs an den Nazi-Verbrechen war auf einmal nicht mehr tabu. Bundeskanzler Franz Vranitzky sprach von den Verbrechen zahlreicher Österreicher und gestand die Mitschuld Österreichs an den Verbrechen des Nationalsozialismus ein, Bundespräsident Thomas Klestil bekannte, dass die Anerkennung der Mitverantwortung für die Verbrechen des Nationalsozialismus zur „eigenen" Geschichte gehört und dass die Zweite Republik eine zumindest moralische Verantwortung für den österreichischen Anteil an den Verbrechen des Nationalsozialismus und an der Ermordung und Vertreibung der jüdischen Bürger und Bürgerinnen trägt. Bundeskanzler Wolfgang Schüssel bekannte sich ebenfalls zur moralischen Verantwortung Österreichs anlässlich der Debatte über das Entschädigungsgesetz im Nationalrat im Jahre 2001.

Eine der Folgen der Debatte war die Einrichtung eines „Fonds zur Erbringung von Leistungen an Opfer des Nationalsozialismus" beim Nationalrat im Jahr 1995. Dieser „Nationalfonds der Republik Österreich für Opfer des Nationalsozialismus" war und ist zweifellos eine der wichtigsten Errungenschaften der Zweiten Republik in dem Bemühen, mit der eigenen Geschichte zu Rande zu kommen. Abgesehen von der materiellen Hilfe an viele Opfer des Holocausts stellte und stellt der Fonds die wichtigste Anlaufstelle für aus Österreich vertriebene Überlebende in der ganzen Welt dar. Der Nationalfonds hat damit zweifellos sehr viel für eine Aussöhnung der Generation, die vor oder mit der Machtergreifung Hitlers das Land verlassen musste, mit ihrer alten Heimat getan und tut es noch immer.

Allerdings, so wichtig die Einrichtung des Nationalfonds auch für die nationale Befindlichkeit und das internationale Image Österreichs war, eine grundsätzliche Abkehr von der seit 1961 vertretenen These, dass alle Maßnahmen von Österreich zur Entschädigung der Opfer bereits gesetzt wurden, bedeutete dies nicht. Dazu kam es erst rund zehn Jahre später, wobei wieder die Initiative von in den USA ansässigen Organisationen ausging.

Das letzte Kapitel: Es begann mit Gold und Raubkunst

Die internationalen Bemühungen um *a measure of justice* für die Opfer, wie dies der US-Staatssekretär im Finanzministerium, Stuart Eizenstat, der seitens der US-amerikanischen Regierung mit der Führung der Verhandlungen beauftragt worden war, bezeichnete, begannen mit Gold, präziser mit dem Gold, das das Hitlerregime den eroberten und besetzten Ländern geraubt und in die eigenen Währungsbestände eingegliedert hatte und in das auch „Opfergold" eingeschmolzen worden war.

Nachdem sich die Schweiz und einige ihrer Banken auf Drängen des World Jewish Congress und der Claims Conference zu einer umfassenden Lösung bereit erklärt hatten, ergriff die US-amerikanische Regierung die Initiative und schlug eine Lösung für das noch unter alliierter Verwaltung befindliche Raubgold vor.

Österreich gehörte zu jenen zehn Ländern, die nach dem Zweiten Weltkrieg die Rückerstattung ihres 1938 geraubten Goldbestands von der Tripartite Gold Commission (TGC) beanspruchten. Nach verschiedenen Rückstellungen verblieb ein Anspruch auf die Rückerstattung von 26.829 Feinunzen Gold, das waren zum damaligen Marktwert ca. 100 Mio. Schilling. Staatssekretär Eizenstat unterbreitete 1997 den Vorschlag, aus dem Restgold einen internationalen Fonds zugunsten von Naziopfern einzurichten (Nazi Persecutee Relief Fund) und forderte jene Staaten auf, die noch Ansprüche an die TGC hatten, auf ihren Anteil zu verzichten. Österreich signalisierte als Erstes der anspruchsberechtigten Länder sofort die Bereitschaft, auf den Österreich zustehenden Anteil zu verzichten. Diese spontane Bereitschaft und die spätere kluge, zweckentsprechende Verwendung der Mittel durch den Nationalfonds, haben seitens der US-Regierung und ihrem Chefverhandler Eizenstat zu einer von Beginn an wohlwollenden Einstellung gegenüber Österreich geführt, was sich zwei Jahre später bei den Restitutionsverhandlungen als besonders vorteilhaft herausstellte.
An dieser Stelle soll die besondere Rolle und Bedeutung von US-Secretary Eizenstat auch für die erfolgreichen Verhandlungen, die Österreich in der Folge führte, hervorgehoben werden. Diese Rolle eines Vermittlers *(facilitator)*, die ja keine klassische Verhandlungsfunktion war, weil die Vereinigten Staaten als Regierung nicht Verhandlungspartner waren, erfüllte Eizenstat mit großem Engagement, untadeliger Objektivität und letztlich als ein aufrichtiger Freund Österreichs.
Nach dem Erfolg der Einrichtung des Nazi Persecutee Relief Fund ergriff Eizenstat gemeinsam mit den Opferorganisationen in den USA, Experten und Vertretern von Museen eine nächste Initiative, diesmal zur Rückgabe von Kunstgegenständen, die bekanntlich von den Nazis im großen Stil vor allem jüdischen Eigentümern gestohlen worden waren und von Museen, Sammlungen und anderen öffentlichen Einrichtungen (durchaus auch in den Siegerstaaten) nur sehr zögerlich rückerstattet wurden.
Nach einer ersten Konferenz in London, nahmen 44 Regierungen als Resultat der sogenannten *Conference on Holocaust-Era Assets,*

die im Dezember 1998 in Washington D.C. stattfand, einen Katalog von Prinzipien an, wie Regierungen, Museen und Sammlungen in Hinkunft mit Raubkunst umgehen sollten.
Österreich war insofern gut vorbereitet, als der Nationalrat kurz davor das Kunstrückgabegesetz 1998 beschlossen hatte, das Bundesmuseen und Sammlungen verpflichtete, nach 1938 in ihren Besitz gelangte Kunstgegenstände aus eigenem auf zweifelhafte Provenienzen zu überprüfen und gegebenenfalls an die legitimen Eigentümer oder deren Nachfolger zu restituieren.
Zu jenem Zeitpunkt, Ende 1998, waren also einige Fortschritte in den Bereichen Währungsgold und Kunstrestitution erzielt worden, die noch einige Jahre davor kaum zu erzielen gewesen wären. Ein wesentliches Umdenken gegenüber den anderen ungelösten Fragen von Entschädigungen und Rückstellungen hatte allerdings noch nicht stattgefunden. In dieses Jahr fielen auch die ersten Sammelklagen gegen die Republik Österreich und österreichische Unternehmen im Namen von ehemaligen Zwangsarbeitern und anderen Opfern des Nationalsozialismus, die auf die Zahlung von finanziellen Entschädigungen in Milliardenhöhe abzielten. Österreich war damit der Erste und bislang einzige Staat, der vor amerikanischen Gerichten geklagt wurde! Die offizielle österreichische Politik – und zwar sowohl der Regierung als auch seitens des Parlaments – schenkte diesen Klagen allerdings zunächst keine besondere Aufmerksamkeit.
Die internationale Entwicklung in den Fragen der Holocaust-Era Assets, die auf Grund der Initiativen und Aktionen amerikanischer jüdischer Organisationen wie dem World Jewish Congress und insbesondere der Claims Conference unter ihrem seinerzeitigen Generalsekretär Israel Singer (Stichwort Schweiz, *dormant accounts)*, und von Klagsanwälten in den USA seit etwa 1996 an Dynamik gewonnen hatte, machte es zum Ende der Koalition Klima-Schüssel auch für Österreich unhaltbar, sich einer Forderung zumindest einmal nach Einleitung von Verhandlungen über die in Österreich noch ungelösten Fragen zu entziehen.
Am 29. Jänner 2000, nur wenige Tage bevor seine Amtsperiode als österreichischer Regierungschef endete, flog Bundeskanzler

Viktor Klima nach Stockholm, um an dem vom schwedischen Premierminister einberufenen Ersten Forum über den Holocaust teilzunehmen. Er traf dort mit dem damaligen Generalsekretär der Claims Conference, Israel Singer, zusammen, geborener Wiener und seinerzeit in der Waldheim-Affäre die treibende Kraft. Singer ließ Klima in sehr deutlichen Worten wissen – der Autor war bei diesem Gespräch anwesend –, dass Österreich diesmal nicht seiner Verantwortung entkommen würde, sich den noch offenen Entschädigungsforderungen der österreichischen Naziopfer zu stellen. Klima vermied eine substanzielle Diskussion und verwies auf die nächste Bundesregierung.

Die Regierung Schüssel, Entschädigungsverhandlungen und das Washingtoner Abkommen vom Jänner 2001

In Österreich entstand nach sehr zögerlichen Anfängen in der letzten Zeit der Regierung Klima-Schüssel – und da praktisch ausschließlich im Bereich der Entschädigung für Zwangsarbeiter – mit der Regierung Schüssel I im Jahr 2000 ein politisches Klima, das die zügige Verhandlung von Entschädigungs- und Restitutionspaketen möglich machte, wobei sicher auch die von amerikanischen Class-Action-Anwälten gegen Banken, Versicherungen und Industrieunternehmungen angestrengten Klagen eine Rolle spielten. Sowohl in der Präambel zum Regierungsprogramm als auch in der Regierungserklärung von Bundeskanzler Schüssel vor dem Parlament waren Aussagen enthalten, die sich ausdrücklich auf die verschiedenen Entschädigungsforderungen bezogen. Auf die Fragen der zu jener Zeit konkret anstehenden Probleme Zwangsarbeit und Restitutionen angewandt, lauteten die konkreten Aussagen in der Regierungserklärung: „Jetzt geht es darum, dass die Bundesregierung im Lichte des Zwischenberichtes der Österreichischen Historikerkommission die ehemaligen NS-Zwangsarbeiter unter Berücksichtigung der Verantwortung der betroffenen Unternehmen rasch entschädigt. [...] Im Interesse der noch lebenden Opfer werden wir aber vor allem jenen Überlebenden des Holocausts, die von den bisherigen Maßnahmen nicht oder nur ungenügend erfasst waren und heute in schwierigen finanziellen Verhältnissen leben, rasch entsprechende Hilfe zukommen lassen."

Nur wenige Stunden nach seiner Angelobung als Bundeskanzler der Republik Österreich setzte Wolfgang Schüssel einen denkwürdigen Schritt, der in der erstaunlich kurzen Zeit von einem Jahr zum Abschluss eines durchaus als historisch zu bezeichnenden Abkommens über die Restitution von arisierten Immobilien und Entschädigungszahlungen an Naziopfer durch Österreich führte.

Am 4. Jänner 2000 erteilte Bundeskanzler Schüssel mir als Leiter des Völkerrechtsbüros den Auftrag, den maßgebenden Verantwortlichen der großen jüdischen Organisationen in den Vereinigten Staaten, insbesondere auch an Israel Singer, die Bereitschaft zu signalisieren, sogleich in Verhandlungen über die materielle Entschädigung österreichischer Naziopfer einzutreten.

In dem vom Bundeskanzler unterfertigten Verhandlungsangebot hieß es unter anderem: *I would like to reiterate the commitment of Austria to continue to cooperate with all international institutions and bodies that were formed in the last few years to look into all issues relating to Holocaust assets. We continue to fully subscribe to the principles the international community developed at the London, Washington and Stockholm conferences. [...] Having said this, I fully understand the concern that in view of the age of the Holocaust survivors quick solutions are asked for. Indeed, a number of facts are already on the table and there is no need to wait for the final report of the Historical Commission before taking at least some action. In this connection, I have taken note with interest of the proposal to adopt interim measures which would benefit the surviving victims and help especially those who live in difficult personal financial circumstances to spend the remaining years of their lives in dignity.*

At this stage, I cannot be more precise as to the details of such an interim solution than just to inform you about the willingness to quickly react to the concerns that you personally and other institutions who represent Holocaust victims have expressed. [...] I know that I can count on you to judge the work of the Austrian Govern-

ment by its concrete actions and I would like you to know that you can also count on me personally in the future.

Schon am 15. Februar 2000 wurde die ehemalige Präsidentin der Nationalbank, Maria Schaumayer, zur Regierungsbeauftragten für die Zwangsarbeiterfrage bestellt und begann noch am gleichen Tag die Weichen für die Verhandlungen mit der US-Regierung (Verhandlungsleiter Staatssekretär Stuart E. Eizenstat) und den Anwälten der Opferorganisationen zu stellen.

Abgeschreckt von den Schwierigkeiten, denen sich Deutschland bei seinen Verhandlungen mit Opfervertretern über die gleichen Verhandlungsthemen gegenüber gesehen hatte und einem Rat von Staatssekretär Eizenstat folgend, entschied sich Österreich, die Fragenkomplexe Zwangsarbeit, Entschädigungen und Restitution für Opfer des Nationalsozialismus – bei denen es sich vornehmlich um jüdische Opfer handelte – strikt auseinanderzuhalten und getrennt zu verhandeln.

Am 24. Oktober 2000 unterzeichneten der österreichische Bundeskanzler Wolfgang Schüssel und Vertreter der USA und osteuropäischer Staaten ein Entschädigungsabkommen. Es galt für ehemalige Zwangsarbeiter, die während des Zweiten Weltkriegs auf dem Territorium des heutigen Österreichs eingesetzt waren und von denen noch etwa 150.000 leben. Der sogenannte „Versöhnungsfonds", aus dem die Entschädigungen geleistet werden sollten, wurde mit sechs Milliarden Schilling ausgestattet und jeweils zur Hälfte von Staat und Wirtschaft finanziert. Die Auszahlung der Entschädigungen erfolgte bereits ab Ende Juli 2001.

Schon in der letzten Phase der Zwangsarbeiterverhandlungen drängten die Vertreter der anderen Opfer der nationalsozialistischen Gewaltherrschaft darauf, mit den Verhandlungen über die Restitution von und Entschädigung für entzogenes (arisiertes) Vermögen und sonstige Vermögensverluste zu beginnen. Am 18. Mai 2000 bestellte Bundeskanzler Schüssel den Leiter der Diplomatischen Akademie Wien, Botschafter Ernst Sucharipa, zum Sonderbotschafter für Restitutionsfragen.

Waren die Verhandlungen, die zum Abschluss des Pakets zur Zahlung von Entschädigungen an ehemalige Zwangsarbeiter führten,

bereits relativ komplex, so gestalteten sich die Verhandlungen über die Restitution von und Entschädigung für arisierte Vermögenswerte noch um ein Vielfaches schwieriger.
Die schließlich nach langen Verhandlungen erzielte Lösung, die in das Washingtoner Abkommen vom 9. Jänner 2001 mündete, ist letztlich eine gute Lösung, sowohl im Interesse der Opfer als auch im Interesse der Republik Österreich. In erster Linie ist sie Ausdruck eines späten Bekenntnisses zu einer moralischen Verantwortung für die Versäumnisse bei den bisherigen Restitutionen und Entschädigungen. Sie ist aber auch eine moralische Geste gegenüber den überlebenden Opfern, die zum Ausdruck bringt, dass Österreich ihre Leiden anerkennt. Schließlich bedeutete die erzielte Lösung aber vor allem für die österreichische Wirtschaft auch Rechtsfrieden, *legal closure. Moral closure* aber darf es und wird es niemals geben können. Das bedeutet keinesfalls die Fortschreibung einer kollektiven Schuld, sondern die Verpflichtung aus den Ereignissen der Vergangenheit die richtigen Schlüsse zu ziehen und auch in der Zukunft alles, vor allem für unsere Jugend, zu unternehmen, dass sich derartige Verbrechen nie wieder wiederholen.
Denn das sind die Lehren für heute und die Zukunft, die wir aus unserer Vergangenheit ziehen können: Erkennen und wehren wir den Anfängen, vergessen wir niemals das Unrecht, das geschehen ist und erziehen wir vor allem unsere Jugend im Geiste der Toleranz, verschweigen wir dabei aber auch nicht die eigene moralische Verantwortung. Unser demokratisches, pluralistisches Staatswesen ist Garantie dafür, dass Diktatur und Gewaltherrschaft niemals wieder zu einer politischen Kategorie in unserem Land wird.
Der Chefverhandler der US-Regierung, Stuart Eizenstat, fasste seine Erfahrungen mit Österreich unter anderem wie folgt zusammen: *Austria has travelled a long way in recent years to come to terms with its wartime past [...] Austria has turned an important page in its history.*

Kurt Scholz

Freiheit, Macht, Amt und Würden

Einige persönliche Anmerkungen zu Herwig Hösele

I.

Folgt man allen gängigen internationalen Indikatoren, ist Österreich zwar keine „Insel der Seligen“, aber doch ein Land mit vergleichsweise sehr hoher Lebensqualität. Die Lebenserwartung der Österreicherinnen und Österreicher ist gestiegen, der Beschäftigungsstand weist einen internationalen Spitzenwert auf, die Säuglingssterblichkeit ist – so wie die Selbstmordrate – gesunken, die Menschenrechtsbilanz Österreichs zwar nicht makellos, aber vergleichsweise gut, der Ausbildungsstand generell – mit signifikanten „soziologischen Dellen“ – gestiegen.
In einem seltsamen Kontrast zu diesen Fakten steht die Befindlichkeit vieler Österreicherinnen und Österreicher. Glaubt man der veröffentlichten Meinung, fühlt man sich an die Zeiten eines Karl Kraus („Was wir umbringen ...“) erinnert. Allzu oft wird hier das Zerrbild eines Landes vermittelt, das von Skandalen und Menschenrechtsverletzungen geprägt ist und nie einen Versuch unternommen hat, mit seiner jüngeren Geschichte ins Reine zu kommen. Was die Repräsentantinnen und Repräsentanten der Republik betrifft, dominieren die negativen Schlagzeilen. Der zynische Journalistenspruch: *Only bad news is good news,* findet hier eine tägliche Bestätigung. Demgegenüber macht die Tatsache, dass von den sieben Milliarden Weltbevölkerung wahrscheinlich geschätzte sechseinhalb Milliarden froh wären, in einem Land wie Österreich zu leben, keine Schlagzeilen.

Politik aber kann weder Baldriantropfen zur Beruhigung noch *Happy pills* zur Hebung des Lebensgefühls verteilen. Politiker, die von oben herab Optimismus verordnen wollen, geben sich der Lächerlichkeit preis. Wem die mediale Großwetterlage nicht passt, sollte sich besser gut anziehen als über die Wetterprognose zu schimpfen. Politik ist nicht nur das bekannte Bohren von harten Brettern, sondern auch die tägliche Auseinandersetzung mit Misstrauen, Neid und unerfüllbaren Erwartungen. Der Beruf des Politikers ist hart. Er ist aber auch notwendig. Jede Demokratie bedarf der Bereitschaft des Cincinnatus: Den eigenen Pflug zu verlassen und sich eine gewisse Zeit lang dem Wohl der Allgemeinheit zu verpflichten. Menschen, die das tun, ohne vom Ehrgeiz verblendete Karrieristen zu sein, verdienen Respekt. Ihr Handlungsspielraum ist in Zeiten einer globalen Ökonomie gering. Dennoch zeigen Beispiele wie das der Ersten Republik oder die Schicksale unser östlichen Nachbarländer nach 1945, wie wichtig eine Realpolitik ist. Österreich war nach 1918 der „Staat, den keiner wollte." Nach 1945 musste ein Bundeskanzler sagen, dass es kein Glas zum Einschneiden der Fenster gebe. 70 Jahre später zählt Österreich zu den wohlhabendsten Ländern der Welt. Das ist das Verdienst einer Bevölkerung, die nicht dem penetrant prolongierten Stereotyp der Tänzer und Geiger, heurigenseligen Phäaken, des „Capua der Geister" entspricht. Es ist aber auch ein Ergebnis der Arbeit einer politischen Elite, die vielleicht nicht über den Glanz und das Charisma der Handlungsträger der Ersten Republik verfügt, dafür aber das Gemeinsame vor das Trennende gestellt hat. Das sollte, zumindest von Zeit zu Zeit, auch gesagt werden.

II.

Herwig Hösele repräsentiert das neue Politikverständnis der Zweiten Republik. Er ist relativ spät in mein Leben getreten. Natürlich vernahm man in den 1980er- und 1990er-Jahren immer wieder von einer Gruppe steirischer Intellektueller (die Namen Bernd Schilcher, Herbert Paierl und Gerhard Hirschmann sind aussagekräftig genug), die mit ihren Ideen nicht nur die grüne

Mark, sondern ganz Österreich aufmischten und denen man auch als politisch Andersdenkender wünschte, ihr weltanschauliches Lager auf Dauer zu beleben. Auf Herwig Hösele wies mich damals und später ganz besonders ein anderer Unbestechlicher hin, der Analyst und Meinungsforscher Wolfgang Bachmayr, der von dem steirischen Vor- und Nachdenker nie anders als in großer Hochachtung sprach. Seinem Urteil war zu trauen.

Obwohl ich mindestens einem der steirischen Reformgeister, meinem Landesschulrats-Präsidentenkollegen Bernd Schilcher, freundschaftlich verbunden bin, stellte dieser seltsamerweise nie eine persönliche Bekanntschaft mit Herwig Hösele her. So muss es wohl bis zum Jahr 2000 gedauert haben, bis Herwig Hösele und ich uns gelegentlich zu gemeinsamen Frühstücken, vor allem in seinem damaligen „Wiener Hauptquartier", dem Hotel de France, getroffen haben. Es war jedes Mal ein Gedankenaustausch über Gott und die Welt – jene Art von Gesprächen, bei denen man nicht jedes Wort auf die Goldwaage legen musste. Bruno Kreisky hat einmal davon gesprochen, wie wichtig die *Quart d'Heure de Vérité* unter politischen Menschen sei, jene Viertelstunde der Wahrheit, in der man unbeschwert über Politisches genauso reden kann wie über Persönliches. Schon die ersten Treffen mit dem damaligen Abgeordneten und Vorsitzenden des Bundesrates Herwig Hösele waren solche Zeitfenster.

Von da an liefen wir einander immer wieder über den Weg: Sei es in Alpbach, das seit jeher einen starken Steiermark-Schwerpunkt hatte, oder in Seggauberg, der steirischen Alternative zu Alpbach. Dort initiierte Herwig Hösele Dialoge zwischen dem bundesdeutschen Altliberaler Hans-Dietrich Genscher, dem Schriftsteller und Willy-Brandt-Vertrauten Klaus Harpprecht, dem pro-europäischen US-Ökonomen Jeremy Rifkin, zwischen kritischen Katholiken und anderen unangepassten Geistern, dort versammelte er junge Menschen aus Südosteuropa genauso wie unangepasste Grazer Studentinnen und Studenten.

Intensiv wurde meine Zusammenarbeit mit Herwig Hösele, als mit voller Wucht der Missbrauchsskandal in der katholischen Kirche losbrach. In einer Situation, in der die politischen Verantwortungsträgerinnen und Verantwortungsträger zu vorsichtig waren (man könnte auch sagen: Angst hatten), um eine staatliche Kommission einzusetzen, war es nicht zuletzt die zivilgesellschaftlich gedachte Initiative von Herwig Hösele, eine Kommission fern des Zugriffs der Kirche zusammenzusetzen. Sie sollte über Gestenzahlungen und Therapieangebote für Opfer beraten und entscheiden, unabhängig von geistlichen Gewalten. Herwig Hösele erwies sich dabei von Beginn an als Denker und guter Geist der Kommission: Er war maßgeblich an der Erarbeitung einer opferorientierten Vorgangsweise, der gesamten Abwicklung und Dokumentation, vor allem aber der schwierigen Aufgabe der Darstellung der Kommissionstätigkeit, die bei ihrer Arbeit in Österreich auf keinerlei Erfahrungen anderer Einrichtungen zurückgreifen konnte, nach außen. Dass bei dieser Pionierarbeit alle Höseles früheren Arbeitserfahrungen im Medienbereich unschätzbar wichtig waren, wurde von allen Kommissionsmitgliedern dankbar registriert. Ebenso aber auch, dass eine vorurteilsfreie Kommunikation dessen, was die „Klasnic-Kommission" in mehr als drei Jahren ehrenamtlicher Tätigkeit geleistet hat, in der österreichischen Medienlandschaft ein Ding der Unmöglichkeit darstellte.

Welchen Anwürfen und Unterstellungen einzelne Kommissionsmitglieder, allen voran die (nicht stimmberechtigte) Vorsitzende und der Sprecher der Kommission ausgesetzt waren, ist kein Ruhmesblatt dieses Landes. Von wenigen Ausnahmen abgesehen dominierten bei der sogenannten „medialen Aufarbeitung" des Kirchenskandals nicht seriöse Analysen, sondern ein – im Grunde voyeuristisches – Interesse an den Details dieser erschütternden und von der Kirche bis heute in aller Tragweite nur unvollständig nachvollzogenen menschlichen Tragödien. Von Anfang an war klar, dass man bei der Tätigkeit der Kommission auf jenes Mindestmaß an Dankbarkeit, das man sich bei einer persönlich belastenden, freiwilligen und ehrenamtlichen Tätigkeit insgeheim erhofft, nicht rechnen durfte. Dass dabei nicht einmal die persönlichen Vorstöße bei der Parlamentspräsidentin, den Klubobleuten der Parteien im Nationalrat und anderen Trägern staatlicher Verantwortung, wenigstens zur Prävention künftiger

Missbrauchsvorfälle einen staatlichen Arbeitskreis einzusetzen, auf fruchtbaren Boden fielen, ist ein trauriges Beispiel dafür, dass die österreichische Gesetzgebung meist erst des Skandals (wie der erschütternden Vorfälle in einer Wiener Justizanstalt) bedürfen, um legistisch aktiv zu werden.

Herwig Hösele und der Autor dieser Zeilen haben Politikerinnen und Politiker und die Öffentlichkeit früh und öffentlich auf die Dringlichkeit von Missbrauchsprophylaxe und Prävention aufmerksam gemacht. Die Reaktion war im Kern ein *Noli-me-tangere,* ein Kopf-in-den-Sand-Stecken. Dass sich die Enttäuschung und gelegentliche Wut einzelner – aus verständlichen Gründen verbitterter – Opfer häufig nicht gegen die Indolenz staatlicher Stellen, sondern gegen eine ehrenamtlich tätige Gruppe unabhängiger Persönlichkeiten richtete, ist eine der großen Ironien der Aufarbeitung des Missbrauchsskandals. Dennoch habe ich keinen Zweifel daran, dass die von Herwig Hösele entscheidend geprägte Arbeit der Klasnic-Kommission mit ihren Gestenzahlungen von annähernd 15 Mio. Euro und der Bezahlung tausender Therapiestunden für Kirchenopfer im Rückblick einmal als bahnbrechend gesehen werden wird – eine Perspektive, die für unser Geburtstagskind eine erfreuliche Zukunftshoffnung in einer menschlich überaus belastenden Gegenwart sein mag.

Dass ich Herwig Hösele auch im Zukunftsfonds der Republik Österreich beruflich begegnen darf, ist ein weiterer Glücksfall. Hier haben – zum Unterschied von der Opferanwaltschaft, die Herwig Hösele so entscheiden mitgestaltet hat – andere die Pionierarbeit geleistet: Die einmalige Maria Schaumayer, ein Team hervorragender Diplomaten um den ehemaligen Botschafter Richard Wotava, darunter mit Botschafter Herbert Grubmayr der letzte Augenzeuge der Staatsvertragsverhandlungen, um nur einige zu nennen.

Die Tätigkeit im Zukunftsfonds bedeutet also Arbeit auf den Schultern von Riesen. Epigonenhaft ist sie dennoch nicht. Unter Herwig Hösele hat der Fonds wichtige Schritte nach außen getan. Die „Werkstattgespräche“, abgehalten in der Diplomatischen Akademie, finden ein zeitgeschichtlich interessiertes Publikum und demonstrieren einen offenen, nicht durch ideologische Scheuklappen eingeengten Umgang mit Gegenwartsfragen. So wie in der gesamten Arbeit des Zukunftsfonds sind nicht vordergründige weltanschauliche Interessen maßgebend, sondern der Ehrgeiz, durch anspruchsvolle Forschungsarbeiten „weiße Flecken“ in der Zeitgeschichtsschreibung zu füllen. Dass dabei etwa die Hälfte der geförderten Projekte in einem Zusammenhang mit dem Holocaust stehen, unterstreicht das Bemühen, gerade zu den belastetsten Ereignissen unserer Geschichte Position zu beziehen. Herwig Hösele hat das mit Reden im Bundesrat genauso bewiesen, wie er das in seiner Tätigkeit für den Zukunftsfonds der Republik beweist.

III.

In drei Jahren intensiver Zusammenarbeit und mehr als zehn Jahren einer Bekanntschaft durfte ich in Herwig Hösele einen Menschen mit fein strukturiertem Denken, Familiensinn, einem Popper'schen „Optimismus ist Pflicht“ und Frankl'schem „Es kommt nie und nimmer darauf an, was wir vom Leben zu erwarten haben, vielmehr lediglich darauf, was das Leben von uns erwartet“, einen Intellektuellen voller Neugier und Belesenheit und medialen Interessen kennen. Einen Homo politicus, dessen Lektüre sich nicht auf den „Standard“ und die „Presse“ beschränkt, sondern der die FAZ, die Neue Zürcher, die Welt und den Economist zu seinem täglichen Lesestoff zählt, kurz: einen Menschen, mit dem jeder Dialog eine Bereicherung ist und der es spannend macht, seine Weltsicht kennen zu lernen.

Die Belesenheit und Bildung von Herwig Hösele schlägt sich in seiner privaten Zitatensammlung nieder, die er jedoch bereitwillig mit anderen teilt.

Der Zufall will es, dass ich zur Zeit der Abfassung dieses Textes einen Text des englischen Staatsmanns und Philosophen Francis Bacon lese.

Dabei fallen mir Parallelen und Unterschiede zu unserem Jubilar auf. Eine Parallele zwischen dem Wegbereiter des Empirismus und unserem Geburtstagskind ist: Bacon war wie Hösele Politiker und Intellektueller, er wollte „die Wahrheit erforschen und dem Staat und der Kirche dienen", war hoch geschätzter Berater, aber auch unsanft behandelter Parlamentarier. So viel zu den Parallelen. Es gibt aber auch gravierenden Unterschiede: Bacon führte privat ein eher freizügiges Leben, heiratete eine 14-Jährige, obwohl er sich aber eher zum eigenen Geschlecht hingezogen fühlte. So viel zu den Unterschieden.

In seinen „Unterhaltungen über verschiedene Gegenstände aus der Moral, Politik und Ökonomie", 1612 erschienen und 1792 ins Deutsche übersetzt, verfasste Bacon auch ein Kapitel über „Männer in öffentlichen Ämtern und Würden".

Men in Great Places, schreibt Bacon[1], also „Männer, die hohe Positionen bekleiden, sind dreifach unterworfene Knechte. Sie sind Knechte des Fürsten oder des Staats, Knechte des öffentlichen Rufs und Knechte ihrer Geschäfte. So haben sie also gar keine Freiheit, nicht für ihre persönlichen Ansprüche, nicht bei ihren Handlungen, nicht in ihrer Zeit".

Herwig Hösele hatte höchste Positionen inne und er gestaltet heute sensible Bereiche unserer Gesellschaft. Ein „Knecht eines Fürsten oder Staats" war er nie, ein Citoyen schon. Sklave seiner vielfältige Aufgaben und Verpflichtungen mag er gewesen sein, aber seine Freiheit hat er bewahrt.

Von Bacon, dem Earl of Verulam, sagten die Zeitgenossen: *He was looking upon the examples with the eye of severity, but upon the person with the eye of pity and compassion* und *he was free from malice, no revenger of injuries and no defamer of any man.*

Ich denke, Herwig Hösele hätte allen Grund, diese Beschreibung an die Spitze seiner Sammlung an Zitaten zu stellen.

1) Francis Bacon, Unterhaltungen über verschiedene Gegenstände aus der Moral, Politik und Ökonomie; Tübingen, Friedrich Jacob Heerbrandt, 1792, S. 77ff.

Waltraud Klasnic

„Man hat sich bemüht ..."

Das Mehr im Leben

1. Das Mehr zwischen Leben und Sterben

Ein Ausspruch, der eine Lebensphilosophie aufzeigt und gleichzeitig in das Leben eines bestimmten Menschen blicken lässt. „Man hat sich bemüht" ist die selbstgewählte Grabinschrift von Willy Brandt, einem der bedeutendsten Sozialdemokraten und herausragenden europäischen Politikern des 20. Jahrhunderts. Dieser Ausspruch wird besonders in ganz bestimmten Lebenssituationen eines Menschen sichtbar und damit auch eben nur dort aufspürbar. Situationen, in denen wir an unsere Grenzen stoßen, in denen wir hohe Erwartungen an uns und andere stellen oder in denen wir uns immer größeren Aufgaben und Herausforderungen stellen, die vieles von uns abverlangen. Sich dem zu stellen, bedeutet aber letztlich, aus einer ganz bestimmten Grundhaltung heraus zu agieren. Es bedeutet, dass es in diesem Sinne kein Denken und Handeln gibt, das nicht aus einer ganz bestimmten Grundhaltung heraus geschieht. Ich weiß mich letztlich auf eine durch meine eigene Biografie gewachsene Grundhaltung zurück verwiesen. Es ist das *Mehr* des Lebens, das erst durch den Blick dahinter oder eben hindurch spürbar wird. Es wird erkennbar an meinem Herangehen an ganz konkrete Themen und Herausforderungen des Lebens.

2. Frohbotschaften als ins Wort gebrachte Lebens(grund)sätze

Und in diesem Kontext bekommt der Lebensausspruch „Man hat sich bemüht ..." abermals eine ganz neue und andere Bedeutung, die den Menschen in all seinen Denkvorgängen und Handlungsvollzügen prägt und orientiert. Es heißt, es geht hier um eine Lebensprägung, die hinter so einem Ausspruch steht. Es ist ein Lebenswort, das einen zuletzt auch in Frieden und Gelassenheit von dieser Welt Abschied nehmen lässt. Eine somit wahrlich tiefendimensionierte Grabinschrift, die sich Willy Brandt gewünscht hat. Denn das, was auf einem Grabstein steht – noch dazu, wenn es sich um eine selbstgewählte Formulierung handelt –, drückt eine auf den Punkt gebrachte Lebens(froh)botschaft aus.

Frohbotschaft insofern, dass das Leben unter dem Vor- und Nachzeichen so eines Wortes einen wahrlich optimistischen Blickwinkel erhält und letztlich festschreibt, dass es verpflichtend gilt, ein Optimist zu sein und zu bleiben. Denn das persönliche Bemühen bedeutet nicht in erster Linie, mit letzter Kraft irgendetwas im Leben zu tun beziehungsweise zu überstehen oder auch nur pflichtbewusst zu erledigen, sondern vielmehr eine Kraft zu entwickeln, die einen selbst erst zu Höchstleistungen anspornt. Es heißt letztlich, an seinen ganz persönlichen Kompetenzen zu arbeiten und in hoher Selbstreflexion und somit selbstkritisch das eigene Denken und Tun immer wieder auf den Prüfstand des Lebens zu stellen.

Frohbotschaft, weil sich solche Worte zu bewähren haben. Es gilt, sie also am konkreten eigenen Leben zu messen. Worte, die Maßstab für bewährtes Leben sind. Es geht um ein immer wieder neues Herangehen an Situationen des Lebens, die einem selbst oft als unüberwindbar scheinen.

Frohbotschaft, weil das eigene (Be-)Mühen über jeglichen eigenen Erfolg und Vorteil gestellt wird. Es geht also um das ehrliche und verantwortungsbewusste Bewältigen unterschiedlichster Bereiche und ihrer Aufgaben, aber auch um die Auseinandersetzung mit im Leben Unerwartetem und auch oft Unverschuldetem und sogar Ungerechtem. Denn wie oft widerfährt uns im eigenen Leben und am eigenen Leib und in der eigenen Seele Verständnislosigkeit, Ungerechtigkeit, Entmutigung, Unehrlichkeit, Unaufrichtigkeit. All diese Ereignisse werden zu ganz konkreten und situativen Lernorten in meinem Leben, an denen sich dieses Wort „Man hat sich bemüht …“ erst bewähren muss. Das heißt, es geht nicht um strategische Überlebenstaktik sondern um eine ganz persönliche Energie des Lebens, die einen selbst in schwierigsten Situationen immer wieder erneuert und verändert (weiter)leben lässt.

3. Das Ich und mein kompetenzorientiertes Leben

Ingeborg Bachmann schrieb, so denke ich, auch vielleicht in diesem Sinn ihr Gedicht mit dem Titel „Ich“[1]:

Sklaverei ertrag ich nicht
Ich bin immer ich
Will mich irgend etwas beugen
Lieber breche ich.

Kommt des Schicksals Härte
Oder Menschenmacht
Hier, so bin ich und so bleib ich
Und so bleib ich bis zur letzten Kraft.

Darum bin ich stets nur eines
Ich bin immer ich
Steige ich, so steig ich hoch
Falle ich, so fall ich ganz.

Denn es geht im Leben immer um das Erwerben ganz konkreter Kompetenzen, die es ermöglichen, in ganz bestimmten und oft auch für das Leben existenziellen Situationen sein Wissen, sein Können, seine Fähigkeiten, seine Haltungen konkret einzubringen und einzusetzen. Es geht also um *mehr* als nur um angelerntes Wissen und Können. Es geht darum, dass sich Wissen und Können gepaart mit Erfahrungsschatz, Weisheit, Wertehaltungen und immer wieder erprobten Fähigkeiten situativ im Leben zu bewähren hat.

1) Ingeborg Bachmann, Liebe: Dunkler Erdteil. Gedichte aus den Jahren 1942–1967, München-Zürich 1978, S. 9.

Und mitten in diesem möglichst kompetent geplanten Leben passiert häufig eben so viel Unerwartetes und auf den ersten Blick auch Unverständliches. Wie damit umgehen? Was ganz konkret mit solchen unerwarteten und auch oft unverständlichen Situationen tun und wie damit im eigenen Leben *kompetent* verfahren?

LEBENSKOMPETENZ DER EIGENEN HÄNDE: „DAS EIGENE LEBEN IN SEINE EIGENEN HÄNDE NEHMEN"

Mit Offenheit und mit dem Versuch auf Basis der eigenen Lebensphilosophie sein Leben immer wieder neu orientieren. Doch meine Orientierung ist eben eng mit meiner Grundhaltung verbunden. „Man hat sich bemüht" bedeutet also in diesem Kontext der eigenen Grundhaltung, dass hier ein Mensch sein Leben – egal in welcher Situation – selbst in die Hand nimmt und nicht damit kokettiert, woher kommt mir Hilfe und wer kann mich retten. Es ist also gleichsam ein gewisser existentialistischer Lebensansatz, der sich letztlich auf sich selbst konzentriert und aus eigener Kraft heraus versucht, das Leben in seinen unterschiedlichsten und vielfältigen Situationen ein Stück zu begreifen. Ein Ansatz, den Albert Camus in seinem Werk an vielen Stellen deutlich werden lässt. Weder das Schielen nach Hilfen von Außen noch die Suche nach Erlösungen von unsichtbarer Seite her, sondern sich selbst dem Leben zu stellen und es in die Hand zu nehmen steht als prägende Grundhaltung im Vordergrund. Denn so Albert Camus: „Die wahre Großzügigkeit der Zukunft gegenüber besteht darin, in der Gegenwart alles zu geben." Und gerade das ist der Grundansatz, der hinter dem Bemühen steht. Selbst die Hemdsärmeln aufzukrempeln und anzupacken und in allen Situationen versuchen, es bestmöglich in die eigene Hand zu nehmen. Und das ist wahrlich eine Größe, um mit Camus zu sprechen, eine „Großzügigkeit der Zukunft". Das heißt, hier steht plötzlich nicht nur das Gegenwärtige im Blickwinkel, sondern vor allem auch das Zukünftige, das noch auf uns zukommt. Alles zu geben, sich eben zu bemühen, ist ein Kapital in Richtung Zukunft und macht letztlich auch die optimistische Grundhaltung dahinter deutlich.

LEBENSKOMPETENZ DES DIENSTES: „FÜR ANDERE UND VON ANDEREN IN DEN DIENST GENOMMEN WERDEN"

Und es ist letztlich auch ein Lebensansatz von Menschen, die sehr oft in den Dienst von anderen genommen werden und so im Hintergrund Wichtiges für diese erledigen und sich so um andere (be)mühen. Es sind Menschen, die häufig in gewisser Selbstlosigkeit ihr Wissen und Können, ihre Talente und Fähigkeiten in den Dienst anderer stellen und diese Menschen aus einer ganz persönlichen Haltung des „Sich-um-andere-bemühen" heraus auch in den eigenen Lebensvordergrund stellen. Es sind nicht selten eben Menschen, die im Hintergrund durch ihre Arbeit(en) einen ganz wesentlichen Beitrag an Zukunftsvisionen leisten. Die es verstehen, der Zukunft im Hier und Heute bereits eine verbale Gestalt und einen Ausdruck zu geben.

So auch Herwig Hösele, der oft genug in seinem Leben aus dieser Haltung heraus für mich den einen oder anderen für das Heute und Morgen wertvollen und wegweisenden Beitrag verfasst hat. Ein Mann, der mit Worten immer wieder ein Stück Wahrheit abbildet und Neues auf die Zukunft hin gedanklich erschließen kann. In diesem Sinne habe ich ihn um einen Artikel ersucht, der die„bemühende und gleichzeitig optimistische" Grundhaltung in den Vordergrund stellt. Wer diesen genau liest, wird nicht zuletzt aus den Worten heraus und auch zwischen den Zeilen seine ganz persönliche Grundhaltung zum Leben herauslesen und erkennen können. Ohne es zu wissen, hat nun Herwig Hösele, dem dieses Buch gewidmet ist, auch selbst einen Text geschrieben (der von mir nur leicht verändert wurde) und damit, so wie unzählige Male vorher, mir eine besondere Vorlage zur Verfügung gestellt.

Danke, Herr Professor, bitte lesen!

Herwig Hösele für Waltraud Klasnic:

„Es ist unsere Pflicht, Optimist zu sein." Dieser Leitpruch ist nicht nur eine Verbeugung vor dem so verehrten Sir Karl Popper, sondern Ausdruck einer grundsätzlichen Haltung. Wie überhaupt, wenn man diese Aussagen richtig interpretiert, auch andere bekannte Sätze besonders wichtig sind: Nämlich etwa, dass wir wenig wissen und dass unser vermeintliches Wissen auch falsch sein kann. Oder dass Utopien, die das Paradies auf Erden zu schaffen verheißen, beim Versuch ihrer Verwirklichung die Hölle errichten können. Viel eher glaubt er an die Möglichkeit schrittweiser Veränderungen beziehungsweise Verbesserungen.
Sir Karl Popper noch in Alpbach persönlich zu erleben, war vielen Menschen gegönnt, auch Herwig Hösele, der diese Begegnung als besonderes Privileg empfunden hat. Das Thema „Optimismus ist Pflicht" beinhaltet aber auch das Camus-Diktum, man müsse sich Sisyphus glücklich vorstellen. Dazu passt – etwas trivialer gefasst – das Lied von Udo Jürgens: „Immer wieder geht die Sonne auf." In der Zusammenfassung bedeutet dies, stets die Kraft zu einem Neu- und Wiederstart zu haben. Dies ermutigt auch zu einer christlichen Hoffnung, die man auch als katholischen Optimismus und Haltung bezeichnen kann. Meine Gedanken spüre ich im Zusammenhang mit den Landtagswahlen 1995 und 2005 oder nach einer Buchpräsentation 2007. Tatsächlich ist es in vielen Bereichen unsere Pflicht, Optimist zu sein, in dem Sinne, dass man in dem, was man tut, versucht, einen Beitrag zur Veränderung und Verbesserung von Situationen zu leisten.
Denn jeder Mensch hat Rechte und Würde. Für Menschenrecht und Menschenwürde vom Beginn bis zum Ende des Lebens setze ich mich ganz besonders auch in ehrenamtlichen Aufgaben in den letzten Jahren etwa im Hospiz, im Zukunftsfonds und im Opferschutz ein.

ANONYME GEBURT UND BABYKLAPPE

Vielleicht der wichtigste Erfolg auf meinem politischen Weg: Es ist gelungen, in Österreich die Möglichkeit der „anonymen Geburt" und der Babyklappe durchzusetzen – ein jahrzehntelanges Anliegen von mir. So konnten in den letzten Jahren über 500 Kinder zur Welt kommen. Die Kinder dürfen leben, und den Müttern wurde Beistand und Hilfe geleistet.

OPFERSCHUTZ

In den letzten Jahren sind in- und außerhalb der katholischen Kirche Fälle sexueller Gewalt, die in ihrer Anzahl bestürzend, den Details grauenvoll und den Versuchen des Vertuschens abstoßend sind, breit diskutiert worden. Es sind dies Fälle schlimmster Missachtung und Verletzung der Menschenwürde.
Damit wurde nicht nur das öffentliche Bewusstsein wachgerüttelt, sondern endlich auch den zum Teil jahrzehntelangen vergeblichen Bemühungen von Betroffenen nachgekommen.
Als mich der Vorsitzende der österreichischen Bischofskonferenz, Kardinal Christoph Schönborn, Ende März 2010 ersuchte, mich der Opfer des Missbrauchs im Bereich der katholischen Kirche Österreichs anzunehmen, habe ich ihm nach kurzem Überlegen zugesagt.
Als eine Bedingung für meine Tätigkeit habe ich die völlige Unabhängigkeit im Aufbau einer zivilgesellschaftlichen Einrichtung zum Opferschutz und die völlige Autonomie in der Entscheidung genannt. Der Herr Kardinal hat dies zugesichert, es wurde auch in der Rahmenordnung der Bischofskonferenz beschlossen und ist nunmehr auch in den mehr als drei Jahren gelebt und eingehalten worden. In keinem einzigen Fall ist interveniert oder ein Beschluss der Unabhängigen Opferschutzkommission nicht umgesetzt worden.
Ich bin ungemein dankbar dafür, dass sich renommierte und kompetente Persönlichkeiten bereit gefunden haben, in der Unabhängigen Opferschutzkommission ehrenamtlich mitzuwirken. Es sind dies Brigitte Bierlein, Vizepräsidentin des Verfassungsgerichtshofes, Hubert Feichtlbauer, Publizist und ehemaliger Vorsitzender der Plattform „Wir sind Kirche", Reinhard Haller, Psychiater und Neurologe, Udo Jesionek, Präsident der Opferhilfsorganisation „Weißer Ring", Ulla Konrad, Präsidentin des Berufs-

verbandes Österreichischer Psychologinnen und Psychologen, Werner Leixnering, Leiter der Abteilung für Jugendpsychiatrie der Landes-Nervenklinik in Linz, Caroline List, Richterin am Oberlandesgericht Graz, Mitbegründerin des „Forums gegen Sexuellen Missbrauch" und Kurt Scholz, langjähriger Präsident des Wiener Stadtschulrates und Restitutionsbeauftragter der Stadt Wien. Für die nicht einfache Koordinierung und die Medienarbeit habe ich Herwig Hösele gebeten, uns zu unterstützen.

So konnten wir die „Unabhängige Opferschutzanwaltschaft und -kommission – Initiative gegen Missbrauch und Gewalt" ins Leben rufen. Ihr folgten weitere Anlaufstellen und Kommissionen in allen Bundesländern und auch für Bundeseinrichtungen, die großteils das von der Unabhängigen Opferschutzanwaltschaft entwickelte „Entschädigungsmodell" übernahmen und denen vielfach Mitglieder der Unabhängigen Opferschutzkommission angehören.

Insgesamt konnten seitens der Unabhängigen Opferschutzanwaltschaft und -kommission von den seit April 2010 erfolgten 1.355 Meldungen über Missbrauch und Gewalt im Bereich der katholischen Kirche Österreichs für 1.181 bereits eine konkrete Entscheidung (Stand 18.9.2013) getroffen werden. Davon waren 1.073 Kommissionsbeschlüsse (1.051 positiv, 22 Ablehnungen) über finanzielle Hilfestellungen in der Höhe von 13,7 Mio. Euro und zusätzliche 36.500 Therapiestunden. 108 Meldungen – die etwa den Wunsch nach Entschuldigung, Dokumentation oder Information beinhalteten, konnten ohne Kommissionsentscheidung bearbeitet werden.

Hinter diesen Zahlen verbergen sich erschütternde Schicksale. Mit den Gesprächen und der Zuerkennung finanzieller und traumapsychologischer Hilfeleistungen kann das oft unermessliche Leid nicht wieder gut gemacht werden. Es sollen jedoch damit Signale und Zeichen gesetzt werden, dass es zu dem notwendigen radikalen Umdenken weg von Verschweigen und Vertuschen hin zum Opferschutz und zum offenen und ehrlichen Umgang mit den alarmierenden Fakten und vor allem der Zuwendung zu Menschen, denen schweres Leid zugefügt wurde, gekommen ist. Es

ist gelungen, die Mauer des Schweigens und der geschlossenen Systeme zu durchbrechen. Das Ziel ist, alles zu unternehmen, um diese unabdingbare Offenheit und Sensibilität auch für die Zukunft zu sichern.
Die Ursachen der festgestellten Formen von sadistischer Behandlung, in denen Kinder entwürdigt und sowohl physisch als auch psychisch zutiefst verletzt wurden, waren insbesondere:

- geschlossene Systeme – seien sie im kirchlichen Bereich oder in staatlichen Heimen,
- ein mit „schwarzer Pädagogik" nur unzureichend zu beschreibender verwerflicher Erziehungsstil unter Missbrauch von Autoritätsverhältnissen, die Gewalt und deren Vertuschung förderten und
- damals völlig unzureichende Ausbildung der Erzieher und Erzieherinnen sowie Priester.

In Bezug auf die Prävention wird die Etablierung einer „Österreichischen Präventionsplattform zum Schutz vor körperlicher, seelischer und sexueller Gewalt" auf Initiative der Bundesregierung innerhalb eines Jahres vorgeschlagen, die alle öffentlichen und zivilgesellschaftlichen Einrichtungen (zum Beispiel Gebietskörperschaften, Sport- und Jugendvereine, Justizverwaltung, Einrichtungen der Altenbetreuung, der sozialen Wohlfahrt etc.) einbezieht.
Darüber hinaus wird die Einrichtung einer leicht erreichbaren („niedrigschwelligen") Hotline für alle – Hilfe und Schutz für Opfer und Prävention von Missbrauch und Gewalt, die Vernetzung der bestehenden Opferschutzeinrichtungen und die Nutzung von „Social Media" im Interesse von Gewaltschutz und Prophylaxe – vorgeschlagen.

DER ZUKUNFTSFONDS

Ein weiteres zentrales, besonders bedrückendes Thema, bei dem Menschenwürde nicht nur mit den Füßen getreten, sondern brutalst und grausamst missachtet und unterdrückt wurde, mit der furchtbaren Konsequenz von millionenfachem Massenmord, sind die Verbrechen des NS-Regimes. Diese Verbrechen sind nicht wieder gutzumachen und können auch nicht angemessen entschädigt werden, aber es hat leider Jahrzehnte gedauert, bis auch das offizielle Österreich Gesten der Anerkennung des Leids der Opfer und zur Achtung ihrer Menschenwürde gesetzt hat. Eine dieser Initiativen war die Schaffung des Zukunftsfonds der Republik Österreich, der seit 2006 alljährlich mit zwei Millionen Euro Projekte, insbesondere wissenschaftliche Arbeiten, fördern kann, die – wie es im Gesetz heißt „Den Interessen und dem Gedenken der Opfer des nationalsozialistischen Regimes, der Erinnerung an die Bedrohung durch totalitäre Systeme und Gewaltherrschaft sowie der internationalen Zusammenarbeit dienen und zu einer Förderung der Achtung der Menschenrechte und der gegenseitigen Toleranz auf diesen Gebieten beitragen."

In Erfüllung seines gesetzlichen Auftrags hat der Zukunftsfonds mit Jahresende 2012 über 1.300 Projekte behandelt, wovon 890 genehmigt wurden. Der Großteil von ihnen ist in Österreich angesiedelt. Es wurden aber auch Forschungsarbeiten in anderen Ländern gefördert, unter anderem in den USA, Israel, Deutschland, Polen, Lettland, Ungarn, der Tschechischen Republik, Frankreich, Argentinien, Brasilien und Venezuela.

Der Zukunftsfonds versucht damit, in vielfältiger Weise dem immerwährenden Auftrag des „Niemals wieder" gerecht zu werden. Einen besonderen Schwerpunkt bildet daher die historische Aufarbeitung der verschiedensten Aspekte des NS-Regimes und des Holocausts. Darüber hinaus fördert der Zukunftsfonds auch Untersuchungen über antidemokratische Strömungen beziehungsweise Analysen über den Zustand der demokratischen Gesellschaft in der Gegenwart.

Großer Wert wird auch auf Projekte gelegt, die pädagogischen Zielen dienen. Projekte, die Jugendliche anregen, sich einerseits mit der Geschichte aktiv auseinanderzusetzen und andererseits einen Beitrag zur interkulturellen und interreligiösen Verständigung und Toleranz zu leisten, sind dem Zukunftsfonds ein besonderes Anliegen. Dazu gehören auch Projekte, welche die Nutzung moderner Medien und Kommunikationsformen mit einbeziehen.

Bei Einrichtung dieses Fonds 2006 wurde ich zur ehrenamtlichen Vorsitzenden des Kuratoriums gewählt – eine Aufgabe, die ich bis Ende 2010 sehr gerne in Zusammenarbeit mit den Kuratoriumsmitgliedern Jiri Grusa, Kurt Scholz, Christoph Kainz und Moshe Jahoda, sowie dem Generalsekretär Richard Wotava wahrgenommen habe. Gerade auch hier haben wir versucht, einen kleinen Beitrag dazu zu leisten, Menschen und Menschengruppen wenigstens in der Erinnerung ihre Würde zurückzugeben.
Seit 1. März 2011 ist Kurt Scholz der Vorsitzende des Zukunftsfonds und Herwig Hösele, der mir in diesen Fragen stets beratend zur Seite stand, Generalsekretär.
Diese in der Republik Österreich anerkannte und wichtige Aufgabe braucht Elan, Freude und Engagement.

HOSPIZ

Alle Abschnitte des Lebens gehören zusammen – das Baby braucht genauso unsere Zuwendung wie der alternde und der sterbende Mensch. Erfreulicherweise ist in den letzten Jahren das Bewusstsein dafür stark gewachsen.
Alt werden heißt nicht, vom Leben nichts mehr zu erwarten, ganz im Gegenteil. Auch ich weiß nicht, welche langen und mühsamen Wege mich erwarten, aber ich bin bereit, diese zu gehen. Alt werden heißt nicht, ohne Träume oder ohne Hoffnung zu leben.
Seit 2008 ist es mir durch meine Aufgabe als Präsidentin des Dachverbandes Hospiz Österreich möglich, alten und sterbenskranken Menschen zu helfen. Sr. Hildegard Teuschl, die Pionierin der Hospizbewegung in Österreich, hat vor zwanzig Jahren den Hospizgedanken nach Österreich gebracht und mit unglaublichem Mut und Engagement an der Umsetzung mitgewirkt. Dass es in allen Bundesländern eine aktive Hospiz- und Palliativbewegung gibt, dass ein Netzwerk aus einem ehren- und hauptamtlichen Mitarbeiterstab besteht und dass zahlreiche Aus- und Weiterbildungen in *Palliative Care* bis hin zum *Master of Palliative Care* angeboten werden, ist ihr zu verdanken. Als Gründerin des Dachverbandes Hospiz Österreich hat sie diesen 15 Jahre geleitet, 2008 diese ehrenvolle Aufgabe an mich weitergegeben. Sr. Hildegard Teuschl ist

am 18. Februar 2009 verstorben. Es ist mir ein großes Anliegen, ihre Arbeit in ihrem Geist fortzusetzen.
Hospiz für alle, die es brauchen: erreichbar, leistbar und flächendeckend. Das ist die zentrale Forderung. Es ist eine Verletzung der Menschenrechte, wenn Patientinnen und Patienten durch das fehlende Angebot und den mangelnden Zugang zu einer adäquaten Versorgungsstruktur unnötigen und belastenden Schmerzen ausgesetzt sind. Die Anerkennung der Würde des Menschen bis zuletzt ist entscheidend, wobei bewusst sein muss, dass es kein leidfreies Leben und Sterben gibt. Hospiz ist sozusagen ein Menschenrecht.
In den Anfängen war die Hospizbewegung getragen von engagierten ehrenamtlich tätigen Menschen und verstand sich als Gegenentwurf zu einem Gesundheitssystem, das keine befriedigende Antwort auf die Herausforderung des Sterbens geben konnte. Inzwischen hat die Überzeugung immer mehr Platz gegriffen, dass wir eine umfassende Hospiz- und Palliativversorgung brauchen, welche in Kranken- und Pflegeanstalten und in die mobile Betreuung integriert ist. Kern-Bestandteil dieser Versorgung ist das interprofessionelle Zusammenwirken von ehrenamtlicher mitmenschlicher Begleitung mit Medizin, Pflege, Seelsorge, Sozialarbeit und Psychologie.
Das Ehrenamt ist eine unverzichtbare und wertvolle Basis und Stütze, ohne das viele Aufgaben nicht bewältigbar und eine Gesellschaft mit menschlichem Antlitz undenkbar wären. In der Hospiz- und Palliativversorgung leistet das Ehrenamt in aller Vielfalt einen Beitrag zur Lebensqualität und Achtung der Würde und Rechte von schwerkranken und sterbenden Menschen. Durch ihre qualitätvolle mitmenschliche Zuwendung unterstützen und entlasten die ehrenamtlich Tätigen sowohl Patientinnen und Patienten als auch Angehörige und begleiten sie in der Zeit der Trauer. Ehrenamt ist so etwas wie eine „Lichttherapie der Gesellschaft“.
Es gibt in Österreich ein politisch breites, von allen Parteien getragenes Bekenntnis gegen aktive Sterbehilfe. Dieses Nein zur aktiven Sterbehilfe impliziert auch ein Ja für ein Leben in Würde bis zuletzt und erfordert von allen Entscheidungsträgern die Verpflichtung, alles zu tun, damit Menschen leben bis zuletzt und

in Würde aus diesem Leben begleitet werden können. Wie es der große und unvergessene Kardinal Franz König einmal formuliert hat: „Nicht durch die Hand, sondern an der Hand eines Menschen sterben können."

„Die Würde des Menschen ist unantastbar." So heißt es fundamental im Grundrechtskatalog der Europäischen Union. So steht es auch in dem von Präsident Franz Fiedler im Rahmen des Österreich-Konvents[2] ausgearbeiteten Verfassungsentwurf: „Die Würde des Menschen ist unantastbar. Sie ist zu achten und zu schützen" und weiter lautet die Formulierung „Das Recht jedes Menschen auf Leben ist geschützt". Es wäre sehr wünschenswert, wenn es zu einer solchen Verfassungsbestimmung käme.

Menschenrecht und Menschenwürde sind zentral für Christentum und katholische Soziallehre. Die katholische Soziallehre ist nicht blutleere Theorie, sondern Herausforderung für konsequentes Handeln. Gerade das Dr.-Karl-Kummer-Institut, in dem ich, unter anderem gemeinsam mit Herwig Hösele und Klaus Poier, im Vorstand sein darf, fühlt sich der Soziallehre besonders verpflichtet.

Es geht mir immer um den konkreten Menschen und sein Schicksal, um die bestmögliche individuelle Hilfestellung und um die Schaffung von Rahmenbedingungen und Strukturen, um dies zu erreichen.

All unser Tun muss notwendigerweise unvollkommen bleiben, aber selbst wenn es nur ein Tropfen im Ozean wäre, sollte es immer vom Bemühen getragen sein, für den Menschen und seine Würde einzutreten. Es ist unsere Pflicht, Optimist zu sein. Es ist daher unsere Pflicht, dort, wo wir es können, gemeinsam mit allen Menschen guten Willens für eine Gesellschaft mit menschlichem, ja menschlicherem Antlitz, die auch für die künftige Generation eine lebenswerte Mit- und Umwelt bietet, mitzuhelfen.

2) Konstituierung im Jahr 2003 unter dem Vorsitz des damaligen Nationalratspräsidenten Andreas Khol und des damaligen Bundesratspräsidenten Herwig Hösele.

Alfred Grinschgl

Herwig Hösele: Vorkämpfer für Veränderungen

Ich weiß ehrlich gesagt nicht mehr den konkreten Tag, an dem ich Herwig Hösele, den späteren Berater von zwei Landeshauptleuten, den späteren Präsidenten des Bundesrates und den Träger des Ehrenkreuzes für Wissenschaft und Kunst 1. Klasse, also den Herrn Professor, kennen gelernt habe. Aber es muss irgendwann am Beginn des Jahres 1969 (wenn nicht gar schon Ende 1968), also vor zumindest 44 Jahren gewesen sein.

Ich war damals Chefredakteur einer Schülerzeitung, des „Pegasus", den ich mit einigen Kollegen aus der Schülerschaft des Lichtenfelsgymnasiums in Graz herausgegeben habe. Und für den „Pegasus" ging ich gegen Ende meiner Schüler-Karriere zum Werbe- und Marketingleiter der Tageszeitung „Südost-Tagespost", Walter Heinzinger, um bei ihm ein Inserat für unsere Schülerzeitung zu akquirieren. Bei diesem, jedenfalls für mich, erfolgreichen Zusammentreffen erfuhr ich auch, dass Walter Heinzinger Landesobmann der Jungen ÖVP – damals der Jungen Generation in der Volkspartei – war. In durchaus lobbyistischer Gesinnung erklärte mir Walter Heinzinger damals freilich auch – er lud mich ein oder drängte mich ein wenig –, ich sollte an der Jugendzeitschrift „orizont", die damals von der Jungen ÖVP Steiermark herausgegeben wurde, mitreden und mitwerken. Und genau damals, in der Redaktionsgemeinschaft des „orizont", lernte ich den quirligen Herwig kennen.

Herwig Hösele, aufgewachsen in der Grazer Rechbauerstraße bei seinen Eltern Ilse und Alfred Hösele, war bereits damals sowohl medial als auch journalistisch wie im politischen Fach bestens zu Hause. Ja, er war ein jugendlicher Experte in allen diesen Fragen. Er war damals, also Ende der 60er Jahre im vergangenen

Jahrtausend, auch Chefredakteur der Schülerzeitung im Akademischen Gymnasium. Etwas, das einer, der einmal etwas werden will, keinesfalls auslässt. Und er erzählte mir damals einiges über die Nazi- und Nicht-Nazi-Geschichten seiner Lehrer, was in meinen Augen als Sohn eines Widerstandskämpfers besonders einnehmend auf mich wirkte.

Herwig Höseles Beziehung zu Mutter wie Vater war in diesen Jahren, so wie auch leider viele Jahre später, nicht gerade einfach für ihn – worüber man hier freilich philosophieren könnte. Aber erstens ist das keineswegs der Kern dieser Geschichte, und zweitens kann man als Außenstehender zu derartigen familiären Verwerfungen ohnehin nicht das Richtige sagen. Jedenfalls glaube ich zu wissen, dass diese jugendliche beziehungsweise früherwachsene Unbill in ihm eine gewisse offiziersartige Härte und Strenge entstehen ließ. Obwohl Herwig Hösele aus naheliegenden Gründen nicht beim Bundesheer diente. Letztlich hat er seinen Vater, den er immer besonders liebte, in seinen letzten Lebensjahren unterstützt und schließlich gepflegt.

Ich bin in der Aufbruchszeit in den 1970er Jahren oft bei Herwig auf dem Balkon seines Elternhauses in der Rechbauerstraße gesessen. Wir haben damals viele spannende politische Überlegungen für uns selbst und für die Junge ÖVP Steiermark gewälzt. Heute würden wir HH als Netzwerker bezeichnen, denn er war damals so etwas wie Medienreferent für die Landesobleute der Jungen ÖVP Steiermark, aber auch ein wirklich geschätzter politischer Berater, die da waren: zuerst Walter Heinzinger, dann Georg Beder und schließlich Hermann Schützenhöfer. Unter Letzterem war ich Ende der 1970er Jahre auch Mitglied im Landesvorstand. Unsere Themen waren damals natürlich eine Wahlrechtsreform – ein Thema, das der Herwig auch heute noch bestreitet –, eine bessere öffentliche Darstellung der Volkspartei im Sinne einer Abschaffung der Bünde bis hin zur Beseitigung aller opportunistischen Dinge, die wir damals zu entdecken meinten. Ist wohl alles in der Zwischenzeit erledigt worden – oder etwas nicht? Zumindest einige von uns wissen, wie schnell die Reformen in der Politik erledigt werden ...

Ein weiterer nicht unwesentlicher Punkt, der uns damals wirklich massiv zusammenbrachte, war unsere gemeinsame „Mittäterschaft" in der Redaktion der „Südost-Tagespost" unter Helmut Schuster, Harald Schwab, Detlef Harbich und einigen anderen. Als ich zur Tagespost kam, war der Herwig schon in der Redaktion, und wir verbrachten die Jahre 1972 bis 1976 gemeinsam bei diesem Organ, danach wurde Herwig Pressereferent der ÖVP Steiermark.

In der „Südost-Tagespost" teilten wir die meiste Zeit auch ein Zimmerchen, in dem in der ersten Zeit auch Detlef Harbich, der spätere Chefredakteur, saß. In diesen Jahren hatten wir bei Gott auch viel zu tun, nichtsdestotrotz hatten wir unsäglich viel Spaß miteinander und lernten damals auch unsere späteren Ehefrauen kennen. Ich kann mich noch gut erinnern, dass ich mich bei Herwigs Frau als Pfarrer von Andritz vorgestellt hatte. Auch einige kabarettreife Szenen über unsere Redaktionskollegen machten den Alltag bunt, was aber von den Betroffenen nicht einmal richtig bemerkt wurde.

Herwig und ich verbrachten damals viel Zeit miteinander. Einmal waren wir sogar gemeinsam auf Urlaub, und zwar in Istanbul, wo es uns gelungen war, einen 1000-Schilling-Schein gegen einen nullwertigen türkischen Schein einzutauschen. Wir trafen uns privat in Graz und machten, dem Genuss einiger guter Gläser nicht gänzlich abhold, die Gegend unsicher.

Trotz unseres beruflichen Einstiegs, fanden wir immer Zeit für die Junge ÖVP und sei es in nächtlichen Stunden und an den Wochenenden. So gründeten wir damals – ich weiß ehrlich gesagt auch nicht mehr, wer die wunderbare Idee hatte, der Herwig, der Hermann oder ich, wahrscheinlich wird's wohl der Herwig gewesen sein – den „Reintaler Kreis". Das war damals ein großartiger Event, außerhalb der Partei strukturiert, zu dem wir alle paar Monate wirklich relevante Herrschaften aus der österreichischen und internationalen Politik einluden. So haben wir bereits in den 1970er Jahren den wohl sehr rechten Jörg Haider gemeinsam mit „Rot" und „Schwarz" in das Schloss Reintal am Stadtrand von Graz gebeten.

Ich denke immer wieder an die Zeit in den Siebzigern, als gerade drei damals jugendliche Menschen sowohl echte Freundschaft miteinander pflegten als auch immer wieder sehr kritisch zu bestimmten politischen Fragen konspirierten. Eben der Hermann, der Herwig und ich. Mir sagte kürzlich ein lieber Freund, wir beide, Herwig und ich, seien damals häufig als siamesische Zwillinge wahrgenommen worden. Wir äußerten uns wirklich häufig gemeinsam in der Öffentlichkeit. Ich erinnere mich übrigens noch recht gut an unsere erste gemeinsame Pressekonferenz: Die war im Café Nordstern, am Grazer Hauptplatz. Das muss auch im Jahr 1969 gewesen sein. Für den ORF-Steiermark erschien im Café Nordstern Günter Ziesel, dem sich der Herwig folgendermaßen vorstellte: „Ich heiße Herwig Hösele, Herwig, das ist nordisch, und Hösele so wie Hose."

Wie gesagt, Ideen hatten wir viele. So gründeten wir beide auch die Vorläuferorganisation der Union Höherer Schüler, und riefen das „Steirische Schülerparlament" ins Leben. Zu diesem Zweck luden wir Schülerinnen und Schüler aus der ganzen Steiermark, natürlich vorwiegend aus Graz, zu einem Mega-Event auf den Karmeliterplatz in Graz ein. Und bei diesem Fest ließen wir ein ausgedientes Auto herbeikarren, stellten mehrere Vorschlaghämmer zur Verfügung und regten die Schülerinnen und Schüler an, mit diesem Vorschlaghammer auf das Auto einzuschlagen, um sich damit von ihrem allenfalls noch vorhandenen Frust über das abgelaufene Schuljahr zu befreien.

Damals stellten wir auch unsere Kontakte zur Jungen Union in Hessen her, eine Freundschaft, die sich teilweise bis heute erhalten hat. Ich könnte jetzt noch viele Freunde aufzählen, mit denen wir damals zusammen waren, wie den Hans Mehrl, die Gerti Pein (die heute auf den Namen Niesner hört), den Petzi Strallhofer, den Pauli Mangold, nicht zu vergessen den Bernd Ressler, der damals Landessekretär der Jungen ÖVP war und von dem wir einiges lernen könnten, den Fritz Kofler, mit dem wir oft in der Gamlitzer Weinstube zusammen saßen, den Egon Waltl, der viel zu früh verstorben ist, den Jörg Brunner, der einmal als „Hilfs-Sekretär" vorgestellt wurde und so weiter und so fort.

Ich sehe meine Aufgabe, als Autor über den Herwig zu schreiben vor allem darin, über ihn in der ganz frühen Zeit seiner Laufbahn zu berichten. Als Herwig bereits 1976 Pressereferent der ÖVP Steiermark wurde und ich erstmals nach Wien ging, um von 1976 bis 1979 in der Redaktion der katholischen Wochenzeitung „Die Furche" arbeiten zu können, und vor allem in der Zeit, als ich Landesobmann der Jungen ÖVP Steiermark war, hat die Intensität unserer Freundschaft etwas nachgelassen, was eben auf unseren doch leicht unterschiedlichen beruflichen Wegen, aber auch auf die Distanz Graz–Wien zurückzuführen ist.
Der Herwig hat jedenfalls in den 1980er Jahren und bis heute neben seinen medialen Fähigkeiten (und Zuständigkeiten!) auch seine politische Arbeit entsprechend forciert: So war er Pressereferent von Landeshauptmann Josef Krainer, Leiter des Referates „Politik und Öffentlichkeitsarbeit" unter Landeshauptmann Waltraud Klasnic, er war Mitbegründer und Herausgeber der steirischen Zeitschrift „politicum", war Chefredakteur und Geschäftsführer der ÖVP-Wochenzeitung „Die Steirische", war von 2000 bis 2005 Mitglied des Bundesrates, darunter auch ein halbes Jahr – länger geht's eben nicht – Präsident des Bundesrates. Mit mir hat ihn in den letzten Jahren natürlich auch seine Funktion im Zusammenhang mit dem Privatradio der Antenne Steiermark, wo ich sechs Jahre lang der Geschäftsführer war, verbunden: Hier war er Mitglied des Beirats und des Aufsichtsrats. In den letzten Jahren nahm er zunehmend auch hohe Aufgaben in Wien wahr, an der Seite von Waltraud Klasnic, in der Agentur Dreischritt GmbH, in der unabhängigen Opferschutzanwaltschaft. Seit 2011 ist er Generalsekretär des Zukunftsfonds der Republik Österreich. In den Zeitungen lesen wir häufig über seine Mitarbeit in der Initiative Mehrheitswahlrecht, deren Mitinitiator er war.
Ich denke wohl abschließend, dass über seine Jahre bei Krainer und Klasnic und die Zeit danach einige Damen und Herren berichten werden, die ihn in dieser Zeit aus allernächster Nähe erlebt haben.
So ist der Herwig in meinem Sinne kein Widerstandskämpfer, was er wohl während der Nazi-Zeit gewesen wäre, sondern ein

Vorkämpfer für Neuerungen und Veränderungen. Und ich bin überzeugt davon, dass er 2002 den Berufstitel Professor sowie im Jahr 2012 das Ehrenkreuz für Wissenschaft und Bildung 1. Klasse deshalb verliehen bekommen hat, weil er ein Vordenker und Vorkämpfer ist.
Zu Deinem bisher 60-jährigen Lebenswerk gratuliere ich Dir sehr herzlich! Ad multos annos!

Nicole Prutsch · Richard Wittek-Saltzberg · Andreas Schnider
Hartmut Funtan · Christiane Kada · Heike Kopp

Hält die Pflicht, ein Optimist zu sein, der Überprüfung durch journalistische Grundsätze stand?

Besser: Können Journalisten/Publizisten überhaupt Optimisten sein?

Am besten: Herwig Hösele – vom Realisten (es ist, was es ist) über den Pessimisten (das wird nichts mehr) zum Optimisten (machen wir das Beste daraus!)

Mittlerweile breit bekannt und vielerorts laut verlangt hört man: „Empört euch!" Und wer sich heutzutage – insbesondere schon als einigermaßen sehr Erwachsener – noch nicht zornig entrüstet hat, der hat es einfach nicht verstanden, oder? Aber vielleicht ist er oder sie ja schlichtweg ein Optimist? Ist dann der Wutburger eigentlich ein Gegenstück zum Optimisten? Ja und Nein. Uns alle nicht ge- oder verblendete Menschen eint die Einsicht in die eigene Ohnmacht. Die Wege daraus sind verschieden: Der durchschnittliche Wutbürger kanalisiert seinen Schmerz meist ohne Plan, ohne Strategie; jedoch der erste bekannte und bis vor kurzem zeitgenössische Wutbürger und gleichzeitig Weltgreise wie Weltweise wählte den zielgerichteten Weg des Publizisten. Den Unterschied macht somit weniger die Haltung und mehr die Wahl der Mittel, das Medium und: Handwerk hilft. Insofern bleibt der in sich und an sich zweifelnde und zumeist in Schockstarre verharrende Pessimist das Gegenstück zum Publizisten – der Wutbürger also mehr das Alter Ego.

Über Entwicklungen den benachbarten, deutschen Medienmarkt betreffend, orakelte ein bekannter Zukunftsforscher: Die Entfaltung einer „Skandalokratie“ stehe bevor, bei der sich die öffentliche Erregung zunehmend von den Anlässen ablösen würde. Die Folge davon sei, dass alle immer verwirrter und wütender seien und es statt der Lösung von Problemen im öffentlichen Diskurs zunehmend um den Skandal selbst gehe. „Skandalokratie hat die Tendenz, das feine Gewebe von Debatte, Verständnis, Widerspruchsrecht, Kompromiss und Diskurs zu zerstören, aus dem eine zivile Gesellschaft besteht“, schreibt der Publizist in dem von ihm und seinem Zukunftsinstitut in Kelkheim bei Frankfurt herausgegebenen „Trend-Report“ 2011.[1] Diese Tendenz scheint in den letzten Jahren auch über Österreich hereingebrochen zu sein, aber mit dem nicht unwesentlichen Unterschied zu Deutschland, dass aus historischen Gründen dort die vierte Säule der Demokratie im kritischen Journalismus eine bedeutend intensivere Ausprägung gefunden hat. Reflexion im Sinne kritischer publizistischer Tätigkeit bewahrt die Deutungshoheit über systemrelevante, gesellschaftliche und politische Ereignisse. Beginnt diese Reflexion zu erodieren, ist sie nicht mehr Kern des analytischen Denkens, fehlt den Grundsäulen publizistischer Qualität das Fundament. Gegen diesen Erosionsprozess stehen einige Denkende und Wissende auf, sie stellen sich gegen den Strom von informativer Gleichgültigkeit, gegen die sinnentleerte *Copy-and-paste*-Publizistik: weg von der Problemfixierung hin zu einer Lösungsorientierung.

Der Existenzphilosph Karl Jaspers verweist eindeutig darauf, dass nur ein fragender, staunender, zweifelnder und auch erschütterter Mensch[2] letztlich ein gebildetes Individuum sein kann. Wer aus seiner Wut also Mut entwickeln möchte, benötigt eine Bildung,

1) Matthias Horx im Interview mit der Deutschen Presse Agentur (dpa) Frankfurt a.M., 7.12.2010, 12:39.

2) Jaspers, Karl: Einführung in die Philosophie, Kapitel 2. Ursprünge der Philosophie, S.16-23, R. Piper & Co Verlag (München) 1953.

die daher Fragen, Staunen, Zweifel und Erschütterung zulässt und sogar fördert. Und eigentlich kann nur so ein Mensch publizistisch tätig sein. Das bedeutet, dass sehr wohl mein eigenes Menschsein und mein Bild vom Menschen als Grundvoraussetzungen für all das anzusehen ist, was Menschen im Leben sowohl beruflich als auch privat tun. Denn sein eigenes Handeln baut auf solchen konkreten Grundannahmen auf, die ganz tief im eigenen Menschen- und Weltbild wurzeln. Es geht um den eigenen Modus, sich die Welt zu deuten und daraus sein eigenes Bild vom Menschen und seiner Lebenswelt zu entwickeln. Die Reflexion darüber scheint wohl eine der ganzen wesentlichen Aufgaben eines Publizisten zu sein.

Auf den Grundsäulen publizistischer Qualität und Pflichten soll vor diesem Hintergrund dem Optimisten in diesem Beitrag nachgespürt werden. Wir nähern uns über drei anerkannte Grundsätze exemplarisch an: die Wahrheitspflicht, die Sachlichkeitspflicht und die Güterabwägungspflicht.

Zweck und Ziel der Wahrheitspflicht ist die schlichte Überprüfung aller Nachrichten auf deren Wahrheitsgehalt. So weit, so klar. Nebenbei wäre bei der Wahrheitspflicht auch noch die Pflicht zur Vollständigkeit – keine Verfälschung durch Weglassung – sowie die Unterlassung von Übertreibung oder Verzerrung zu beachten. Damit all diese Umstände nicht zur „Pflichtenüberspannung“ ausarten, darf an dieser Stelle auf die Berücksichtigung medientypischer Umstände wie Zeitdruck, Informationsfülle und Abhängigkeit von fremden Quellen hingewiesen werden. Nach den Umständen gebotene Sorgfalt und keine Leichtfertigkeit, lauten die Namen des Rettungs- und des Beiboots für diesen Absatz.

Wie aber passt das alles zu einem Optimisten? Oder: Wie nimmt er die Wahrheit wahr? Er ist ja weder Realist noch Pessimist. Hier soll nicht über die Wahrnehmungsfähigkeit und den Zug zur Wahrheit diskutiert werden. Vorausgesetzt wird hier des Weiteren, dass alle drei in diesem Stadium des Wahrheitserwerbs eigentliche Realisten sind. Die Wege trennen sich folglich bei der Bewertung der erkannten Fakten und mehr noch im Ziehen der Schlussfolgerungen und endgültig, wenn nächste Schritte gesetzt

werden. Hier entscheidet die Haltung über den Optimisten – er wird zum Mutbürger: Beherzter Zug zum Ziel, wenn es nicht gänzlich unerreichbar scheint – andernfalls wäre die Grenze zum Phantasten überschritten, der ja bekanntlich nicht zu den drei eigentlichen Realisten zählen kann.
Die Sachlichkeitspflicht informiert und warnt gleichzeitig über unsachliche Elemente: So werden wir wachgerüttelt, sensibilisiert für Konkurrenzneid und oft genug auch erschüttert über persönliche Gegnerschaft und Sensationsgier. Es ist aber durchaus erlaubt, in aller Schärfe und schonungsloser Kritik vorzugehen, wenn berechtigte Interessen bestehen. Es bedarf also des Grenzganges bei böswilliger Schmähkritik und auch persönlicher Diffamierung.
Wie aber passt das alles zu einem Optimisten? Der Unterschied liegt, wie so oft, nicht in der Sache oder der Sache an sich. Vielmehr darin, wie damit umgegangen wird. Hier zeichnet sich der Optimist mit seiner Zielgerichtetheit aus – oder besser: Der Optimist denkt und handelt vom Ziel her, ist prozessorientiert und erkennt darin die Eigentlichkeit der Sache – weniger im aktuellen Zustand, mehr in der bestmöglich erreichbaren Form und setzt sich dafür vorbehaltlos ein. Auch hier ist kein Platz für Augenzwinkern. Der Optimist ist aber auch bei all seiner Zielgerichtetheit einer, der niemals nur einen Zug im (Schach-)Spiel vorausdenkt, sondern immer mehrere Optionen im Kopf hat. Und er weiß sehr wohl, dass sich nicht alles nur im Kopf eines Menschen abspielt und schließlich vieles anders kommt, als man erwartet oder berechnet hat. Wenn alles anders kommt und jemand dem trotzdem grundsätzlich positiv begegnet, auch eventuell *ja* dazu im Leben sagt und es so nimmt, wie es eben ist, hat echten Anspruch auf die Bezeichnung „Optimist".
Die Pflicht der Güterabwägung meint eine angemessene und vernünftige Mittel-Zweck-Relation. Wir dürfen grundsätzlich davon ausgehen, dass die Meinungs-, Presse- und Rundfunkfreiheit Gleichwertigkeit gegenüber dem Schutz der Persönlichkeit und Ehre einer Person besitzt. Bei herabwürdigenden Mitteilungen sollte eine Einschätzung über Thema und Thematik für das Informationsinteresse der Öffentlichkeit getroffen werden. Der Pessi-

mist könnte die negativen Schlagzeilen als positiv erleben, weil sie ihm Recht geben. Dienen die Nachrichten wirklich einer breiten Öffentlichkeit oder geht es vorwiegend um Unterhaltungs- oder Sensationsinteresse? Fragt sich der wertneutral verharrende Realist. Wie aber passt das alles zu einem Optimisten? Eben am allerbesten: Es ist seine Königsdisziplin. Hier zählt ganz klar, welche Werte gelebt werden, welches Menschenbild den Maßstab bildet. Denn wer abwägt, der erkennt, wo er was wie und wann im Leben zu gewichten hat. Was hat wirklich Gewicht im eigenen Leben? Wem und was gebe ich Gewichtung und investiere eigene Stärken und Potenziale? Erst im Gewichten zeigt sich die Grundhaltung eines Realisten mit Herz, also eines Optimisten. Und diese zeigt sich in seinem Handeln. Sie zeigt sich im Leben mit anderen in einer Gemeinschaft und im Umgang mit dem eigenen Leben. Und hier spielen die eigenen Werte eine nicht zu unterschätzende Rolle. Denn sie sind wohl die Gewichte auf der Waage des Lebens.
Oder: Herwig Hösele lebt den Zug zur Pflicht: Ein Optimist zu sein – im Dreischritt als Wissender, Publizist, Politiker.

Erwin Zankel

Wider alle Hoffnung

Herwig Höseles Glaube an die Veränderbarkeit des Systems

Wie lange ist es her? 30, 35 Jahre oder noch mehr? Gar 40? Ich weiß es nicht genau. Wahrscheinlich sind wir uns Anfang der 1970er Jahre erstmals begegnet. Ich beobachtete damals für die Kleine Zeitung die landespolitischen Umtriebe und da tauchte im Gefolge der jungen Schwarzen ein hochgeschossener, dunkelhaariger junger Mann auf, den ich bald als Kollegen von der Süd-Ost-Tagespost kennen lernen sollte.

Als mir Fotos aus der damaligen Zeit, alle schwarz-weiß wie aus einer untergegangenen Welt, in die Hände fielen, kehrte die Erinnerung zurück. Sie zeigten Herwig Hösele im Kreis seiner Freunde in der Jungen ÖVP. Alle haben ihren Weg gemacht, bis hinauf zum Direktor, Präsidenten, Landeshauptmann-Stellvertreter. Ihre Gesichter haben sich verändert, am wenigsten seines. Das Haar ist heute kurz, aber immer noch beneidenswert voll. Seinerzeit ging er mit der Mode: Hösele trug wie alle jungen Herren eine Pilzfrisur nach dem Vorbild der Beatles.

Seine spätere Rolle zeichnete sich schon damals ab. Hösele war im Kreis um Hermann Schützenhöfer, dem Landessekretär der Jungen ÖVP, der Theoretiker. Gemeinsam mit seinem Freund Alfred Grinschgl bemühte er sich, der Nachwuchsorganisation der Partei ein intellektuelles Profil jenseits von Partys und Flugzettelverteilen zu geben, indem er Diskussionen mit prominenten Gästen aus dem In- und Ausland veranstaltete.

Dem Zeitungsjournalismus sagte Hösele bald ade. Er übersiedelte von der Herrengasse gegenüber dem Landhaus, wo die Redaktion der Tagespost ihren Sitz hatte, bergauf in die Parteizentrale am

Karmeliterplatz. Als Pressereferent tat er die ersten Schritte auf dem politischen Parkett, die ihn zielstrebig ins eigentliche Zentrum der Macht führen sollten. Nachdem Friedrich Niederl sein Amt aufgegeben hatte, holte ihn der neue Landeshauptmann Josef Krainer als seinen persönlichen Pressesprecher in die Burg. Es war ein Zeichen der besonderen Verbundenheit, die sich entwickelte, als Hösele am Karmeliterplatz dem Parteiobmann Krainer zuarbeitete.
Sein Büro im zweiten Stock der Burg, nur durch den Gang getrennt vom Allerheiligsten, war, vornehm ausgedrückt, stets von kreativem Chaos geprägt. Auf dem Schreibtisch, den Stühlen, ja auch auf dem grünen Sofa für die Besucher, türmten sich Berge von Büchern und Zeitschriften. Ob er alles gelesen hat? Es muss wohl so gewesen sein, denn Hösele war nicht nur über den alltäglichen Tratsch und die gerade aktuellen Intrigen informiert, sondern schaute stets über den Tellerrand. Die Debatten, die in den großen deutschen Zeitungen ausgetragen wurden, waren ihm vertraut. Er selbst sog sie begierig auf, musste er doch vorbereitet sein, wenn sein oberster Chef einen Entwurf für eine Rede anforderte.
Es war gewiss nur ein nebensächliches Detail, aber irgendwie doch ein kleines Signal: Hösele legte sich einen Vollbart zu. Sollte dies das Erkennungsmerkmal des undurchsichtigen Beraters im Hintergrund sein? Ober sollte es bloß anschaulich machen, dass die Jugend vorbei und man in der Mitte des Lebens angekommen war?
Ja, sein Einfluss war beträchtlich. Hösele besaß vertrauensvoll das Ohr des Landeshauptmannes, erworben durch Fleiß und Treue. Manchen in der Partei und unter den Presseleuten dünkte er längst zu einflussreich, weil er es verstand, den Informationsfluss in beide Richtungen, von oben nach unten und auch von unten nach oben, zu steuern. Sie ließen es ihn spüren, als die Serie der erfolgreichen Jahre zu Ende ging. Das war noch weit weg. Die Ära Krainer dauerte immerhin eineinhalb Jahrzehnte.
Ich erinnere mich an unbeschwerte Sommer am Wörthersee, als Herwig und Elfriede von Viktring aus zu Besuch in die Ostbucht von Pörtschach kamen. Meine Tochter ist fast so alt wie Marianne,

die älteste Tochter der Höseles. Für die Mädchen, dazu gesellten sich noch Mariannes Schwestern Antonia und Victoria, veranstaltete mein Schwiegervater heiß begehrte Spieltage am See. Unsere Ehefrauen sorgten für Speis und Trank, während Herwig und ich stundenlang „politisierten", wie man die Plauderei nannte.
Die Gespräche drehten sich nicht nur um die üblichen taktischen Varianten im Kleinkrieg der Parteien oder um die Karriereaussichten gewisser Personen, sondern auch um Grundsätzliches. Hösele war Mitbegründer des „politicum", mit dem die Vordenker der steirischen ÖVP den Ruf als offener und geistig unruhiger Bewegung festigten. Dass diese Zeitschrift seit über 30 Jahren ohne Unterbrechung erscheint, ist eine Geschichte für sich.
Umbrüche gab es. Hösele musste spüren, dass das Image des Landeshauptmanns abgenutzt war, doch er hielt unbeirrt an der Zuversicht fest, alles werde gut enden, selbst als entgegen des ehernen Gesetzes der steirischen ÖVP die Landtagswahlen mit den Nationalratswahlen zusammengelegt wurden. Die ÖVP blieb zwar mit hauchdünner Mehrheit auf Platz eins, doch Krainer nahm den Hut.
Es schien, dass auch der Sprecher verstummen müsste. Das Gegenteil war der Fall: Hösele wurde zum Leiter des Referates „Politik und Öffentlichkeitsarbeit" bei Waltraud Klasnic ernannt, der ersten Frau an der Spitze eines Bundeslandes in Österreich. Das blieb nicht die einzige Funktion. Er wurde Chefredakteur und Herausgeber der Steirischen, des Wochenblatts der Partei, was im Gefolge Mitgliedschaften in Verbänden nach sich zog. Daraus entwickelte sich eine Vernetzung mit Meinungsmachern in Wien, was für jemanden, der in Graz residierte, eher selten war. Nach dem glanzvollen Wahlsieg der Landeshauptfrau gab es zum Lohn noch mehr Amt und Ehre. Hösele wurde von Klasnic in den Bundesrat entsandt, als dessen Präsident er den Österreich-Konvent mit einberufen durfte, der Vorschläge für die Reform der Verfassung erarbeiten sollte, die allerdings nur Unmengen an Papier für die Archive darstellten.
Es war die Krönung: Präsident und dazu noch der Berufstitel „Professor". Hösele genoss es. Umso schmerzlicher der Absturz, die

Abwahl der Landeshauptfrau, der Tag der Niederlage selbst, dazu die quälenden Monate vor der Wahl und die bitteren Wochen danach voll Häme und Rache.

Viele hätten den Boden unter den Füßen verloren. Er musste zwar das Büro in der Burg räumen und in ein winkeliges altes Stadtpalais umziehen, doch die Bleibe abseits der Macht bot Halt.

Für die Wissenschaftsabteilung des Landes organisiert Hösele seither Referate und Symposien, der Zulauf in die Aula der alten Universität honoriert das Tun.

Inzwischen ist er nur noch mit einem halben Fuß in Graz und mit anderthalb Füßen bereits in Wien. Aus einer anfänglich belächelten, weil wirtschaftlich unbedeutenden Beteiligung mit Klasnic an einer gemeinsamen Werbefirma, ist eine auf beiderseitiger Loyalität beruhende Verbindung der ehemaligen Chefin und des ehemaligen Mitarbeiters geworden. Sie haben sich auf einem neuen, der Politik nicht ganz fernen Gebiet Respekt und Anerkennung erworben. Die Aufarbeitung der kirchlichen Missbrauchsfälle durch die von Klasnic geleitete und von Hösele begleitete Opferschutzanwaltschaft war ein Wagnis in ein Minenfeld.

Für Hösele taten sich zugleich Türen zu Repräsentanten anderer politischer und gesellschaftlicher Lager auf, über das angestammte Milieu hinaus. Er werkt als Generalsekretär des Zukunftsfonds der Republik. Und er bleibt trotz vieler Enttäuschungen seiner eigentlichen Berufung treu: Über Verbesserungen unseres politischen Systems nachzudenken, auch wider alle Hoffnung, dass sich wirklich etwas verändern lässt.

Werner Tessmar-Pfohl

Hösele und Alpbach

Herwig Hösele kenne ich seit den Tagen, in denen er bei der Tagespost tätig war – so rasch vergeht die Zeit! Jetzt gilt es, den 60er zu feiern. In weiterer Folge kam für ihn Alpbach. Mit unterschiedlichen Aufgabenstellungen und Themenbereichen der Ort beziehungsweise die Organisation, die zu intensiven Gesprächen und auch zu Konzepten geführt hat. Dann die Sanierung des Forum Alpbach durch unseren hoch geschätzten Steirer Heinrich Pfusterschmid-Hardtenstein, wozu der Verein in Graz, gestützt auf massiven Mitteleinsatz durch Land und Förderer, einen erfolgreichen Neustart möglich gemacht hatte.

Nachdem Peter Mosing seine Aktivitäten einschränken wollte und als Nachfolgerin meine Frau Marju vorgeschlagen hatte, wurde die Sache in die Tat umgesetzt.

Das Team Herwig Hösele und Klaus Poier bildete neben anderen außerordentlich engagierten jungen Damen und Herren gewissermaßen den Kern für die kontinuierliche Arbeit im Club in Graz und für die Unterstützung in den Gremien für Alpbach. So gab es im Abstand der letzten zwei Jahrzehnte zwei Hochschulwochen, die sich dem Themenbereich Bildung besonders intensiv gewidmet haben. Ich erinnere mich mit Freude daran!

Dies hatte natürlich inhaltliche Ausstrahlung sowohl in Richtung Land als auch in Wien über die Gremien. Bedingt durch die Besucher wurden auch konkrete Vorschläge in Richtung Hochschulorganisation sowie Schulorganisation vorformuliert.

Bedauerlicherweise hat sich die Begeisterung, die in Alpbach auch zu diesen Themen entstanden war, nicht auf die Umsetzung in der Bundespolitik übertragen lassen, obwohl es für die Zukunft unseres Landes wahrscheinlich den bedeutendsten Themenbereich darstellt.

Herwig Hösele wandte sich weit früher als anderen gemeinsam mit Freunden dem Thema Demokratie und Staatsreform zu.
Dieser Themenkomplex ist, obwohl es jeden in unserem Land angeht, bedauerlicherweise ein Minderheitenprogramm, das scheinbar nur von einer kleinen Gruppe von quasi Insidern ernsthaft betrachtet wird. Es stellt aber die Basis unserer Demokratie dar. Es ist das Fundament unseres Staates. Es erscheint daher nur logisch und konsequent, auch an eine Weiterentwicklung in einer sich ändernden Gesellschaft zu denken und zu arbeiten, um das Zusammenwirken der unterschiedlichen Neigungen und Interessen auch in Zukunft sicherstellen zu können zwischen den Jungen und Alten, den Gesunden und den Pflegebedürftigen etc.
Sicher ist, dass in Zukunft in Österreich eine klare Trennung zwischen Verantwortung und Kontrolle geschaffen werden muss, sodass das Wahlrecht und andere demokratische Verfahren deutlich mehr Klarheit schaffen müssen, als dies bisher auf Grund der jetzigen Verfassung der Fall ist.
Was muss also alles geschehen, um hier für mehr Sensibilität in der Bevölkerung zu sorgen?
Herwig Hösele ist ein Homme de lettres. Ich wünsche ihm in den von ihm übernommenen Aufgabenstellungen recht viel Erfolg und eine glückliche Hand in der Gestaltung.

Wolfgang Mantl

Herwig Hösele: Kommunikator im Wandel der Politik

I. Ein Leistungsmosaik

Kommunikation war und ist Mitteilung und Austausch von Informationen und Wissen, die immer zugleich Interpretationen darstellen, sei dies in unmittelbarer Mündlichkeit – historisch wohl die älteste Form – oder in Schriftlichkeit (Briefe) beziehungsweise mit Hilfe mittelbarer Transmissionen aller Art (Medien) und in den letzten fünf Jahren mit einer gigantischen Zunahme der elektronischen Mittel.

Herwig Hösele wurde als junger Dichter von Grete Scheuer gefördert und mit seinen ersten Texten auch von ihr veröffentlicht. Immer geht es um die Sprache, besonders bei Menschen, die die Sprache zu ihrem Beruf machen, stets dem Stresstest des Alltags ausgesetzt, der zweifellos der Sprache „zusetzen" kann.

Der Konstanzer Philosoph Jürgen Mittelstraß sagte im Jahr 2000 in Alpbach einmal pointiert mit gleichsam angelsächsischem Witz: „An die Stelle der Weltbilder sind die Bilderwelten der Medien getreten. Wir herrschen mit unseren Bildern über die Dinge und die Bilder beherrschen uns." Die Printmedien wurden zu „Bildzeitungen" und die Bücher oft über das Kindheitsalter hinaus „Bilderbücher".

Ich traf Herwig Hösele das erste Mal 1976. Er begleitete damals mit großer Professionalität das steirische Liberalismus-Seminar, das von Alfred Ableitinger, Bernd Schilcher, Gerfried Sperl und mir betreut wurde. Leider waren damals die Möglichkeiten, aber auch das nötige Selbstbewusstsein nicht gegeben, eine Dokumen-

tation darüber zu veröffentlichen. Das wäre eine sehr attraktive Positionierung gewesen, wenn man die Referenten, wie Ludwig von Mises und Gerald Stourzh, betrachtet.
Die größte Bedeutung erlangte Herwig Hösele in den vergangenen vier Jahrzehnten als Berater und Begleiter von Politik und Politikern, in einer zuverlässigen medialen und personellen Vernetzung. Es seien nur als besonders herausragende Arbeitspartner für Hösele genannt: Josef Krainer jun., Waltraud Klasnic und Maria Schaumayer. Bis in die Gegenwart ist Hösele tätig im Zukunftsfonds, in der Klasnic Kommission zur Aufarbeitung der Missbrauchsfälle in der katholischen Kirche und schließlich auch in vielen Restitutionsfragen an der Seite der unvergessenen Maria Schaumayer. Zuletzt darf nicht vergessen werden, dass er sich in demokratiepolitischer Hinsicht in der von Heinrich Neisser als Sprecher betreuten Initiative „Mehrheitswahlrecht" für eine Stärkung mehrheits- und persönlichkeitsorientierter Elemente des Wahlrechtes einsetzt.
Daneben ist Hösele auch immer Autor gewesen, besonders intensiv in dem von Alfred Ableitinger, Hösele selbst und mir herausgegebenen Band „Die Landeshauptleute der Steiermark" aus dem Jahr 2000. Hösele porträtierte in diesem Buch die Persönlichkeit Friedrich Niederls, den er als „große politische Überraschung" bezeichnete (a.a.O. S. 124–150).
Hösele war auch durch Jahrzehnte Pressesprecher und Journalist, bei ihm kommt sehr früh der Ausdruck „Nachhaltigkeit" vor. Er betreute immer wieder auch eigene Periodika, in denen er stets selbst als Kolumnist oder Autor vertreten war. Man muss sich gerade als Wissenschafter oder Künstler vor Augen halten, welch große Arbeitsbelastung in dieser medialen Aktivität liegt.
Oft tritt mir ein Bild Herwig Höseles vor Augen, das seine mitwirkende, ja stets mitgestaltende Aktivität zum Ausdruck bringt, wenn er in gebückter Haltung einen Vortragsraum verließ, um einen Handy-Anruf entgegenzunehmen.

II. Mediale Öffentlichkeit

Im Jahr 2002 wurden Wolfgang Bachmayer (Geschäftsführer der Österreichischen Gesellschaft für Marketing), Gerald Schöpfer (Leiter des medienkundlichen Lehrgangs der Universität Graz) und ich (damals Leiter der Abteilung für Politikwissenschaft am Institut für Öffentliches Recht der Grazer Universität) mit einer medienwissenschaftlichen Untersuchung unter dem Titel „Medienstudie Steiermark" beauftragt. Auch diese Arbeit wäre ohne die Unterstützung Herwig Höseles unvorstellbar gewesen. Zusammen mit Gerald Schöpfer legte er ein Konzept eines Medienkompetenzzentrums Südost vor. In dieser Studie wurde sehr stark die Orientierung der Steiermark in toto in Richtung Südösterreich und Südosteuropa betont.

In diesem Zusammenhang ist auch seine kreative Gestaltung des 2002 eingerichteten Studienlehrgangs „Journalismus und Unternehmenskommunikation" in der Fachhochschule Joanneum zu erwähnen, in der ich von 2003 bis 2008 als Vortragender für Politikwissenschaft mitwirken durfte, wobei mir mit der kleinen Teilnehmerzahl eine fundierte wöchentliche Arbeit ermöglicht wurde. Je vierzehn Teilnehmer, das ist wirklich an der Grazer Universität eine Fata Morgana! Auf solche Weise ließen sich Diskussionen und lebendige Formen der Mitarbeit gestalten – in starker Interaktion mit den Studierenden; eine besonders eindrucksvolle Erfahrung für mich, geradezu in einer Harvard-Atmosphäre.

In einem Aufsatz aus dem Jahr 2005 tritt Herwig Höseles umfassende Kenntnis des Mediensektors zutage. Das informative Essay steht unter dem Titel „Medien und Politik – steirische Spezifika im globalen Dorf." Dabei wird deutlich, wie sehr die politische, wirtschaftliche und kulturelle Ausrichtung der Steiermark auf Südosteuropa eine große Zukunftschance besitzt. Wien ist immer wieder an der Donauachse und an den „Lichterstädten" Prag und Budapest interessiert. Die Steiermark muss neben einer moralischen Verpflichtung auch die große politische Chance sehen, in diesem Raum zu arbeiten. Mein erster Forschungsmitarbeiter Joseph Marko, derzeit Dekan der Rechtswissenschaftlichen Fakultät der

Grazer Universität, war neben allgemeinen wissenschaftlichen Interessen auch Verfassungsrichter nach dem Dayton-Abkommen am Bosnisch-Herzegowinischen Verfassungsgericht, wo er als Sprachenkundiger eine imponierende Mediatorenrolle ausfüllte und sich selbst in die Verfassungsgerichtshofserkenntnisse einschrieb.

In dem erwähnten Aufsatz Höseles von 2005 bringt er viele weitgehend unbekannte Details, etwa das Forschungsergebnis, wie rasch Informationen, die in den letzten 24 Stunden aufgenommen wurden, auch gleich wieder vergessen werden. Hösele sieht auch, selbst bereits Vater und Großvater, die Gefahren der neuen Medien, gerade für Kinder. In den USA soll ein heute 30-Jähriger in seinem Leben Millionen Tote im Fernsehen gesehen haben. In Schweden ergab eine Studie, dass 40 Prozent der Kinder zwischen sechs und zehn Jahren glauben, dass Menschen ausschließlich durch Mord und Totschlag sterben. Hösele konstatiert: „Im Zeitalter des Entertainments, der Quote, der ständigen Beschleunigung, die zu Kurzatmigkeit und Atemlosigkeit führt, des Internets, kurz der Multimedialisierung und Digitalisierung – wirken seit Jahrzehnten überkommene Politikstrukturen noch archaischer und kontraproduktiv." (a.a.O. S. 270).

Hösele postuliert in diesem Aufsatz „eine Allianz gegen die politische und mediale Brunnenvergiftung" (S. 275). Grundlagentheoretisch ist in kommunikationswissenschaftlicher Hinsicht besonders sein Ruf nach „Respekt" in der Politik, aber auch im Allgemeinen als sozialmoralischer Appell für die Gesellschaft und für den zwischenmenschlichen Kontakt von eindringlicher Kraft: „Respekt erwirbt man nicht mit Kumpanei und dem Reiten auf jeweiligen Modewellen des Zeitgeistes, der einen rasch alt aussehen lässt, sondern nur mit dem Mut zur konsequenten eigenen Meinung und zum Argument" (S. 272).

III. Reformen in der Aufklärungswelt

Herwig Hösele meint immer eine „diskursive" und nicht eine bloß „rhetorische" Öffentlichkeit. Das ist ein dichotomisches Problem der Moderne seit der Aufklärung, also in den letzten 250 Jahren. Darin liegt auch eine Widerrede gegen geradezu enthusiastische Ansätze zu einer Wiederbelebung der Rhetorik in der Tradition Niccolò Machiavellis bei italienischen Wissenschaftern. Diese durchaus republikanische Rhetorik hat starke Elemente eines irrationalisierenden Eingriffs in den öffentlichen Diskurs, zuletzt etwa bei Maurizio Viroli.

Wenn man die Reformanliegen Herwig Höseles abschließend herausdestilliert, so ist sein unermüdliches Eintreten für eine Medienvielfalt, die ja freilich angesichts der Medienfusionen und der immer wachsenden Investitionssummen alles eher als leicht zu fördern ist, als Voraussetzung einer liberal-pluralistischen Zivilgesellschaft zu nennen. Dazu tritt sein beharrliches Mitwirken an Demokratiereformen.

Da ein grundlegender Neubeginn durch Einführung eines Mehrheitswahlrechts, wie es mein origineller Schüler Klaus Poier in vielen Publikationen wissenschaftlich aufbereitet hat (hervorgehoben sei seine an Deskription, Analyse und Interpretation so reiche, gedruckt vorliegende Dissertation „Minderheitenfreundliches Mehrheitswahlrecht. Rechts- und politikwissenschaftliche Überlegungen zu Fragen des Wahlrechtes und der Wahlsystematik" aus dem Jahr 2001) als Radikalreform politisch nicht umzusetzen ist, muss man jede Annäherung als Remedium gegen Politikverdrossenheit, die ja vor allem *Politiker*verdrossenheit ist, grundsätzlich begrüßen.

Es geht hierbei um eine Balance zwischen Repräsentativsystem und direkter Demokratie, eine Balance, die stets von Neuem zu finden ist und die etwa darin bestehen kann, in das Repräsentativsystem persönlichkeitsorientierte Wahlrechtselemente einzubauen und die Direkte Demokratie in einer rechtsstaatlichen Ausgewogenheit zwischen Repäsentativsystem und Direkter Demokratie zu institutionalisieren.

Diese Suche nach einem neuen Gleichgewicht ist eine wissenschaftliche und eine politische Aufgabe. Das erfordert sehr kluge Abwägungen, die in einer populistischen Gesamtstimmung kaum zu erzielen sind. Hier fällt den Medien und den zivilgesellschaftlichen Akteuren eine wichtige Rolle zu. Die Schweiz ist hier in Vielem Vorbild. Hösele ist mit anderen Intellektuellen in dieser Arena ein Garant für intensive Reformansätze!
Herwig Hösele ist eine schöpferische Vielseitigkeit in Theorie und Praxis zu eigen, ein Selbstbewusstsein ohne Selbstverliebtheit, Eigenschaften, die seiner Person die reichen Farben fortbestehender Jugendlichkeit verleihen.[1)]

1) Nach Abfassung dieses Essays danke ich mit Freude meinen sachkundigen Mitarbeiterinnen Ariane Filzmoser und Maria Mantl für ihre Unterstützung.

Josef Krainer II

Herwig Hösele zum 60er

Über die vielen Jahre engster Mitdenker und absolut treuer Mitarbeiter.

Großartiger Schreiber als mein markanter Pressereferent.

Zusammen mit Hermann Schützenhöfer und Alfred Grinschgl hat er schon als junger Mann beim „orizont" der Jungen Volkspartei eine wichtige Rolle gespielt.

In philosophischen, wirtschaftsdogmatischen und politischen Ideologien sehr belesen und „zu Hause".

Journalist mit Leib und Seele mit durchaus kämpferischen Positionen.

Schließlich war er mit Alfred Grinschgl Redakteur bei der „Süd-Ost-Tagespost" unter den anspruchsvollen Chefredakteuren Schuster und Antrop.

Politisch wissend und sensibel bis hin zur wissenschaftlichen Politologie, so zum Beispiel seine Beziehung zum einzigartigen Grazer Politikwissenschafter Wolfgang Mantl und dessen Mitarbeitern, insbesondere Klaus Poier.

Neben dieser Beziehung zur Universität ist auch immer wieder seine publizistische Qualität hervorzuheben, die sich nicht nur in Artikeln von Zeitschriften wiederfindet, sondern auch in einer Zahl von Büchern, nicht zuletzt seine Mitwirkung am geschichtsbezogenen Josef-Krainer-I-Buch von Hanns Koren, Max Mayr und Kurt Wimmer.

Hat steirisch-kärntnerische Wurzeln in bedeutenden und hoch gebildeten Pädagogenfamilien.

Die Steirische Volkspartei und ich persönlich verdanken ihm sehr viel.

Blieb in meiner politischen Zeit im Hintergrund, wurde jedoch in der Zeit von Landeshauptmann Waltraud Klasnic erfreulicherweise und sehr adäquat mit dem Professorentitel ausgezeichnet und von ihr in den Österreichischen Bundesrat entsandt.

War dort angesehener Präsident, der in den Medien – vor allem auch in einigen TV-Interviews – beste Figur machte und dabei auch beachtliche Gedanken über Sinn und Zweck der sogenannten „Länderkammer“ geäußert hat. Leider ist er dort nicht mehr vertreten. Dort nämlich wären Menschen seines politischen Formates nötiger denn je. Ein Nachteil für diese umstrittene Institution, von Vorteil für das Land und die zuständige Landesrätin, die das offenbar zu schätzen weiß, bis hin zu seiner Funktion als Generalsekretär des Zukunftsfonds der Republik Österreich in Wien.

Ein liberaler Individualist – ich empfinde es so – mit sehr sympathischer Familie, einer liebenswert geradlinigen Ehefrau und drei erfolgreichen Töchtern, davon zwei engagierte Ärztinnen und eine herzhafte Lehrerin, mittlerweile drei Enkelkinder, denen er sich hingebungsvoll widmet.

Gut, dass es diese Art menschlicher Menschen in unserer Zeit gibt.

Mit dankbaren und besten Glückwünschen

Josef Krainer II

Lojze Wieser

Das Lachen auch

Eine Randnotiz zu Herwig Hösele

Was ich sehe, ist die Tasche, was ich höre, ist das Schlurfen, noch bevor er in den Raum tritt. Was ich spüre, ist das Vielfache, was sein Tun bestimmt. Und das Formale, auf das er nie vergisst: sich zu bedanken; sich zu verbeugen; sich zu versichern, um nicht vergessen zu haben, dass das, was andere getan oder tun oder werden, gebührend gewürdigt wird; es an richtiger Stelle vermerkt und angebracht und zur Kenntnis genommen werde.

Er ist der un-klassische Diener seiner Herrinnen und -schaften, nicht gebückt und nicht buckelnd, mit Distanz und gebührlichem Respekt. Man merkt ihm regelrecht an, wie sich die Zahnräder – rund um die Uhr – ineinander zahnen, weil er alles schon gelesen hat, vor den anderen, es in und mit sich trägt, wie die personifizierte Form des Google. Nur präziser.

Die Würde der Funktion, so wesentlich sie auch sein mag, ist dem Handeln gegenüber immer zurückgestellt und blitzt durchs Auftreten und die Konstante seines Modestils.

Das Lachen auch, meist herzlich laut, scheint sich vor dieser Sichtbarmachung des Frohsinns zu erschrecken und wird dadurch nur umso freundlicher, ungewollt gar herzlich und sympathisch.

Salut, mein Freund!

LEBENSLAUF

Professor Herwig Hösele

Geb. 17.7.1953 in Graz
(Eltern: Mittelschulpädagogen-Ehepaar
Dr. Alfred und Dr. Ilse Hösele)
1971 Matura am Akademischen Gymnasium in Graz
seit 1970 journalistisch tätig
1.10.1973 innenpolitischer Redakteur der „Süd-Ost Tagespost"
1974/75 Wirtschaftsredakteur der „Süd-Ost Tagespost"
1976–1980 Pressereferent der Steirischen Volkspartei
1980–2007 Mitbegründer und Mitherausgeber des „politicum"
1981–1996 Pressereferent des Landeshauptmannes von Steiermark
1996–2005 Leiter des Referates „Politik und Öffentlichkeitsarbeit" bei Landeshauptmann Waltraud Klasnic
1988–2001 Chefredakteur und Geschäftsführer der „Steirischen"
2001–2006 Herausgeber der „Steirischen"
seit 1987 geschäftsführender Vizepräsident, seit 2011 Präsident des Grazer Club Alpbach
1993–2006 Vorstandsmitglied des Verbandes Österreichischer Zeitungsherausgeber und Zeitungsverleger
1994–2002 Beiratsmitglied von „Antenne Steiermark"
1997–2002 Mitglied des Publizistikförderungsbeirates der Bundesregierung
2000–2002 Vorsitzender des Publizistikförderungsbeirates der Bundesregierung
2000–2005 Mitglied des Bundesrates
Oktober 2002 Verleihung des Berufstitels „Professor"
1. Jänner–30. Juni 2003: Präsident des Bundesrates
2003 Mitbegründer des Mediacluster Steiermark/Zukunftsregion
2003–2005 Mitinitiator und Mitglied des Österreich-Konvents

2003–2005 Mitglied des Präsidiums des „steirischen herbst“
seit Nov. 2005 Koordinator in der Abteilung für Wissenschaft und Forschung, Land Steiermark, u.a. für Dialogforum Geist & Gegenwart und Wissenschaftskommunikation
Nov. 2007–Feb. 2011 geschäftsführender Gesellschafter der Dreischritt GmbH mit Sitz in Graz – gemeinsam mit Waltraud Klasnic
2008 Mitinitiator der Initiative Mehrheitswahlrecht
seit April 2008 Geschäftsführer der public opinion GmbH mit Sitz in Wien
seit April 2010 Koordinator bei der Unabhängigen Opferschutz-anwaltschaft
seit 1. März 2011 Generalsekretär des Zukunftsfonds der Republik Österreich
Vorstandsmitglied diverser politischer und medialer Vereinigungen, insbes. Dr. Karl Kummer Institut Graz seit 1979
Leopold-Kunschak-Pressepreis 1996, Ehrenkreuz für Wissenschaft und Forschung 1. Klasse 2012
Verheiratet seit 1975 mit Dipl. Päd. Elfriede, 3 Kinder
(Dr. med. Marianne geb. 1976, Dipl. Päd. Antonia geb.1981,
Dr. med. Victoria geb. 1983)

Ausgewählte Publikationen:
Beitrag in „Josef Krainer I“ (1981)
„Jungbürgerbuch“ (1984; Hg.)
Beiträge in „Aufbruch aus der Erstarrung (1999)“, „Österreich Neu“ (2001), „Die gefesselte Republik“ (2002)
„Die Landeshauptleute der Steiermark“ (2000; Mithg.)
„Steirisches Jahrbuch für Politik“(2000 bis 2006; Mithg.)
„Medienstudie Steiermark“ (2002; Mithg.)
„Landesfürst & Landesmutter“ (2007)
„Was ist faul im Staate Österreich? Eine Reformagenda“ (2010; Hg.)

Autorinnen und Autoren

WOLFGANG BACHMAYER, geboren 1948, ist Geschäftsführer der OGM Gesellschaft für Marketing.

DR. BRIGITTE BIERLEIN, geboren 1949, ist Vizepräsidentin des Verfassungsgerichtshofes und Mitglied der Unabhängigen Opferschutzanwaltschaft.

DR. ERHARD BUSEK, geboren 1941, ist Jean Monnet Professor ad personam an der Universität Graz. Er war Vizekanzler, Bundesminister, Sonderkoordinator des Stabilitätspaktes für Südosteuropa sowie langjähriger Präsident des Europäischen Forum Alpbach.

DR. HUBERT FEICHTLBAUER, geboren 1932, ist Publizist, Mitglied der Unabhängigen Opferschutzkommission und Ehrenvorsitzender der Plattform „Wir sind Kirche".

DIPL. ING. DR. FRANZ FISCHLER, geboren 1946, ist Präsident des Europäischen Forum Alpbach sowie Berater zahlreicher Regierungen und der OECD. Er war Bundesminister, EU-Kommissar und Präsident des Ökosozialen Forums.

MICHAEL FLEISCHHACKER, geboren 1969, ist Journalist und ehemaliger Chefredakteur der Tageszeitung „Die Presse".

MAG. HARTMUT FUNTAN, geboren 1971, war Referent im Büro Landeshauptmann Waltraud Klasnic und ist jetzt in der Privatwirtschaft tätig.

DR. ALFRED GRINSCHGL, geboren 1952, ist Geschäftsführer der RTR – Rundfunk & Telekom-Regulierungs-GmbH.

MAG. CHRISTIANE KADA, geboren 1966, ist Mitarbeiterin der Abteilung 9 (Kultur, Europa, Außenbeziehungen) des Landes Steiermark und war Pressereferentin der Steirischen Volkspartei.

DR. DR. H.C. EGON KAPELLARI, geboren 1936, ist Diözesanbischof der Diözese Graz-Seckau.

UNIV. PROF. DR. ANDREAS KHOL, geboren 1941, war Präsident des Österreichischen Nationalrates, Klubobmann des ÖVP-Parlamentsklubs und Mitinitiator des Österreich-Konventes.

WALTRAUD KLASNIC, geboren 1945, war Landeshauptmann der Steiermark. Sie ist Vorsitzende der Unabhängigen Opferschutzkommission und Präsidentin des Dachverbandes Hospiz Österreich.

HEIKE KOPP, geboren 1974, war Referentin im Büro Landeshauptmann Waltraud Klasnic und ist derzeit in der Finanzabteilung des Landes Steiermark tätig.

DR. JOSEF KRAINER, geboren 1930, war Landeshauptmann der Steiermark.

MMAG. DR. CHRISTIAN LAGGER, geboren 1967, ist Geschäftsführer des Krankenhauses der Elisabethinen Graz.

EM. O. UNIV. PROF. DR. DR. H.C. WOLFGANG MANTL, geboren 1939, ist Mitglied der österreichischen Akademie der Wissenschaften und war Ordinarius für Verfassungsrecht und Politikwissenschaft an der Universität Graz sowie Gründungsvorsitzender des österreichischen Wissenschaftsrates.

PROF. FRITZ MOLDEN, geboren 1924, war Publizist und Verleger sowie Mitbegründer der Widerstandsgruppe „O5" und des Europäischen Forum Alpbach.

UNIV. PROF. DR. HEINRICH NEISSER, geboren 1936, ist Obmann der Initiative Mehrheitswahlrecht und Demokratiereform. Er war Bundesminister, Zweiter Präsident des Österreichischen Nationalrates, Klubobmann des ÖVP-Parlamentsklubs und Universitätsprofessor für Politikwissenschaft an der Universität Innsbruck.

UNIV. PROF. DDR. HORST PIRKER, geboren 1959, ist Vorstandsvorsitzender der Saubermacher Dienstleistungs AG, Professor für Entrepreneurship und angewandte Betriebswirtschaftslehre an der Universität Graz und Gesellschafter der Medienholding Medecco in Wien. Er war Vorstandsvorsitzender der Styria Medien AG.

ASS. PROF. DR. KLAUS POIER, geboren 1969, ist Verfassungsrechtler und Politikwissenschaftler an der Universität Graz, Mitglied des Leitungsausschuss des Europäischen Forum Alpbach und Obmann des Dr.-Karl-Kummer-Instituts Steiermark. Er war Mitglied des Österreich-Konvents.

NICOLE PRUTSCH, BA, geboren 1975, ist Referentin für Pflegemanagement im Büro der steirischen Landesrätin für Wissenschaft und Forschung, Gesundheit und Pflegemanagement. Sie war Pressesprecherin von Landeshauptmann Waltraud Klasnic.

HANS RAUSCHER, geboren 1944, ist politischer Journalist und Kolumnist bei der Tageszeitung „Der Standard".

O. UNIV. PROF. DR. BERND SCHILCHER, geboren 1940, war Universitätsprofessor für Zivilrecht sowie Klubobmann der Steirischen Volkspartei.

UNIV. DOZ. DR. ANDREAS SCHNIDER, geboren 1959, ist Verleger und Hochschulprofessor für Religionspädagogik und Katechetik. Er war Landesgeschäftsführer der Steirischen Volkspartei und Mitglied des Bundesrates.

DR. KURT SCHOLZ, geboren 1948, ist Vorsitzender des Kuratoriums des Zukunftsfonds der Republik Österreich sowie Mitglied der Opferschutzkommission. Er war Sonderbeauftragter der Stadt Wien für Restitutions- und Zwangsarbeiterfragen und amtsführender Präsident des Wiener Stadtschulrates.

HERMANN SCHÜTZENHÖFER, geboren 1952, ist Erster Landeshauptmann-Stellvertreter der Steiermark.

DR. KLAUS SCHWEIGHOFER, geboren 1966, ist Vorstand der Styria Media AG sowie Vorsitzender des Verbandes Österreichischer Privatsender.

DKFM. DR. WERNER TESSMAR-PFOHL, geboren 1942, ist Aufsichtsratsvorsitzender der Sattler AG und der Steiermärkischen Sparkasse. Er war Präsident der Industriellenvereinigung Steiermark und Mitbegründer des Club Alpbach Steiermark.

UNIV. PROF. DR. JOHANN TRUMMER, geboren 1940, ist Universitätsprofessor für Kirchenmusik an der Kunstuniversität in Graz, Mitglied der Vorstehung des Priesterseminars der Diözese Graz-Seckau sowie langjähriger Aufsichtsratsvorsitzender der Styria Medien AG.

JÜRGEN WEISS, geboren 1947, war Bundesminister für Föderalismus und Verwaltungsreform und Vizepräsident des Österreischen Bundesrates.

PROF. LOJZE WIESER, geboren 1954, ist Autor, Verleger und Leiter des Wieser Verlags.

DR. HANS WINKLER, geboren 1945, ist Direktor der Diplomatischen Akademie Wien und war Staatssekretär im Bundesministerium für auswärtige Angelegenheiten sowie Ständiger Vertreter Österreichs beim Europarat.

MAG. RICHARD WITTEK-SALTZBERG, geboren 1965, ist Mitglied des Kuratoriums des Universalmuseums Joanneum sowie Geschäftsführer der Grazer Altstadt-Sachverständigenkommission und -Anwaltschaft sowie der Ortsbildkommission für die Steiermark. Er war Referent im Büro Landeshauptmann Waltraud Klasnic.

DR. ERWIN ZANKEL, geboren 1941, war Chefredakteur und Geschäftsführer der Kleinen Zeitung.

ISBN 978-3-222-13431-9

styria

Wien – Graz – Klagenfurt

Bücher aus der Verlagsgruppe Styria gibt es
in jeder Buchhandlung und im Online-Shop

styriabooks.at

Lektorat und Herstellung: Marion Mauthe
Cover- und Buchgestaltung: Bruno Wegscheider
Coverbild: Christian Jungwirth
nach einem Bild von Günter Waldorf

Druck und Bindung:
Druckerei Theiss GmbH, St. Stefan im Lavanttal
7 6 5 4 3 2 1

Printed in Austria